西方思想文化译丛

哲学

Berkeley's World:
An Examination of the Three Dialogues

贝克莱的世界：
关于三次对话的考察

Tom Stoneham

〔英〕汤姆·斯通汉姆 / 著

滕光伟 / 译

刘 铭 主编

海峡出版发行集团 | 福建教育出版社

Copyright © T.W.C.Stoneham 2002
All Right Reserved.

BERKELEY'S WORLD: AN EXAMINATION OF THE THREE DIALOGUES, FIRST EDITION was originally published in English in 2002, This translation is published by arrangement with Oxford University Press. Fujian Education Press is solely responsible for this translation from the original work and Oxford University Press shall have no liability for any errors, omissions or inaccuracies or ambiguities in such translation or for any losses caused by reliance thereon.

《贝克莱的世界：关于三次对话的考察》（第一版）最初于2002年以英文出版，此译本经牛津大学出版社授权出版。福建教育出版社对原作的翻译负全部责任，牛津大学出版社对此译本中的任何错误、遗漏或不准确或含糊之处，或因此译本而造成的任何损失不承担任何责任。

编者的话

在经过书系的多年发展之后,我一直想表达一些感谢和期待。随着全球新冠疫情的爆发,与随之而来的全球经济衰退和政治不安因素的增加,各种思潮也开始变得混乱,加之新技术又加剧了一些矛盾……我们注定要更强烈地感受到危机并且要长时间面对这样的世界。回想我们也经历了改革开放发展的黄金40年,这是历史上最辉煌的经济发展时段之一,也是思潮最为涌动的时期之一。最近的情形,使我相信这几十年从上而下的经济政治的进步,各种思考和论争,对人类的重要性可能都不如战争中一个小小的核弹发射器,世界的真实似乎都不重要了。然而,另一方面,人类对物质的欲望在网络时代被更夸大地刺激着,陀思妥耶夫斯基的大法官之问甚至可能成为这个时代多余的思考,各种因素使得年轻人不愿把人文学科作为一种重要的人生职业选择,这令我们部分从业者感到失落。但在我看来,其实人文学科的发展或衰退如同经济危机和高速发展一样,它总是一个阶段性的现象,不必过分夸大。我坚信人文学科还是能够继续发展,每一代年轻人也不会抛弃对生命意义的反思。我们对新一代有多不满,我们也就能从年轻人身上看到多大的希望,这些希望就是我们不停地阅读、反思、教授的动力。我想,这也是我们还能坚持做一个思想文化类的译丛,并且得到福建教育出版社大力支持的原因。

八闽之地,人杰地灵,尤其是近代以来,为中华文化接续和创新做出了重要的贡献。严复先生顺应时代所需,积极投身教育和文化翻译工作,试图引进足以改革积弊日久的传统文化的新基因,以西学震荡国人的认知,虽略显激进,但严复先生确实足以成为当时先进启蒙

贝克莱的世界：关于三次对话的考察
Berkeley's World: An Examination of the Three Dialogues

文化的代表。而当今时代，文化发展之快，时代精神变革之大，并不啻于百年前。随着经济和政治竞争的激烈，更多本应自觉发展的文化因素，也被裹挟进一个个思想的战场，而发展好本国文化的最好途径，依然不是闭关锁国，而是更积极地去了解世界和引进新思想，通过同情的理解和理性的批判，获得我们自己的文化发展资源，参与时代的全面进步。这可以看作是严复、林纾等先贤们开放的文化精神的延续，也是我们国家改革开放精神的发展。作为一家长期专业从事教育图书出版的机构，福建教育出版社的坚持，就是出版人眼中更宽广的精神时空，更真实的现实和更深远的人类意义的结合，我们希望这种一致的理想能够推动书系的工作继续下去，这个小小的书系能为我们的文化发展做出微小的贡献。

这个书系产生于不同学科、不同学术背景的同道对一些问题的争论，我们认为可以把自己的研究领域中前沿而有趣的东西先翻译过来，用作品说话，而不流于散漫的口舌之争，以引导更深的探索。书系定位为较为专业和自由的翻译平台，我们希望在此基础之上建立一个学术研究和交流的平台。在书目的编选上亦体现了这种自由和专业性结合的特点。最初的译者大多都是在欧洲攻读博士学位的新人，从自己研究擅长的领域开始，虽然也会有各种问题，但也带来了颇多新鲜有趣的研究，可以给我们更多不同的思路，带来思想上的冲击。随着大家研究的深入，这个书系将会带来更加优秀的原著和研究作品。我们坚信人文精神不会消亡，甚至根本不会消退，在我们每一本书里都能感到作者、译者、编者的热情，也看到了我们的共同成长，我们依然会坚持这些理想，继续前进。

刘 铭

2022年6月

前 言

这本书最初是由1995年在牛津大学举办的一系列关于贝克莱的本科生讲座稿汇编而成。讲座在接下来的三年里陆续开展，本书的写作则开始于1998年我从默顿学院休假之时。在许多同事和学生看来，花一整节课在贝克莱身上是在浪费时间。通常情况下，他只会作为洛克的陪衬出现在本科课程中，或者会独自作为本科生的课程的炮灰出现一周。但我确信，贝克莱本身是一个值得研究的哲学人物，对本科生也是如此。他有一些有趣且巧妙的论点，这些论点经常诉诸重要的哲学直觉。此外，他的积极学说乍一看是荒谬的。当他的写作被探索和发展时，它揭示了一个系统性的形而上学家，具有深刻的洞察力和不可否认的独创性。贝克莱应该得到比他通常被给予的更多的尊重。

鉴于此，本书试图填补大多数早期现代哲学课程中对贝克莱的粗略介绍与学者们为学术而进行的详细研究之间的空白。这使得本书容易受到来自两个方面的批评。那些想找一本教科书来支持他们对贝克莱作为洛克与休谟之间纽带的人会发现，本书第一部分过于笼统，第二部分过于详细，第三部分过于高深。相比之下，贝克莱学者会觉得第一部分枯燥乏味，第二部分缺乏新意，第三部分虽有争议但缺乏学术性。我准备接受这些批评，因为它们误解了读者的意图，读者是那些对哲学抱有浓厚兴趣的人，他们希望研究和理解贝克莱的思想，就像一个人如果要写出自己的哲学作品，就需要研究其他伟大哲学家一样。因为哲学的进步，如果不是累积性的话，我们就无法在不了解贝克莱思想的全部广延和细节的情况下欣赏他这样的哲学家所做的贡献。

我发现说服学生认真对待贝克莱的一个障碍是他的形而上学是有

贝克莱的世界：关于三次对话的考察
Berkeley's World : An Examination of the Three Dialogues

神论的、几近宗教性质。贝克莱确实是一个虔诚的人，并且后来成为了主教，但我们应该记住，他在都柏林三一学院从事学术事业时发展了他的形而上学和认识论观点。此外，仔细审视他的哲学，我们会发现他实际上并没有为基督教上帝的存在提出论证，甚至更引人瞩目的是，对于上帝的存在（如果我们指的是宗教的焦点）也没有论证。他的形而上学要求存在一种与我们所知的所有人类心灵不同的其他心灵。贝克莱的宗教信仰影响他哲学严谨性的唯一地方在于：他假设通过将上帝置于世界中心，这是一种比我们更强大的心灵。在关于贝克莱的思考和写作中，我们都使用他的"上帝"这个词来指代形而上学上特殊的心灵，但我们不需要犯他那种将其解释为宗教的错误。

我原本打算写一本书，从基础的阐述开始，逐渐深入，难度层层递进。但我最终写成了一本内容越来越详细的书，许多读者会发现这些额外细节使后面的内容更容易理解。无论如何，我希望这本书的结构能够吸引读者更深入地了解贝克莱的哲学，鼓励读者对文本提出越来越具挑战性的问题。为此，第二章只是对贝克莱的解释进行陈述，并提供了足够的诠释性论证使其看似合理。第三章和第四章组成了本书的第二部分，详细探讨了贝克莱论证策略的两个主要方面，即感知对象依赖于心灵的论证，以及反对物质的论证。这些细节是必要的，以突显贝克莱论证的潜在优势，同时也为教育者提供了一些有用的哲学论证分析和批评的练习。这本书的其余部分风格迥异，因为它涉及了贝克莱的唯心主义的复杂性，通常是在有限的文本证据的基础上进行分析，以表明贝克莱的哲学体系已经非常接近完整和连贯。讨论的主题范围广泛，论证有时相当复杂。这些问题往往不在贝克莱的二手文献中出现，即使出现，也只是一带而过。但这些问题在哲学上非常重要，当我们在贝克莱的哲学背景下讨论这些问题时，我们可以深入了解他的思想的微妙之处。由于这是我撰写这些章节的主要兴趣所在，所以我尽量避免学术争议。虽然有时有必要批评其他文本解读的替代观点，但总的来说，我希望我提出的解读的哲学价值能够让读者暂时抛开"这究竟是不是贝克莱的真实想法"这个问题。我们把学术争论留给学术期刊，让这本书对普通哲学读者保持吸引力。有些人可能会不同意我划定的界限，但面向非专业人士的书籍是展示判断力的地方，而不是用来捍卫它的。

本书有一点会让学者们感到恼火，那就是我在一些地方提出了含混不清、未经证实的历史主张，如"贝克莱之前的哲学家们认为某个观点P"。如果这些主张的目的是为我对贝克莱的解释提供证据，那么这将是完全不可接受的。但它们的目的并非如此：相反，我试图通过将贝克莱的观点与他不持有的观点进行对比来阐明贝克莱的观点。在这种情况下，我的过往主张辩护会使本书变得过于严肃。在读研究生时，我曾写过一篇关于康德的《先验感性论》的文章，我的导师（匿名）批评这篇论文"过于学术化"。或许在这本书中，我对这种批评做出了过度的反应。

有必要解释一下我为什么专注于《三次对话》而非《原理》。舆论认为，《原理》是贝克莱观点的权威陈述，而《三次对话》只是他为了迎合大众而改写的作品。正如伟大的贝克莱学者卢斯（A.A. Luce）在其《贝克莱作品集·克莱因主教》[①]（第52页）中所说：

> 《三次对话》几乎涵盖了《原理》所涉及的所有内容，强调了受众感兴趣的观点，但并未重复所有详细论证。如，在第一次对话中生动而详尽地讨论了可感知性质的相对性，但对抽象观念的反驳则在整个作品中被默认为已经得到解决，无须再次进行辩论。除非第三次对话中关于"创造"和"身份"的讨论也是如此，否则没有任何重要的

[①] Luce, A. A. & Jessop, T. E. (eds.) (1948). *The Works of George Berkeley, Bishop of Cloyne*. Thomas Nelson.

贝克莱的世界：关于三次对话的考察
Berkeley's World: An Examination of the Three Dialogues

补充。正如卢斯明确指出的那样，他的看法部分源于认为驳斥抽象观念是贝克莱策略的核心部分，部分源于认为系统发展唯心主义思想将始于第三次对话。根据我对贝克莱的理解，反对抽象论的观点并不是建立唯心主义思想至关重要的基础，而《三次对话》新增加的内容则表明贝克莱从他对唯心主义的三年额外思考中获益良多。简而言之，我认为《三次对话》是一部更为成熟的作品。诚然，文中遗漏了一些内容，我们必须决定这些内容是否是因为贝克莱出于迎合大众的原因而被省略，或者是因为他在撰写《三次对话》时认为它们不那么重要。

在贝克莱的后期作品中，对抽象概念的讨论几乎没有出现，这表明他认为唯心主义有一条不同的途径。事实上，我认为抽象在《原理》中并没有通常所赋予它的作用，因为该论点囊括在引言中，而不是正文中。学者们有时争论说贝克莱将反驳抽象概念放在引言部分是为了突出其重要性，但我觉得这似乎不太可能：引言是一本书中最有可能被读者忽略的部分，而且人们会认为一本书应该能够自成一体，而不需要其他明显独立但尽管相关的文本来提供支持。如果贝克莱希望引言部分的论点成为整本书其他内容的条件，那么奇怪的是，他在正文开头重新开始了章节编号，因为他经常用章节编号来回溯正文的前几节；如果引言是主要论证的一部分，则会导致混淆。诚然，贝克莱确实认为许多哲学家之所以坚持唯物主义信仰是因为他们支持抽象概念学说，但这使得反驳抽象概念成为一种治疗行动而非对自己立场进行积极辩论。

卢斯还指出了两部作品的另外一大区别：第一次对话中对感知对象的长篇讨论。这也似乎代表了贝克莱思想上的成熟。在《原理》中，他只是假定了"观念论"的哲学学说，而在《三次对话》中，他捍卫了这一学说，并与各种直接和间接的实在论者（包括各种变体）进行了辩论。对于《原理》的读者来说，简单地否认感知对象是观念或感觉是再容易不过的事了。而对于《三次对话》的读者来说，如果也想持同样的否认态度，就必须面对有力的论据为自己的观点辩护。乔治·帕帕斯（George Pappas）最近写道（《贝克莱思想》[1]，第18页）："洛克和贝克莱实际上都认为直接实在论是错误的（尽管他们坚信这一点，但是他们还没有考虑这一理论）。"但如果我们认真对待第一次对话，就会看到贝克莱本人的观点是一种直接实在论，而且他正在明确地反对物质主义者的理论。然而重视《原理》的话，可能会掩盖他思想中这一有趣的方面。

卢斯在《三次对话》中遗漏了另外两个与创造和身份讨论同样重要的内容。它们分别是"恶的问题"和辩护的自由意志——这排除了贝克莱关于行动理论的几种解释，以及关于物体（如马车）是直接还是间接被感知的讨论。这四个补充内容中的三个对于我们理解贝克莱关于一般、持续存在的对象的理论至关重要，没有这些补充内容，物质主义看起来就显得荒谬至极。

有趣的是，这两部作品中还有一些值得注意的遗漏之处。我们知道《原理》原本计划有第二部分，在1729年的一封著名信件中，贝克莱说他在第二部分中"取得了相当大的进展"，但后来这部分内容在他意大利的旅行中遗失了。我们可以从他发表《原理》之前写给约翰·珀西瓦尔爵士（Sir John Percival）的一封信（1710年3月）中推测出第二部分的一些内容。"在这封信中，他提到自己正在准备的一部作品，创作这部作品的目的是证明上帝的存在和属性、灵魂的不朽、上帝的先知与人类自由之间的调和，并揭示思辨科学部分的空洞和虚伪，以使人们专注于宗教和有用的事物。"

然而，在两个月后出版的《原理》中，并没有关于神圣先知和自

---

[1] Pappas, George Sotiros (2000). Berkeley's thought. Ithaca, N.Y.: Cornell University Press.

贝克莱的世界：关于三次对话的考察
Berkeley's World : An Examination of the Three Dialogues

由讨论的部分，这表明贝克莱在描述他的论著时将第二部分的内容也包括在内了。另一个线索是他对《原理》和《三次对话》的修改和补充，这些修改和补充是在1734年放弃第二部分之后进行的。这些修改和补充主要涉及精神的本质和我们对它们的认识。在1734年的再版中，《三次对话》中添加的内容比《原理》多，这再次表明贝克莱认为它不仅仅是一种平民主义者的重述。

大多数学者都会对我完全忽视贝克莱文集中的一个重要部分——《哲学评论》[1]感到担忧。这两本笔记是在贝克莱去世100多年后才被发现的，它们为我们提供了深入了解贝克莱的思想及其研究和写作方法的有趣视角。卢斯恰当地将它们描述为"一位伟人对崇高主题的私人思考的曲折路径"（《哲学评论·引言》，第5页）。在这个描述中，"私人（private）"这个词应该已经提醒我们不要用这些笔记来解释贝克莱的出版作品。在本书中，假定我们可以将"《三次对话》中表达了何种哲学观点？"与"贝克莱持有何种哲学观点？"这两个问题区分开来。这种区分很重要，因为在出版一本书时，哲学家必须做出决定，将某些哲学观点作为自己的观点提出来，不可避免地要对其他话题保持沉默。他希望公众对他的思想的了解仅限于他在书中所述的内容，并仅根据他发表的观点来对他的观点进行解读和评估。如果通过历史研究，我们获得了比这更多的信息，我们可以选择忽略这些信息，转而尝试重建贝克莱希望读者赋予他的哲学观点。这就是我所选择的做法。

然而，这种方法存在一个问题，因为已出版的作品可能对我们来说在具有重大哲学意义的问题上存在不确定性。对于大多数思想史学家来说，在这个时候求助于未出版的作品已经成了习惯做法，但这立

---

[1] Berkeley, George & Thomas, George H. (1989). Philosophical Commentaries: Transcribed From the Manuscript and Edited with an Introduction and Index by George H. Thomas, Explanatory Notes by A.A. Luce. Routledge.

刻将我们从考虑第一个问题转移到了第二个问题上。为了保持我对贝克莱在某一作品中所表达观点的兴趣,我遵循了这样的原则:除非一个更强的观点会使其显得更为可信,否则就把最弱的观点归于贝克莱。这与我们每天阅读同时代哲学家所写的作品时所采用的原则如出一辙。这应该会让人清楚,这本书是为那些对贝克莱的兴趣更多地出于哲学而非历史的人而写的。

第七章可能会让读者觉得与我明确表示要研究《三次对话》的哲学观点的意图相矛盾,因为那里对贝克莱的唯名论的阐述严重依赖于《原理》的导言。在本书的其他几处,我将在《三次对话》与《原理》中保持一致的最谦逊的原则。当面对同一位哲学家写的两部作品时,人们并不会被迫认为他只持有与两部作品都一致的观点,因为他可能会改变主意。但在这里,可信性条件就会发挥作用,但有一个条件:除非有公开的证据表明后来的作品代表了思想的转变。否则,只有当且仅当与两部作品一致的观点更可信时,才归于该观点。因此,当我需要来填补《三次对话》留下的一些空白时,我可以有条理地遵循引用《原理》,但不引用《哲学评论》的政策。

最后,我应该提一下,《三次对话》是一本值得一读的好书。虽然第三次对话有些晦涩难懂,但除此之外,哲学专业的学生应该能够坐下来享受这本书本身。很少有哲学作品能拥有如此高的文学价值。我深知自己的文笔与贝克莱的相去甚远,但我还是努力以一种友好开放的方式写作,让读者能够透过我的文字看到我所表达的思想。这无疑是贝克莱会赞同的一个目标。

我想感谢默顿学院的院长和研究员们,感谢他们在1998年给我一个休假期,并帮助我购买书籍。我还要感谢剑桥大学、都柏林大学、爱丁堡大学、卢布林大学和约克大学的听众,感谢他们给予我的启发,并一如既往地感谢奥里尔讨论小组(the Oriel Discussion Group),他们聆听并讨论了书中的几个章节。尤其是与理查德-格劳

贝克莱的世界：关于三次对话的考察
Berkeley's World : An Examination of the Three Dialogues

瑟（Richard Glauser）、普利尼奥－史密斯（Plinio Smith）和罗兰－斯托特（Rowland Stout）的谈话对我的写作有很大帮助。我尤其要感谢匿名审稿人，他们的意见让我不得不认真思考。我已经尽量满足他们的所有要求，除非这意味着要写一本完全不同的书。虽然有许多人的关于贝克莱的作品给我留下了深刻印象和影响，但由于我尽量减少对二手文献的讨论，所以本书没有提及他们：对于我从他们那里学到的东西，我深表感谢；对于我误解的东西，我深表歉意。

TWC.S.

格雷厄姆斯敦，2001年8月

目 录

注释 / 001
    术语 / 001
    引用 / 001

第一部分 / 003
    第一章 历史概述 / 005
        1.1 乔治·贝克莱的背景介绍 / 005
        1.2 贝克莱的一生 / 009
        1.3 总结 / 013
    第二章 贝克莱的世界 / 014
        2.1 贝克莱的世界观 / 014
        2.2 为什么贝克莱使用了对话体的形式？ / 017
        2.3 三次对话的论点 / 022
        2.4 解读唯心主义 / 029
        2.5 贝克莱是一个反现实主义者吗？ / 037
        附录：《三次对话》快速参考指南 / 040

第二部分 / 045

第三章 可感知的 / 047

3.1 我们用感觉感知什么？ / 047

3.2 我们感知到的事物是依赖于心灵的 / 057

3.3 感知的替代模型 / 071

3.4 结论 / 080

附录：感知与认识 / 081

第四章 物质的问题 / 086

4.1 思想的局限 / 086

4.2 物质基质 / 088

4.3 科学世界观 / 092

4.4 解释 / 100

4.5 没有上帝的唯心主义？ / 116

4.6 结论 / 120

附录：所谓的"主论证" / 121

第三部分 / 127

第五章 上帝：因果关系与依赖性 / 129

5.1 谜题 / 129

5.2 因果关系 / 132

5.3 独立性 / 137

5.4 连续性 / 146

5.5 感知依赖 / 147

5.6 物理世界的存在 / 150

5.7 结论 / 156

 附录：正式论证与真实论证 / 157

第六章 行动，他人心灵，与自我 / 159

 6.1 意志理论的行动 / 159

 6.2 行动与想象 / 161

 6.3 自由意志与对其他心灵的认识 / 178

 6.4 自我 / 185

 6.5 结论 / 189

 附录：贝克莱是否持有意志理论的观点？ / 190

第七章 性质与谓词 / 192

 7.1 定义与背景 / 192

 7.2 贝克莱对唯名论的承诺 / 196

 7.3 反对抽象 / 199

 7.4 没有共相的性质 / 212

 7.5 结论 / 219

第八章 对象与身份 / 220

 8.1 实体的丛束理论 / 220

 8.2 我们真的可以不需要非精神实体吗？ / 227

 8.3 观念的集合 / 235

 8.4 未被感知的存在 / 251

第九章 结论 / 260

参考文献 / 266

注 释

术语

在日常用语中,"唯物主义者"是指那些认为只有物质存在的人,尤其是认为心灵也是物质的。贝克莱也反对一种较弱的观点,即承认物质和心灵都是存在的。为了与"唯心主义"形成鲜明对比,我将"唯物主义"用于认为存在某种物质的论点。实际上,这种用法不会造成任何混淆。"感知"一词可能引发更多的潜在问题。贝克莱用"感知"大致指心灵中的事物。因此,想象、做梦和回忆都是感知某种事物的例子。我们目前的用法倾向于将感知局限于五种感觉。由于贝克莱的用法包含了我们的用法,除非我特别强调我们在讨论感觉感知,否则我将继续沿用他的用法,并在需要时添加限定词,正如我在本句中所做的那样。

引用

引用《三次对话》的形式为 DHP2 212,应读为:《海拉斯与菲洛诺斯的对话》,第二部分,第212页。页码参考的是卢斯和约索普的《乔治·贝克莱作品集》第二卷,这些页码在大多数现代版本的页边都进行了重印。对《人类知识原理》的引用是按节号进行的。因此,"PHK 3 ▶"指的是正文第31节,而"PHK Intro 5"则指的是引言的第5节。所有其他引用都是采用不系统的自然缩写形式,详细信息可在参考文献中找到。

第一部分

第一部分

第一章 历史概述

1.1 乔治·贝克莱的背景介绍[①]

乔治·贝克莱（1685—1753年）生活在现代世界的初期。在他出生前40多年，笛卡尔提出了一个概念，即人类心灵（human mind）本身就是一种强大的工具，足以产生伟大的哲学和科学洞见。17世纪初，伽利略（1564—1642年）因利用自己的智力和观察，而不是官方认可的权威人士的意见来解答关于太阳系结构的问题，而公开受到诽谤。到了17世纪末，牛顿（1642—1727年）被誉为有史以来最伟大的思想家之一，他的《数学原理》（1687年）的权威性不在于他是谁或他同意什么，而在于其论证的严谨性、系统性和卓越性。逻辑的力量足以说服人们改变对宇宙和我们在其中位置的看法，这是理性对传统的胜利。

贝克莱对这个问题的态度是矛盾的。他对论证的力量有着最崇高的敬意，也看到了诉诸权威的理智的空虚。与同时代的许多作家一样，他经常对"学院"（即中世纪大学）和那些坚持认为亚里士多德等特定人物的作品不应被反驳的哲学家一样发表轻蔑的言论（PHK Intro 20）：例如，当一个"学院"人士告诉我亚里士多德说过某事时，我想到的他所说的意思就是，让我以习惯赋予这个名字的恭敬和顺从的态度来接受他的观点。

虽然贝克莱赞成新的认知方法，但他对这种方法的结果感到遗憾。在他读过的所有哲学家的观点中，贝克莱只发现了两种观点，这

[①] 原文未见小标题，该标题为译者后加。

贝克莱的世界：关于三次对话的考察
Berkeley's World : An Examination of the Three Dialogues

两种观点都同样无法让他接受。要么认为人类的感觉和智力无法给我们提供任何关于世界的知识，因此"世界上没有一件东西是我们能够知道其真正的本质，或者它本身是什么"（DHP3，227）；要么我们被赋予了关于真正本质的知识，但这种"解释事物的现代方式"却揭示出世界与五感所看到的表象完全不同。我们面临着要么说我们一无所知，要么说我们所知道的一切都表明世界只是无色、无味、无质的原子（或笛卡尔式的纯粹延伸）。对贝克莱来说，这两种观点都是怀疑论的表现，因为它们都意味着如果我们按照日常经验来理解世界，我们就会被误导。贝克莱学生时代学到的现代哲学告诉他：我们应该依靠自己的感知和理智来发现我们所能知道的关于世界的一切。但是当其他人也采用这种方法时，对于理性且务实的乔治·贝克莱来说，结果显得荒谬可笑。

一种解决办法是回到前现代的科学和哲学概念，坚持权威的权威性，在推理的后果无法接受时拒绝遵循推理。但贝克莱做不到这一点，因为他太尊重论证的力量了。因此，他不得不证明，论证毕竟不会导致怀疑论，我们认为自己生活的普通世界只是我们所看到的那样，现实并没有比这更多的东西。贝克莱的这一哲学计划很早就开始了。1707 年 11 月，他向都柏林哲学学会提交了一篇名为《关于无穷小的论文》①，对无穷小（即距离或时间单位的无限小部分）的一致性和解释必要性提出了质疑。无穷小是牛顿微积分的基本要素，贝克莱对无穷小进行抨击，既表明了权威性不应超过论证的力度，又捍卫了距离和时间由小而有限的单位组成的普通概念。

一种解决办法是回到前现代科学和哲学的概念，坚持权威的权威性，在推理的结果无法被接受时拒绝遵循推理的原则。但是贝克莱无

---

① Berkeley, George & Thomas, George H. (1989). Philosophical Commentaries: Transcribed From the Manuscript and Edited with an Introduction and Index by George H. Thomas, Explanatory Notes by A.A. Luce. Routledge.

法这样做，因为他太尊重论证的力量了。因此，他不得不证明这些论据实际上不会导致怀疑论，我们所认为的普通世界与我们所看到的一样，现实并不比这更多。贝克莱的这一哲学议程始于早年。他最早的已知作品是一篇名为《关于无穷小的论文》，发表于1707年11月，他在这篇论文中质疑了无穷小量的连贯性和解释必要性，即距离或时间单位的无限小部分。无穷小量对于牛顿微积分来说是必不可少的，在攻击它们时，贝克莱既表达了名人的权威不应该超过论据的力量的观点，也捍卫了普通距离和时间是由小而有限的单位组成的概念。

到了1709年，贝克莱出版了他的第一本书《视觉新论》①，似乎已经找到了解决现代困境的方案的大致轮廓。在这本书中，他主要关注的是视觉对大小和距离的感知，并对他的唯心主义观点保持沉默。他主张仅凭视觉并不能告诉我们物体在空间中的位置或大小。例如，如果你把手举起来，瞥一眼，既能看到手又能看到一棵树，那么视觉经验本身并不能告诉我们树是否比手离你更远，因此也不能告诉我们树是否比手更大。我们也不能使用先验的论证来推断视觉告诉我们的任何东西的大小和距离。相反，我们通过将视觉和触觉的经验相互关联来学习可见物体在空间中的位置。正是因为我无法触摸到树，所以我认为它比我的手离我更远。虽然这本书表面上是在解决视觉理论中的一个问题，但贝克莱的论点远不止于此。对于普通读者来说，贝克莱似乎在承认触觉能为我们提供关于物质物体的大小和距离的信息（尽管在第55节中有些含混不清），但实际上，他在书中从未假设这一点。相反，他小心翼翼地谈论"有形物体（tangible objects）"或"有形观念（tangible idea）"，他认为这些指的是感觉或认识的直接对象，这是现代人常用的说法（第45节）。此外，距离是"通过身体

---

① George Berkeley (1709). An Essay Towards A New Theory of Vision, edited by David R. Wilkins, 2002, Dublin: Trinity College. http://www.maths.tcd.ie/~dwilkins/Berkeley/Vision/

的运动来测量的,而这种运动可以通过触摸感知到"(第45节),但他从未提出触觉是否能给我们关于我们身体在客观空间中运动的直接观念,还是仅仅间接地暗示视觉运动观念的问题。贝克莱知道,他可以就空间的明显视觉感知提出自己的观点,而不必直接挑战读者的假设,即我们至少通过一种感觉感知物质世界。但是,一旦涉及触觉,这种直接的真实的看似乎就站不住脚了。

这种论点似乎又把我们带入了起初的现代的困境:要么我们对真实物质对象的空间位置一无所知,要么我们对它们的了解表明我们的感觉会误导我们。然而,贝克莱在他的下一部作品《人类知识原理》(1710年)的开篇中,就直截了当地指出,他的高明之处在于否定了这样一种假设,即拒绝认为真实的物体(比如真实的书)与视觉和触觉对象是不同的。贝克莱认为,现代困境源于将真实世界看作与人类感知完全独立的东西。如果我们做出这种假设,那么所有的论证都会导致怀疑论。但如果我们拒绝这种假设,就有可能坚持认为我们所看到的和触摸到的东西是真实世界的组成部分。贝克莱的伟大主张是:如果没有独立于心灵的物质,如果存在的只有心灵及其经验到的观念,那么这将保留下所有关于世界的普通观念——任何哲学都不会摧毁我们对五感的本能信任。我们和贝克莱一样清楚,要得出这个结论,必须经过两个阶段的论证。首先必须证明物质是不存在的,然后必须证明这种唯心主义没有怀疑论的后果。贝克莱的两部主要哲学作品《原理》和《海拉斯与菲洛诺斯的对话》(1713年)都遵循了这种结构。贝克莱写第二本书是为了更清楚地阐明他对物质的否定并不具有怀疑论的性质,因为大多数读者无法接受物质否定并不是否定普通物理对象,例如桌子和树木的存在。在这方面,《三次对话》未能达到预期效果,因为贝克莱仍然被不公正地指责为否认物理对象的存在。

1.2 贝克莱的一生[①]

贝克莱的一生并非完全致力于哲学。1700年，15岁的他进入都柏林的三一学院学习，这是当时上大学的正常年龄。他于1704年获得学士学位，1707年被选为研究员（Fellow），并于1710年被授圣职，这是研究员的必要条件。然而，他的授圣职过程并不顺利，因为克洛格主教乔治·阿什（George Ashe）在担任三一学院副校长职务时，未经威廉·金（William King）的允许就为贝克莱举行了授圣职仪式。作为都柏林大主教和学院的访问者，金对授圣职拥有管辖权，在这种情况下，他对阿什的行为并不满意：他命令贝克莱在大主教法庭上接受审判。有趣的是，金对贝克莱的授圣职暗中持反对意见，似乎可能是出于哲学上的原因。显然，贝克莱对知识充满热情，也有足够的自信，敢于冒犯那些对他的职业生涯有着重大影响的人。然而，他也知道如何保护自己的利益，因为他给金写了一封道歉信，起诉并未继续进行。

1713年，贝克莱在担任讲师、图书馆员和院长六年后，辞去职务，前往伦敦。4月12日，他在考顿（Court）被乔纳森·斯威夫特（Jonathan Swift）介绍给众人，斯威夫特在他的日记中写道：

今天我特意去觐见贝克莱勋爵，把你们都柏林学院的同事贝克莱先生介绍给他。贝克莱先生是个很有才干的人，也是一位伟大的哲学家，我已经向所有大臣提到了他，并给了他们一些他的作品；我会尽我所能帮助他。

斯威夫特确实信守诺言，随后为贝克莱在彼得伯勒伯爵的随从中找到了一份工作，并陪同贝克莱于1713年前往欧洲。后来，贝克莱

[①] 原文未见小标题，该标题为译者后加。

贝克莱的世界：关于三次对话的考察
Berkeley's World : An Examination of the Three Dialogues

成为乔治·阿什的导师，乔治是克洛格主教的儿子，贝克莱和他一起在意大利和西西里岛旅行，直到1720年乔治因病重去世。那一年，贝克莱回到伦敦，并于1721年回到都柏林三一学院担任研究员。

1713年11月，贝克莱在巴黎时曾试图与哲学家尼古拉斯·马勒伯朗士（Nicolas Malebranche）会面。虽然没有关于此次会面的记录，但贝克莱的一封信表明两人曾约定过会面。很容易想象这对于28岁的贝克莱来说是多么重要的一次会面。在《三次对话》中，他费尽心思地将自己的观点与马勒伯朗士的观点区分开来，这显然是对他所遇到的一些误解的回应，但他无疑对两人哲学思想的相似之处非常敏感。事实上，马勒伯朗士对贝克莱的影响与洛克一样大，因此从某种意义上说，贝克莱是在向马勒伯朗士致敬。在约瑟夫·斯托克于1776年撰写的贝克莱传记中，有人声称这次会面火药味十足，争论非常激烈，直接导致马勒伯朗士死亡。尽管这个故事很有趣，但日期是错误的，因为马勒伯朗士两年后在1715年去世，贝克莱不太可能对这样一位重要的哲学家表现出不尊重。

回到都柏林后，贝克莱开始在教会谋求发展，并在1724年被任命为德里大主教（Dean of Derry），他的年薪从每年80英镑增加到1100英镑。1723年，他还意外地继承了3000英镑的遗产。现在他变得富有，而且没有太多的职责需要他亲自处理，于是他回到伦敦筹集资金，在百慕大建立一所学院。贝克莱的宏伟计划是为美洲培养一个牧师阶层，使种植园工人基督教化。他之所以有这样的想法，并不是出于传教的热情，而是因为他相信新世界的未来，而新世界的基础将是一群诚实、敬畏上帝的劳动者。他的筹款活动出乎意料地成功，并在1728年9月起航前往罗德岛，他得到了皇家特许状，可以在那里建立学院。他的计划是先在罗德岛定居，然后在百慕大找到并购买合适的学院用地。不幸的是，由于两个主要原因，这项计划失败了：百慕大离岸太远，不适合作为学院的实际地点，而且政府承诺的资助从未兑现。在罗德岛期间,贝克莱不仅在道义上,而且在物质上支持哈佛和耶鲁这两所新兴的大学。在他离开时,他不但为这两所大学捐赠了图书,还另外给耶鲁送去了八箱书籍。为百慕大学院募集的私人捐款已按要求返还,但一些赞助人希望这些捐款仍用于教育目的,因此所有未返还的捐款都用于支持耶鲁大学。贝克莱于1732年将他在罗德岛的怀特霍尔庄园(Whitehall)捐赠给了耶鲁大学,并设立了三个一年期的奖学金。1734年,这笔捐赠被修改为为一名学者提供三年的资助。因此,尽管贝克莱在美国的教育项目失败了,但他三年的旅居对美国大学的建立产生了深远的影响。

贝克莱没有直接回到爱尔兰,而是重新进入了伦敦社交圈。1734年,在女王的提议下,他被任命为克罗因主教(Bishop of Cloyne)。尽管在德里大教堂担任主教期间贝克莱几乎从未回来过,但他还是回到了爱尔兰,亲自监督他的新教区。贝克莱受过良好的教育,游历广泛,他也是一位慈善家,非常关心爱尔兰农民的福祉。卢斯(Luce)讲述了一个关于1739—1740年严冬的愉快而又有启发性的故事,贝克莱是如何将个人的慷慨与强烈的道德感结合起来,这种道德感是如何不允许自己浪费他人所需的食物的:

大霜冻后的第一个星期天,主教来吃早餐时,他的假发里连一粒粉末(即面粉)都没有。贝克莱夫人、牧师和一些来访者都立刻叫了起来,问主教大人怎么了。他回答说,有很多事情困扰着他;将会有一场漫长的霜冻;土豆会烂掉,穷人必须依靠面粉生存,否则就会饿死。"所以,直到下一次收成,我和我的家人都不会再戴假发或使用面粉。"在霜冻季节和夏天来临之前,他每周一早上都会拿出20英镑的金币或一张纸币,分发给克莱因的穷人们,"除此之外,他们从厨房和管家房间里每时每刻都能得到救济"。(卢斯,《乔治·贝克莱

贝克莱的世界：关于三次对话的考察
Berkeley's World : An Examination of the Three Dialogues

传》，第199页）[1]

在此期间，他开始研究用焦油水作为药物的用途。在罗德岛逗留期间，他听说美洲原住民用它预防天花。他意识到，如果能发现一种廉价、有效且容易获得的药物，将为公共健康带来巨大的好处。于是他开始实验焦油水预防和治疗各种疾病的能力。基于经验，证实了相关功效后，贝克莱开始公开倡导使用焦油水治疗各种疾病。为此，他在自己的时代和之后都遭到了嘲笑，但我们应该理解他的动机。当时确实存在迫切的人类需求，而他认为自己找到了解决办法。贝克莱提出使用焦油水并不是出于某种晦涩或荒谬的健康理论，而是因为他认为有充分的证据表明它有效。在这种情况下，对于贝克莱这样一个原则性很强的人来说，实际上别无选择，只能做他所做的事情。

1752年，他辞去了主教的职务，搬到了牛津，以便在基督教堂监督其儿子乔治的教育。1753年，他就在那里去世了，当时他正安静地与家人喝茶。他始终铭记不必要的奢侈是愚蠢的，因此在遗嘱中写道：

"第一条，……将我的遗体葬在去世时所在的教区教堂墓地；

"第二条，丧葬费用不超过20英镑，并将更多的费用捐给我去世所在教区的穷人。"

由于他死在霍利韦尔街的一所房子里，可能是7号，因此他应该被葬在霍利韦尔的圣十字教堂（Christ Church cathedral）墓地。然而，他的遗体和墓志铭却被安葬在牛津基督堂座堂（Christ Church cathedral），这也符合他的社会地位和知识分子身份。

---

[1] Luce, Arthur Aston (1949). The life of George Berkeley, Bishop of Cloyne. London: Routledge/ Thoemmes Press.

1.3 总结[①]

贝克莱对哲学的影响极为深远。他也对数学、心理学、经济学和神学领域做出了贡献，但现在，对他感兴趣的人基本上只能在历史人物的奇闻逸事中找到他。贝克莱对哲学的影响极为深远。他对数学、心理学、经济学和神学做出了贡献，但这些现在基本上只有历史学家对其感兴趣。但他的主要哲学作品仍然是几乎所有哲学本科学位的必修课。这在一定程度上是因为他的写作思路清晰，论证充分，是本科生剖析和批判的绝佳"炮灰"。但同样的是，他的观点并不像自信的唯物主义者所希望的那样容易被驳斥。他仍然是一种世界观的"眼中钉"，这种世界观认为，自然界是由无意识且与意识无关的事物盲目执行因果秩序构成的，偶尔，而且相当神秘地，在人类意识中引发意识经验。随着科学几乎在人类探索的所有领域都取得了卓越的成就，这种世界观已广泛为人们所接受。但这恰恰是贝克莱所要抨击的"解释事物的现代方式"。这本书的目的不仅在于说明他对这一形而上学图景的抨击具有很大的趣味性和重要性，而且在于说明他的替代方案具有足够的价值，在其诞生三百年后仍能得到哲学家们的认真考虑。

贝克莱的伟大之处在于他意识到当时主要的形而上学体系——笛卡尔、马勒伯朗士和洛克的体系有一个共同的假设，即物质的存在，这一假设是可以被否认的。但贝克莱知道，仅仅发现一个可否认的前提是不够的，要通过否认前提来驳斥一种观点，就必须证明否认前提的结果至少与接受前提的结果同样有说服力，而《三次对话》一书的目的就在于此。

[①] 原文未见小标题，该标题为译者后加。

第二章 贝克莱的世界

2.1 贝克莱的世界观

贝克莱认为现实由两种实体构成：心灵和观念。这两种实体通过感知相互关联：心灵感知观念。观念的存在依赖于与某个心灵的关系；观念是依赖于心灵的实体。因此，对于观念（即除心灵之外的一切事物）来说，存在就是被感知。

由此可见，物理世界，我在本书中将用它来表示"非心灵的"，是由观念构成的，因而是依赖于心灵的。贝克莱的这一主张因其最为著名，而被称为唯心主义。它反对这样一种观点，即物理世界虽然偶尔会与思想发生某种关系，但这种关系只是偶然的。

心灵（或贝克莱通常称之为精神）是主动的，也就是说，它们能够使自己和世界产生影响，而观念则是完全被动的。导致窗户破碎的不是石头，而是扔石头的人，因为石头本身没有因果力量。在想象中，我们感知到的观念完全受我们的控制，但在感觉直觉中，这种控制是有限的和间接的（我可以选择通过窗户看花园，但我无法选择在花园中看到什么，甚至无法确定它是否可见）。有两种类型的精神：一种是像我们这样有限的被造精神，另一种是无限的、非创造的精神，即上帝。由于上帝是全能的，而感觉直觉本质上涉及有限的控制，因此上帝能够感知世界上发生的一切，但不会感受到它们。这就是贝克莱的形而上学的基本要点。

贝克莱的唯心主义一直被误解。一个常见的错误是认为他否认物质世界的存在，但《三次对话》的整个辩证过程都是为了消除这种错误。首先，让我提一下他在书中靠后部分指出的一件事（DHP3

244)：

菲洛诺斯：你误解我了。我不是要将事物转化为观念，而是要将观念转化为事物。

简单地说，如果一个人认为物质世界是由我们的观念构成的，那么他就是在说这些观念是物质世界的一部分，也就是说它们是物质的。"观念"这个词的使用是误导性的（DHP3 235—6），因为它通常是与物理相对而言的。贝克莱说，他之所以使用这个词，是因为"该词隐含着一种与心灵的必然联系"（DHP3 236）——也就是说，它暗示了心灵的依赖性。贝克莱用"在心灵中"作为"感知到的"的同义词（DHP3 236），使心灵的依赖性变成了"只存在于心灵中"，进一步加深了这种混淆。尽管他在第三次对话中试图澄清这一点（DHP3 250），但这已经太晚了，无法阻止混淆。"观念是物质的"这一观点是贝克莱独创的，但与他同时代的人应该熟悉观念不一定是心灵的对象这一观点，是因为在马勒伯朗士和洛克的作品中，马勒伯朗士认为观念既不是精神的也不是物质的，而洛克用"观念"一词来指代心灵中的物和物质的性质。然而，鉴于"观念"一词有如此多的其他内涵，贝克莱可能明智地选择用其他词汇来代替它。

对于贝克莱来说，物理世界包含我们日常感知到的普通物体，比如树木、咖啡杯和人体。这些持续存在的、公共的物体是由观念组成的，这些观念必然是被感知到，既不是持续存在的也不是公共的。一棵树并不是一个观念，而是观念的集合体。观念是这样的东西，比如我现在看到的叶子的绿色。显然，贝克莱需要做很多工作来解释日常事物（比如"中等大小的日用品"）是如何由这些转瞬即逝的个性化的特质组成的，否则，他对现实中除了思想和观念之外什么都没有这一最一般的说法所做的任何论证，都会被看作是对普通的持久的公共

贝克莱的世界：关于三次对话的考察
Berkeley's World : An Examination of the Three Dialogues

物质的存在本身的攻击。出于显而易见的原因，这一问题通常被描述为贝克莱的观点是否符合常识的问题。在《三次对话》的开头，菲洛诺斯将自己与前哲学观点相提并论，描述了他"从形而上学观念中叛逃，转而遵循自然和常识的朴素教诲"（DHP1 172）的经历。在整部作品中，他将哲学观点与"平民"（即普通人，该词并非贬义）的更可信观点进行了不公正的比较。菲洛诺斯甚至说（DHP3 229）：

> 我是个平民，简单到相信自己的感觉，并对事物听之任之。

还有（DHP3 262）：

> 我不会自诩是新观念的创造。

所有这些都强烈表明，贝克莱希望唯心主义与普通的、非哲学的直觉相容。另一方面，任何还记得第一次接触贝克莱思想的人，都会意识到这些思想是相当革命性的：常识显然不会对独立心灵的可感知事物持中立态度，而贝克莱关于深度感知（我们看不到它，而是从触摸中推断出来）、物理世界的因果被动性和物理物质的持续性和同一性等观点，都令人十分惊讶。那么他显然没有做到兑现他所主张的与普通常识保持一致的标准吗？

这种反对意见误解了贝克莱哲学中常识直觉的作用。他对通俗观点的尊重并不意味着要将其视为绝对正确的。问题的关键在于，某些与常识相悖的观点会让哲学理论在字面上难以置信。那么，拥有一个无法让人相信的哲学理论又有什么意义呢？或者，一个人的哲学观点的依据可能非常强有力，以至于更愿意放弃自然或直观的观点。贝克莱最关心的是那些"荒谬的"或"自相矛盾的"（从词源上讲，即"无法置信的"）哲学观点。这样的观点"违背常识"提供了一个不相信它们的理由，认为它们是错误的，但在《三次对话》中，对平民观点的引用是相对的。唯心主义比物质主义更可信，因为它与常识的冲突较少。究竟哪些前哲学观点是可以放弃的，哪些是不能放弃的，这是个微妙的问题。但很明显，为什么贝克莱会认为他的观点具有吸引力，因为这些观点似乎调和了他所认为的常识的基本原则，即我们直接感知现实世界，以及他所认为的同样不容置疑的哲学观点，即可感知的事物是依赖心灵的（DHP3 262）：

我的努力只是为了把以前由平民和哲学家共享的真理统一起来，并使之更加清晰：前者认为，他们直接感知的事物是真实的事物；后者认为，直接感知的事物是只存在于心灵中的观念。

2.2 为什么贝克莱使用了对话体的形式？

通常来说，为了正确理解一部哲学作品，无须特别关注其文学特性。但《三次对话》是个例外。贝克莱选择以对话的形式写作，就是在选择以一种具有不可避免的虚构元素的文学体裁来呈现自己的哲学观点。必须有一个背景，必须有角色，而这些角色必须拥有自己的知识体系、目标和论辩技巧。即使贝克莱的对话完全基于真实的人、地点和事件，他们在对话中的角色也会完全由关于他们的描述所决定。如果我们要完全理解这位哲学家创作的这部虚构作品，就必须明确地承认其中的虚构元素。如果做不到这一点，我们就会陷入一个误区，即只关注虚构的菲洛诺斯在说什么，而不去考虑历史学家贝克莱在塑造这个人物时在做什么。

关于这篇文章最重要的问题是，对话是一种对谈话的描述，因此对动机的任何思考都必须同时涉及对话参与者的动机和作者向我们描述这一对话的动机。这两者显然是有区别的。例如，在《曼斯菲尔德庄园》中，简·奥斯汀描述了许多对话，以向我们展示诺里斯太太的

017

贝克莱的世界：关于三次对话的考察
Berkeley's World : An Examination of the Three Dialogues

自私势利，尽管在那些对话中，诺里斯太太试图表现出对托马斯爵士及其家人无私的奉献。当然，海拉斯和菲洛诺斯都不是以这种方式自欺欺人，但我们需要问的是，他们在进行对话时的动机是什么，以及贝克莱向我们描述这段对话的动机又是什么。

要了解海拉斯和菲洛诺斯的性格和动机，我们必须对他们的身份和关系有更多的了解。对话显然发生在一所大学的花园里，第一次和第三次是清晨较早的时候，第二次发生在晚些时候，连续三天。他们从菲洛诺斯和海拉斯的一次偶然相遇开始，菲洛诺斯习惯在清晨散步，而海拉斯通常不会起这么早。在第一次对话结束时，菲洛诺斯安排了第二天的第二次见面（DHP 207）：

菲洛诺斯：听，这不是学院的钟声吗？
海拉斯：这是敲响祈祷的钟声。
菲洛诺斯：如果你愿意的话，我们进去吧，明天早上在这里再见面。

尽管菲洛诺斯在这里使用了命令式的礼貌形式，但第二场对话开始时，海拉斯并没有遵守早上的约定。第三次对话是由海拉斯安排的（DHP2 226）：

海拉斯：……今天剩下的时间，我愿意用来回想今天上午谈话的几个要点，明天我会很高兴在这里和你再次见面，大约是同样的时间。
菲洛诺斯：我不会失约的。

在安排这次会面时，海拉斯没有像菲洛诺斯那样使用命令语气，而是使用了祈使语气，而菲洛诺斯的回应则显得友好而讽刺，因为海拉斯未能如约在当天上午与他见面。从这些细节中，我们可以大胆猜测他们都是同一学院的成员，而且菲洛诺斯是年长的。菲洛诺斯在《三次对话》中始终扮演着主导角色，即使在第三次对话中回应海拉斯的质疑时也是如此，这进一步暗示了他的年长地位。由于海拉斯称菲洛诺斯为"朋友"（DHPI 171），因此两者之间的差距并不太大。或许菲洛诺斯是学院的研究员，而海拉斯则处于获得学位到参加选举之间的过渡期（例如，贝克莱在1704年获得文学学士学位，并于1707年被选为研究员）。这可以解释为什么海拉斯虽然对菲洛诺斯相当了解，但只是通过菲洛诺斯没有参与的一次对话了解到他的哲学观点。

如果情况属实，海拉斯与菲洛诺斯交谈的动机部分是真正的求知欲，部分是想要给人留下深刻印象。要确定菲洛诺斯的动机更加困难。鉴于他的相对资深地位，似乎不太可能认为这些对话是一场论辩技巧的论战，目的是通过论辩技巧战胜海拉斯。他也没有表现出足够的尊重，将海拉斯当作磨砺自己论点的磨刀石。这只剩下两种可能：他的意图可能完全是教育性的，就像柏拉图对话中的苏格拉底那样。也就是说，他可能希望教导海拉斯更仔细、更批判地思考物质主义，甚至说服他支持唯心主义；或者他的目的是在学院里捍卫自己的声誉，以对抗怀疑论和荒谬性的指控。如果前者正确，那么对怀疑论的讨论只是一种方便的方式，使对话有条理、有趣味，驳斥怀疑论并不是菲洛诺斯的主要目的。如果后者正确，那么对话的主要目的是展示唯心主义如何避免所有形式的物质主义所陷入的怀疑论。

第一次对话的前几页强烈暗示，菲洛诺斯的动机是教育性的。他在得知海拉斯的一些想法与哲学观点之前，尤其是怀疑论，就表现出了对海拉斯在想什么的兴趣。当海拉斯提出指控时，菲洛诺斯明确表示他并不认为自己是怀疑论者，但对自己被他人歪曲的事实却没有表现出什么兴趣或担忧。相反，他主要关心的是让海拉斯自己清楚地思考问题。

贝克莱的世界：关于三次对话的考察
Berkeley's World: An Examination of the Three Dialogues

既然已经确定了参与者的动机，我们就需要问贝克莱在向我们描述这些对话时的动机是什么。贝克莱的动机与任何一位参与者都不相同，这一点应该是显而易见的，但我们也不能把贝克莱的动机，至少作为主要动机，归结为他想反驳对《原理》提出的怀疑论指控。即使反驳怀疑论的指控是菲洛诺斯的主要动机，这也不可能是贝克莱的动机，原因很简单，海拉斯在一开始就明确表示，他至少对菲洛诺斯的形而上学观点的大致内容有所了解，但贝克莱从未假定读者熟悉这些观点的内容，哪怕只是大致了解或略知一二。事实上，他声称我们不需要了解这部作品（DHP Preface 168）。贝克莱当然想让读者认为唯物主义会导致怀疑论，而非唯物主义不会，但他并不假定读者一开始就持相反的观点，或任何观点。

在《三次对话》（DHP Preface 168）中，贝克莱解释了他写作的意图：

我的目的是以最简单、最熟悉的方式将我所提出的观点引入人们的心灵。

并提到"我在这里努力推广的原则"。换句话说，这本书，就像之前的《原理》一样，试图说服读者接受唯心主义的真理。如果这是贝克莱的意图，为什么他选择写一部教学对话录呢？这不可能仅仅是因为海拉斯的性格让贝克莱能够预见并预先驳斥读者的反对意见，因为贝克莱完全有能力在《原理》中做到这一点。而更可能是因为直接的哲学论证提出一个论点并给出理由让读者相信它，而对话（即对一场虚构对话的描述）则可以用来展示其中一个角色的信念及其原因，而不必直接传教。作为一部虚构作品，对话更像是对信仰的心理描述，而不是简单的劝说。这正是《三次对话》的运作方式：我们逐渐了解菲洛诺斯的形而上学观点及其坚持这些观点的原因，在任何时候都没有说教式的手指着我们，坚持要我们相信这样那样的理由。

因此，通过描述海拉斯和菲洛诺斯之间的对话，贝克莱想要向读者展示菲洛诺斯为何对唯心主义深信不疑。但他也希望读者站在菲洛诺斯一边，相信唯心主义的真理。要达到这一目的，读者必须同意导致菲洛诺斯接受唯心主义的理由，也就是说，菲洛诺斯的信念的心理学解释也必须可以被理解为一种有说服力的论证。因此，当我们把这本书作为一部哲学作品进行批判性阅读时，我们的任务往往是重建贝克莱在描述唯心主义者的哲学信念时所设想的说服性论点。

最后，我们应该考虑是否将贝克莱与菲洛诺斯视为同一人的问题。文本中没有明确要求或暗示这种认同，也没有任何内容排除这种认同。然而，将他们视为不同的人是有帮助的，因为这提醒我们，菲洛诺斯在特定场合的言论可能与贝克莱在描述这些言论时所试图传达的内容有所不同。

例如，如何解读《第一次对话》中的论点。似乎它们的正确结论是，我所感知的事物取决于是否被我感知。然而在《第二次对话》中，为了证明上帝的存在，菲洛诺斯断言它们独立于我。就给贝克莱的信仰带来了一个难题，这个难题就是下文第五章的主题。另外一个解决办法是，菲洛诺斯不需要对《第一次对话》中使用的论点的合理性做出承诺，因为这些论点的目的仅仅是说服海拉斯。如果菲洛诺斯有教育目的，那么他需要向海拉斯指出他的信仰中的错误，而要做到这一点，为此他必须引出海拉斯信奉的结论，即使菲洛诺斯自己并不信奉这些结论。因此，《第一次对话》并没有给出菲洛诺斯关于感知对象是观念的理由。如果我们假设菲洛诺斯只是贝克莱的代言人，那么可以得出结论，贝克莱也不必对这些论点的合理性做出承诺。

然而，如果将贝克莱与菲洛诺斯完全等同起来，甚至是将菲洛诺斯的教学目的归结于贝克莱的观点。例如，菲洛诺斯试图说服海拉斯，唯物主义比唯心主义更怀疑论，但他未能说服海拉斯唯心主义的真实性。相比之下，贝克莱当然希望他的读者转变为唯心主义者，而怀疑论的争辩只是其中的一个方面。此外，海拉斯并没有体现出值得系统性反驳那种前后一致、经过深思熟虑的物质主义立场。相反，他只是各种各样的思想和异议的丰富来源。因此，即使菲洛诺斯对《第一次对话》论证的合理性不置可否（DHP2 212），贝克莱是否如此则是另一回事。由于贝克莱对论点进行了细致入微的阐述，并且从未对其提出质疑，他的读者可能会合理地认为他支持这些论点。海拉斯当然认为菲洛诺斯赞同他们的观点，但考虑到他们（虚构）的关系，菲洛诺斯可能有动机允许这个错误不被纠正，而贝克莱实际上不太可能有这样的动机，让他的读者错误地将论点归咎于他。

2.3 三次对话的论点

海拉斯（Hylas）（名字源于希腊语，意为"物质"）和菲洛诺斯（Philonous）（这个名字的意思是"心灵的爱人"）之间的争论是关于谁是最伟大的怀疑论者。双方都认为，这个人是能够"否认可感知事物的真实性，或者宣称对它们一无所知"的人（DHP1 173）。这场对话的起因是海拉斯听说了菲洛诺斯的唯心主义观点，并对此表示怀疑。海拉斯盲目地接受了唯物主义观点，即现实包含一些既不是心灵也不是心灵依赖的实体，而菲洛诺斯则试图说服他，所有此类观点都会导致怀疑论。在唯物主义之外，海拉斯没有固定的哲学观点，并准备使用任何可用的论据进行论证。在第一次对话中，菲洛诺斯说服海拉斯，感知经验的直接对象（可感知事物）是依赖心灵的，它们不属于真实的物质，因此海拉斯被迫"否认可感知事物的真实性"。在第二次对话中的观点，即任何与可感知事物不同的物质概念要么是混乱的，要么是空洞的（"我无法理解的模糊猜测"：DHP2 223），这迫使海拉斯"承认自己一无所知"。到了第三次对话，海拉斯已经成为坚定的怀疑论者，并试图证明唯心主义同样会导致怀疑论（DHP3

229)。为此,他向菲洛诺斯提出了一系列反对意见。这些是真正会困扰批判性读者的反对意见,代表了贝克莱的立场的菲洛诺斯而不仅仅是重复之前的观点。相反,他不得不在哲学上以实质性的方式发展自己的观点。其中三个最重要的发展是他区分了哪些观念是物理现实部分,哪些不是;他对科学的工具主义解释以及他对公共物体同一性的解释。

在与海拉斯的辩论中,我们可以看到菲洛诺斯为唯心主义论证的主要步骤提出一个积极的论点。从最一般的层面上说,这个论点是:

(ⅰ) 所有可感知的事物(感知对象)都是观念;
(ⅱ) 有些观念是真实存在的;
(ⅲ) 物理世界的所有(感知的)特征都可以用心灵和观念来解释。

因此,世界除了心灵和观念之外,别无其他。

前三点大致对应于三个单独对话中所呈现的论点。作为一种辩证策略,这比《原理》中的论述有所进步(PHK 4):

上述对象(房屋、山脉、河流等)不就是我们通过感觉感知到的事物吗?除了自己的观念或感觉之外,我们还能感知到什么?难道这些或它们的任何组合在未被感知的情况下存在,这不显然是荒谬的吗?

这个论点经常受到批评,因为如果存在对"感知"一词的歧义的话,唯物主义者只会接受这两个前提。因此,他可能会接受这样的观点:在"感知"的普通意义上(大致是指用五感发现某物),我们感知的是物理对象,而不是观念;而在"感知"的专业哲学意义上(指在意识中呈现),我们感知的是观念,而不是物理对象,但他否认这两种感知的结合意味着物理对象是由观念构成的。另一个常见的批评是，这个论证削弱了"我们感知的是物理对象"这一前提，而不是证明物理对象是由观念构成的。在《原理》一书中，贝克莱几乎没有反驳这些反对意见，但我们可以看到，《三次对话》的辩证策略就是为反驳这些反对意见而精心设计的。第一步不是论证我们只感知观念，而是就我们在普通意义上感知的事物的中性特征达成一致，然后论证那些可感知的事物是依赖于心灵的。这解决了《原理》论证的第一个批评。第二步和第三步则解决了第二个批评。

2.3.1 第一次对话

第一次对话的目的是证明可感之物"存在于心灵之中"——也就是说，它们依赖于被感知而存在（这是贝克莱的目标，而不是菲洛诺斯的目标）。这一目标通过以下三个步骤实现：（1）弄清可感知的事物究竟是什么；（2）系统地证明，对于所有可感知的事物来说，它们都依赖于心灵；（3）应对两种反对意见，一种是通过提出另一种感知模型或理论来攻击论点，另一种是攻击结论。在步骤（1）中，贝克莱明确指出，我们所感知的只是对象的性质，只有通过感知它们的性质，我们才能感知对象本身。在可感知的领域中，性质和具有该性质的事物之间没有区别，因为如果你去掉性质，感知中就什么也没有了。贝克莱虽然没有明确表示，但也限制了明证事物的范围，只包括那些仅凭瞬间感知即可确定的性质。例如，某物的颜色只需一眼（在适当的条件下）就能断定，但有些东西是否由黄金制成，虽然通常看一眼就能判断，但还要证明其可感性质。因此，"金子做的"与"看起来像金子"不同，它不是一种可感性质，而是我们从物体的可感性质中推断出来的。

第二部分占据了第一次对话的大部分内容。菲洛诺斯引导讨论通过与五种感觉相关的特质，然后讨论了那些仍然可感但与特定感觉无关的性质，比如形状（figure）、广延（extension）、运动（motion）和固体性（solidity）。贝克莱为他提供了三个基本论点，并在讨论每种性质时有选择地使用这些论点。这些论点是:"同化论"(Assimilation Argument),旨在证明所讨论的性质应该与另一个无可争辩地依赖于心灵的性质相融合。例如,酷热令人痛苦;"矛盾现象论"(Argument from Conflicting Appearances),该论证指出不同人、不同物种甚至每个人的感知经验在不同时间都会相互矛盾,因此不可能都是物质世界经验,从而得出认为没有一个是物质世界的经验;以及"因果论"(Causal Argument),这是针对唯物主义者的反驳,指出即使唯物主义是真的,经验的直接对象也不会因此是物质的。

在第三部分中,海拉斯提出了五个反对意见。其中一个仅仅是试图驳斥第一部分,它引起了一些重要但尖刻的评论,这些评论针对的是感知性质应该依附于某种实体或基质的概念。其他四个意见分为两组。两个反对意见提出了基于不同区分的感知理论,旨在削弱第二部分的论点。因此有人建议将感知与被感知对象区分开来,而前者显然存在于心灵中,但后者不一定如此。或者,我们可以将我们感知到的观念与它们所代表的对象区分开来,通过拥有这些观念,我们能够间接感知这些对象。这两种理论都存在缺陷,即使它们被证明是合理的,也不会削弱论点,而是迫使论点回到一个先前的问题,即什么是正确的感知理论。正如我们将要看到的,贝克莱并不认为他的观点是一种感知理论而是一种显而易见的默认观点,任何偏离这种观点的行为都必须是合理的。其余的两个反对意见提出了一个不同的问题,因为它们直接挑战了第二段中论证的结论。有人认为,可以设想一种没有人感知过的可感知事物,尤其是视觉显示其对象在空间上离我们很远。贝克莱通过菲洛诺斯否认了这两种观点。对于第一种观点,他提出了一个臭名昭著的论点,即设想一个未被感知的树是和看到一个未被看到的树一样荒谬的。对于第二种观点,他引用了自己早期《视觉新论》中的一些论点,例如梦境中的物体看起来也处于远处;当我们接近一个物体时,根据定义(r),我们所看到的东西会发生变化,因此在接近之前看到的物体的特征并不表明它们处于远处,无论如何,远处是"一条向内转向眼睛的线"(DHPI 202),因此只能以点的形式看到。

2.3.2 第二次对话

第二次对话一开始就讨论了"现代方式",即用微粒对神经的影响并将这种影响传递给大脑来解释感觉直觉。菲洛诺斯的主要反驳似乎很奇怪,即大脑只是另一种观念,但这一点并不重要,因为这种解释预设了唯物主义,因此只能作为对最佳解释的推论的一部分来使用,而唯心主义者有一个非常好的解释,正如菲洛诺斯在这里所暗示的,即我们的感知经验是由另一种心灵造成的。这个问题被解决后,海拉斯发现自己处于怀疑论状态,但菲洛诺斯通过指出第一次对话的结论,即被感知的事物依赖于心灵,导致了对现实世界的否定,只有当人们的现实标准排除了观念(依赖于心灵的性质)时,我们才能感知现实世界。但对于观念来说,存在就是被感知,因此当它们被感知时,它们确实存在。正如贝克莱著名的口号所说:"它们的存在就是被感知。"(PHK 3)

这种存在的明显缺陷在于它是次等的。贝克莱对此提出了两点反驳。第一点指出,我们的感觉、直觉并不依赖于我们的意志。由此我们可以推断,它们必然依赖于其他某种心灵,即上帝。即使证明上帝的存在对于历史上的贝克莱来说非常重要,但此处重要的哲学观点仅仅是我们的一些观念,在某种意义上不是我们自己的创造物。贝克莱的第二部分回应是,他认为没有任何关于真实存在的连贯的替代概念(除了精神)可以与观念的存在进行不利的比较。

贝克莱在这里所能做出的最有力的回应是给出一个普遍的论点,即"心灵独立存在"的概念是自相矛盾的。一些评论家声称在《原理》中找到了这样的论点,具体来说是在关于抽象和"未设想之树"的讨论中。无论《原理》的这种解释的优点如何,在《三次对话》中,对

"树"的论证要早得多,而抽象只是被简略提及。相反,《三次对话》中的策略是比较弱的,即通过展示每一个关于物质(即心灵独立存在)的建议解释都涉及某种矛盾或无意义,来表明这种观点的荒谬性。因此,海拉斯提出了四种物质概念,即我们的观念的原因或偶因、上帝意志的工具、一般的实体,而菲洛诺斯则对每一种概念都提出了反对意见。虽然这是一种较弱的策略,但它在与更强策略的比较中具有一个优势,即如果某人确信自己拥有一个条理清楚的物质概念,那么对这种概念的可能性进行无懈可击的一般性论证只会让人对前提产生怀疑。但如果能证明自己对物质的实际概念是混乱的,那么在没有其他替代概念的情况下,人们就不得不停止相信物质的存在。鉴于他在第一次对话中已经否定了感知对象与心灵无关的观点,贝克莱有理由声称海拉斯的四点建议已经穷尽了对物质的其他替代概念。

2.3.3 第三次对话

第三次对话由一系列反驳和回应组成。这些反驳和回应没有特定的顺序,强调了希拉斯在思考唯心主义原则时,随时提出反驳的戏剧效果。然而,我们可以从中识别出希拉斯提出反驳的五个理由:神学的、科学的、形而上学的、认识论的和可信度的。对这些反驳的回应并不仅仅是对之前内容的重述,而是经常需要贝克莱以菲洛诺斯的身份提出新的重大哲学主张。

对于基于科学的反对意见,贝克莱有两点看法。第一,科学定律,如质量和引力之间的关系,虽然通常以物质的形式表述,但实际上它们只涉及诸如延伸性和固体性等可感性质的性质。第二,虽然科学家们可能(错误地)认为他们正在做的事情是发现物质世界的本质并解释这些现象,但真正发生的只是(DHP3 243)通过观察和推理各种观念之间的联系,他们发现了自然的规律和方法,这是有用和有趣的知识的一部分。

这是关于科学的工具主义观点的简要陈述。工具主义者认为,科

贝克莱的世界：关于三次对话的考察
Berkeley's World : An Examination of the Three Dialogues

学理论并不是描述一种无法观察到的现实，这个现实像某种机制一样隐藏在现象背后并控制着现象。相反，理论是我们用来发现现象中规律的工具，然后我们可以用来解释和预测我们所经历的世界中的事件。

针对海拉斯提出的几个不同方面的异议，贝克莱通过菲洛诺斯发展出一种区分想象（以及梦境）与感知的方法，并在感知中区分幻觉与真实的经验。反对的理由是，如果不引用观念与现实的对应关系，他就无法做出这些区分，因此也就无法预设观念与现实之间的区别。对于第一种区分，他引用了三个标准，即生动性、连贯性和（部分）意志的独立性（DHP3 235）。他指出，第一个标准是偶然的：梦境和想象并不一定不如感觉经验鲜明。因此，真正的区别实际上取决于后两个标准。

在感觉经验领域，真实感知与虚幻感知之间的区别是以预测为基础的：当一种感知被认为是真实的，它会误导人们对其他可能经历的事情做出错误的预测时，这种感知就是虚幻的。因此，短缩法（foreshortening）会使高处的雕像看起来比例协调，但如果我从这种视觉经验中推断出，从不同的角度或触摸雕像时，它也会看起来比例协调，那么我就会被误导。因此，贝克莱可以接受短缩法（foreshortening）是一种视觉错觉。

最后值得一提的反对意见是关于物质对象的公开性。我们可以很自然地说，观念是个人的，因为每个观念只能由一个人拥有。这似乎意味着没有两个人（或同一个人在不同的时间）可以感知同一个可感知的事物。对此的回应是，没有两个人可以感知同一个观念，但他们可以感知同一个物质对象，因为对象是观念的集合，人们通过感知（其中的一些）部分来感知一个集合，而两个人可以通过感知此集合的不同部分来感知同一个集合。为了使这一点变得可信，菲洛诺斯试图削弱绝对或客观同一性的概念，根据这一概念，我们永远不会感知到完全相同的事物，而只能感知到相似或相关的事物。取而代之的是，他提出——我认为菲洛诺斯在此也代表了贝克莱的观点——同一性概念是相对于概念化世界的方式而言的。以贝克莱自己的例子（DHP3 248）为例，假设一栋房子的内部被拆除，只剩下屋顶和承重墙，然后又建造了一栋内部全新的房子（房间的大小、形状、高度可以不同，楼梯的位置也可以不同，等等），那么留给我们的到底是不是一栋相同的房子呢？这个问题的答案似乎并不取决于客观的同一性概念，而是取决于一种相当随意的惯例。

对话的最后，对贝克莱的朋友约翰-珀西瓦尔爵士的妻子珀西瓦尔夫人提出的一个问题进行了长时间的讨论。在《圣经·创世纪》中，我们被告知上帝先创造了世界，然后是动物，最后是人类。问题在于，在有任何心灵能够感知之前，被创造的世界由什么组成。显而易见的答案是，它由上帝所拥有的观念构成。但问题是，既然上帝是永恒不变的，那么他一定是永远拥有这些观念，所以物质世界的创造不可能是由他的某些观念组成的。菲洛诺斯虽然勇敢地与这个问题作斗争，但在哲学上却是多余的。贝克莱从物理世界的存在证明了上帝的存在，然后又提出我们可以从物理世界的性质来确定上帝的性质。这种哲学神学方法似乎不太可能产生哲学家们所信仰的无限、永恒、不变、仁慈、全知和全能的上帝。因此，一种解决办法是否认上帝的永恒性。贝克莱还主张另一种观点，即认为无生命世界的存在先于有生命世界，这不仅是《圣经》中关于创世的记载，还有进化论。这种观点认为，上帝形成了一些有条件的意图，即如果有人能够感知，那么他们就会感知到某些事物。这是一种现象论的形式。

2.4 解读唯心主义

对贝克莱的唯心主义的误解很多。贝克莱的朋友、讽刺作家乔纳森·斯威夫特（Jonathan Swift）就表现出了典型的误解，他告诉仆

贝克莱的世界：关于三次对话的考察
Berkeley's World: An Examination of the Three Dialogues

人，贝克莱来访时不要给他开门，理由是贝克莱认为自己可以穿门而过。博斯韦尔（Boswell）把同样的误解归咎于词典编纂家塞缪尔·约翰逊（Samuel Johnson）：据说约翰逊踢了一块石头，说"我这样驳斥他"。两人都忘了固体是一种可感性质，因此不是被否定的物质所具有的特征。诗人叶芝（Yeats）写道："上帝指定的贝克莱证明了所有事物都是梦境"，但贝克莱却敏锐地将真实的、可感知的世界与梦幻中的幻象区分开来。还有太多人把他的观点归结为：当我离开书房，甚至当我闭上眼睛时，桌子（而不仅仅是我对桌子的观念）就不会存在。

通过阅读贝克莱的作品，这些错误很容易得到纠正，但这些误解源于我们对理解其哲学本质的迫切需求，这种需求值得我们尊重。如果贝克莱没有说过这些话，那么他到底说了什么？

一种解释是，他只是在回应洛克的观点，他接受了洛克的经验主义前提，并只是将其推向了极端。如果真是这样的话，我们可以把他看作是在论证一个条件，并假定了其前提。然而，《三次对话》（尤其是第一次对话）清楚地表明，情况并非如此。第一次对话的大部分内容并不是针对洛克的间接或代表性的知觉理论，而是针对直接实在论的观点，即（某些）直接感知的对象是心灵之外。在第二次对话中，攻击的对象不仅是洛克的，还有笛卡尔和马勒伯朗士的物质概念。虽然贝克莱似乎接受了经验主义对心灵所能拥有的观念的限制，但他从未将其作为一种论证工具。

另一种由伯特兰-罗素（Bertrand Russell）提出的著名解释是，他认为，根据贝克莱的观点，感知并不能告诉我们关于"物质对象的真正的内在本质"（The Problems of Philosophy, ch.4, p.19）[①]，而只是关于我们的观念。然而，哲学论证旨在揭示，与我们的观念相对应的

[①] Russell, Bertrand (1912). The Problems of Philosophy. London, England: William & Norgate.

物理对象不是物质的，而是上帝心灵中的观念。虽然可以理解罗素是如何形成这一观点的，但这是对历史上的贝克莱的歪曲。正如《三次对话》的戏剧结构所清楚表明的那样，贝克莱的最重要目标之一是消除真正的内在本质的观念，并将认识主权归还给感知（DHP3 245）：

菲洛诺斯：……因此，我们在这一点上达成了共识，即我们感知到的只是可感知的形式；但我们的分歧在于，你会认为它们是空洞的表象，而我认为它们是真实的存在。简而言之，你不相信你的感觉，而我相信。

然而，贝克莱并没有回应笛卡尔关于如何在主观可获得的信息的基础上认识客观世界的问题，而是否认这个问题的存在。对于贝克莱来说，客观世界在感知中是主观可得的，因此一旦发生感知，就不可能再有需要弥合的鸿沟了。

贝克莱也被解释为参与了逻辑实证主义项目，即通过分析手段将所有关于物理世界的谈话简化为关于经验的谈话。因此，沃诺克（Warnock）（Berkeley, 175）[1]认为贝克莱的观点是：

"对我来说，对上帝来说，以及对任何其他人来说，似乎在餐具柜上有一个橙子"这句话的意思与"餐具柜上有一个橙子"相同。

很难确定贝克莱是否拥有沃诺克（Warnock）关于两个句子的分析等价的概念（我不确定我是否拥有），但这种解释的真正问题在于，它忽略了贝克莱所说的本体论性质。如果说可以毫无损失地用关于经

---

[1] Warnock, Geoffrey James (1953). Berkeley. Notre Dame, Ind.: University of Notre Dame Press. Edited by Ted Honderich.

贝克莱的世界：关于三次对话的考察
Berkeley's World : An Examination of the Three Dialogues

验的论述来代替所有关于物质对象的论述，这就与"世界上存在的是心灵和观念"的主张相去甚远。此外，这种解释必须将贝克莱关于心灵感知观念的说法解释为一种略显混乱的说法，即这个人有一种经验，也就是说，在这个人看来好像是这样那样的。这导致了双重错误：既抹杀贝克莱关于"有一个观念"与"一个事物"的关系的清晰理解，又使他陷入了对世界的精神化，将物理事实还原为关于心灵的事实。

我在本书中将阐释的两个主要方面是：（1）贝克莱相信存在一个与感知它的心灵不同的物理世界，它的存在依赖于被感知；（2）贝克莱将感知知识与一般真理知识区分开来，前者是关于具体事物的知识，不以概念为中介，而后者本质上涉及概念，因此是人类特有的、易错的知识。第一点已被杰索普（T. E. Jessop）和卢斯（A. A. Luce）等人在编辑贝克莱作品的权威版本时强烈主张，但很难看到如何将这种独立性和依赖性结合起来。在1959年的一次演讲中，杰索普（T. E. Jessop）写道：

> 贝克莱并没有将［有形之物］精神化。它们就是它们被经验到的——颜色、声音、温度、冷热、空间、硬度。这些形容词不能有意义地应用于任何精神性事物。犯下这种错误的不是他，而是他与之辩论的当时的哲学家和科学家……贝克莱在否定人类的精神感觉的内在世界方面，就像他否认人类不可感知的物质实体的独立世界一样时一样具有革命性。（George Berkeley, 31—2）[1]

支持这种解释的一个证据是，贝克莱在《三次对话》（DHP3 250

---

[1] Berkeley, George ; E. Jessop, T. & Luce, A. A. (1949). The life of George Berkeley, Bishop of Cloyne. London: Routledge/Thoemmes Press. Edited by G. N. Wright.

mental operations'）中只使用了一次"精神"（mental）一词，在《原理》（PHK Intro 9 mental separation'）中也只使用了一次，两次都是用来描述心灵活动，而不是感知对象。但是，这种解释有两个主要的障碍。一个是贝克莱经常把观念描述为感觉，另一个是观念对感知心灵的依赖似乎削弱了观念与心灵的区别。关于第一个问题，我们不能认为这是贝克莱的笔误，因为第一次对话中的"同化论"（Assimilation Argument）明确地将感觉直觉与疼痛等感觉进行了对比。因此，杰索普（T. E. Jessop）认为贝克莱的观点，诸如快乐、痛苦、瘙痒和刺痛等感觉与颜色和形状等一样不是精神实体。作为历史学家贝克莱的观点，这是不是太荒谬了？首先，我们应该问为什么有人会认为疼痛是精神的？是因为它们无法未经感知而存在？还是因为它们表里如一？这些也是观念的性质，因此，按照这种解释，它们不是精神的标志。我们应该问杰索普（T. E. Jessop）的问题：感觉形容词适用于什么？心灵吗？是的，我们说某人疼痛，但这等同于他们感受到疼痛，这看起来是它们与其他事物之间的一种关系。而其他不一定是精神的，因为当一个人感到疼痛时，什么是疼痛的，什么是受伤的，通常是某个事件，这可能是一个精神事件（如失去所爱的人），也可能是一个物理事件（如撞到脚趾）。认为疼痛和其他身体感觉（注意形容词：身体是物理的）是精神的根本原因，在于我们不愿将它们视为现实世界的一部分，将它们视为"存在"，但这种不愿接受的态度是以唯物主义的现实概念为前提的，根据这种概念，现实的东西必然是不依赖于心灵的。如果我们像贝克莱一样，认为物质世界是由"存在即被感知"组成的，那么关于疼痛的性质，并不妨碍它们成为物理世界（即非精神世界）的一部分。因此，只要我们记住，唯物主义者认为感觉是精神的，贝克莱谈论感觉就没有问题。

人们仍然担心，即如果不破坏观念与心灵之间的区别，就无法确立观念的精神依赖（The mind-dependence）。杰索普（T. E. Jessop）

贝克莱的世界：关于三次对话的考察
Berkeley's World : An Examination of the Three Dialogues

通过主张我们所经验到的、我们所拥有的观念不是精神性质，而是物理性质，如形状、大小和颜色，论证了观念与心灵的区别。换句话说，如果我们同意常识，即我们能够直接感知物质世界，那么我们直接感知到的，即观念，就不可能是精神的，否则就会得出荒谬的结论，即树木等物质物体是精神的（cf. DHP3 262, quoted above）。

源于这样的主张，即感觉性质就是它们看起来那样的，感觉事物不可能看起来不是它们本身（尽管这并不意味着贝克莱不能区分真实的和误导性的感知）。如果要确立精神依赖，就必须从事物本身的性质而非我们拥有的特殊认知能力来解释清楚，这一观点在第一次对话中被阐述。菲洛诺斯试图证明，事物在某种程度上取决于感知它们的心灵。如果被感知的事物与它们表面上看起来完全一样，那么它们如何存在就取决于感知它们的心灵。这是观念的"精神依赖"，但它还不足以说明观念是精神实体，除非人们做出毫无根据的唯物主义假设，即只有精神实体才能被清楚地认识。

还有人担心，事物如何呈现取决于感知它们的心灵，这可能是因果关系，因此与感知对象的独立性是一致的。但在贝克莱体系中，可以通过将因果关系与自愿行动的整合来解决这一问题。如果我的心灵在一定程度上导致地毯看起来是深红色，那么我就能控制它，但我无法做到。

将贝克莱的哲学解释为对洛克的表象实在论的直接回应，会助长认为贝克莱世界精神化的错误想法。根据表象实在论，我们通过拥有代表物质对象的观念来感知物质对象。因此，存在两种感知对象：观念和物质事物；前者是直接的、内在的和心灵的，后者是间接的、外在的和物质的。如果将贝克莱解释为否认外部对象的存在，那么似乎他只留下了内在的、心灵的对象。这是一个错误，因为将直接感知对象归类为精神的（或如马勒伯朗士所说，既非精神的也非物质的），目的是将它们与物质事物区分开来。对于唯心主义者来说，没有必要也不可能存在这种对比,因此他们认为观念可以是物质的。

我的对贝克莱的第二种解释源于菲洛诺斯在描述感知对象时所表现出的看似矛盾或至少是危险的松懈。一方面,在第一次对话的开始,他明确地将可感知的事物限制为一小类性质(DHPI 175):

菲洛诺斯:那么我们在这一点上是一致的,即可感知的事物是指那些能被感觉直接感知的事物。请进一步告诉我,除了光、颜色和图形之外,我们是否还能通过视觉立即感知到其他事物;除了声音之外,我们是否还能通过听觉立即感知到其他事物;除了味道之外,我们是否还能通过味觉立即感知到其他事物;除了气味之外,我们是否还能通过嗅觉立即感知到其他事物;除了有形的品质之外,我们是否还能通过触觉立即感知到其他事物。

这一限制排除了诸如"我们(立即)看到狗或听到割草机的声音"之类的主张。其重要意义在于,允许的可感性质是那些可以完全呈现在感觉面前的性质。是否是狗,不仅仅取决于它现在在我看来的样子,更取决于其是否是棕色的、响亮的或有气味的。

另一方面,菲洛诺斯也像我们大家一样,经常谈论感知到的房子、树木、山脉等。评论家们解决这一矛盾的一个常见方法是,建议贝克莱对"感知"有严格和宽松之分,当然,他在一些段落确实写到了什么是"严格意义上"被感知到的(例如,DHPI 204)。然而,这种解决方案看起来像是把一种非常误导人的方式归咎于贝克莱,以掩盖一个令人不快的后果:既然实际的感觉经验仅限于我们"严格地"感知到的内容(其余部分是"暗示"或推断出来的),那么按照贝克莱的原则,我们对日常事物并不真正具有感觉经验。如果这是真正的学说,那么菲洛诺斯只是靠巧舌如簧才赢得了与海拉斯的辩论。

另一种解决办法是这样的:日常物体是一系列观念的集合,而这

贝克莱的世界：关于三次对话的考察
Berkeley's World: An Examination of the Three Dialogues

些集合包括在不同时间、不同人在不同感觉方式下产生的观念，因此没有人会面对一个"完整的"对象（=观念的集合）。这给了我们严格意义上的不感知对象的理由：我们一次只能感知对象的一部分。然而，说"我看到了某物"并没有错，因为此时我眼前的一切都是该物的一部分。当我的邻居从窗前走过时，我看到的是他的一部分，比如他的腿，毫无疑问，但我确实看到了他。因此，贝克莱可以这样说，字面上讲，我们确实对日常事物有感觉经验，尽管严格地说（这是日常语言中的"严格意义上的"说法），我们只能看到它们的一部分。

如果这种解释是正确的，那么我们需要非认真地对待可感事物和一般对象之间的本体论区别，以及我们在认识它们时的区别。可感事物在感觉经验中完全显现出来，因此感知关系为我们提供了关于它们的完美知识。而一般对象则有所不同，因为通过特定的感觉经验了解到的关于它们的信息是有限的。这种知识依赖于可辩驳的推理。考虑到一个常见的例子，比如一半浸在水中的船桨，看起来是弯曲的。如果我判断船桨是直的，那么我可能犯了很多错误，所有这些错误都与我当前的感觉经验一致。因此，在更仔细地观察或参考其他知识之后，它可能不是船桨而是桅杆或只是一根非常光滑的树枝，而且当我触摸它或把它从水中拿出来时，它仍然看起来是弯曲的。每当我们判断某物属于某个概念的范畴时，我们就很容易犯这种错误，因此完美的感觉知识不能涉及概念。我对眼前事物的视觉认识与我知道在我面前有一支直桨，这两种知识属于不同的类型，是通过完全不同的途径获得的。

这个观点似乎并不特别重要，但我们会看到，贝克莱的许多观点只有在我们清楚地知道我们是在谈论观念还是事物（即观念的集合）的情况下才能得到恰当的理解。此外，事实证明，除了认识论上的区别之外，贝克莱对这两种情况下我们所知事物的真实性也有着完全不同的态度。

2.5 贝克莱是一个反现实主义者吗？

贝克莱常被称为唯心主义者，当然他认为世界在某种意义上是由观念构成的理想世界，但唯心主义也意味着对现实主义的否定，这是一个不太明确的问题。否定现实主义的一种方式是说某物并不存在：在这个意义上，我是鬼魂（幽灵）的非现实主义者，而贝克莱则是万有引力等力的非现实主义者（DHP3 257）。但正如海拉斯与菲洛诺斯之间的争论所表明的，贝克莱坚持认为他并不否认"可感事物的现实性"（DHPI 173），因为这正是他试图反对的怀疑论。

除了说某一事物不存在之外，还有其他否定现实主义的方法。例如，我不想否认某些口味的冰淇淋比其他口味的更好吃，但我不认为比巧克力更好吃是草莓冰淇淋的真实特征。我之所以认为这种区别虽然存在，但并不是真正的区别，而是因为如果我认定草莓比巧克力好吃，那么它就是：我认为如此。现在，这种反现实主义观点的关键不仅在于"如果我认为它是真的，那么它就是真的"是否为真，而且在于"是我认为它是真的"这一观点。

从表面上看，贝克莱似乎致力于这种关于感觉知觉的主张，因为不可能存在事物的表象与本质相分离的情况：如果我似乎听到了声音、闻到了气味或看到了颜色，那么就一定有声音、气味或颜色被我听到、闻到或看到了。首先值得注意的是，正如我的第二种解释明确指出的，我们并不是直接感知地毯是深红色的，而是直接感知某些可感性质，并判断地毯是深红色的。仅凭判断并不能说明问题，因为我可能是错的。然而，我们确实需要确定"esse est percipi"（即"存在即被感知"）这一学说是否是反实在论的。该学说认为，如果有人在某个时刻感知到某种可感性质，那么这种性质就存在。感知是否就意味着存在呢？

贝克莱的世界：关于三次对话的考察
Berkeley's World : An Examination of the Three Dialogues

要想知道为什么在我们所考虑的意义上这不是反现实主义的，我们需要再次考虑巧克力和草莓冰淇淋的例子。在这里，我们似乎有两个截然不同的事实：一个是心理上的（我判断草莓比巧克力更好），另一个是非心理上的（草莓比巧克力更好），而有人声称前者导致后者，因此后者是不真实的。请注意，为了得出一个事实导致另一个事实的结论，这两个事实必须是截然不同的：我判断草莓比巧克力好吃，意味着我对草莓冰淇淋做出了判断，但这与我的判断是否真实无关。因此，如果贝克莱要成为"思维决定现实"的反现实主义者，我们必须找到两个截然不同的事实，即某个人某时似乎具有某种可感性质，以及确实存在这种可感性质，并证明前者决定了后者。但是，鉴于贝克莱将可感性质出现在某人身上理解为与其真实性质相关，可知这两个事实并不充分地截然不同，前者显然包含后者。

因此，贝克莱可以辩称，尽管可感性质依赖于心灵，但他仍然是一个关于可感性质的实在论者，就像我们本能地都是关于疼痛的实在论者一样。虽然疼痛只有在被感知时才存在，但我们并没有通过捏自己或其他什么方式来创造疼痛。同样，可感性质只有在被感知时才存在，但感知者并没有创造它们。在论证上帝存在的过程中，贝克莱经常说诸如"可感知的事物……并不取决于我的想法"（DHP2 212）之类的话，这显然是在主张某种形式的现实主义。显然，想象力是唯一的例外，但这正是感觉经验是真实的而想象力不是的原因。精神依赖究竟是什么，将在第五章中讨论。让我的感觉存在（这是我做不到的）与通过作用于世界来影响我的感知（这是我能做到的）之间的区别在这里至关重要。因此，贝克莱的行动理论对他的形而上学至关重要，将在第六章中讨论。

关于现实主义，这里有一个重要的普遍观点。反实在主义唯心主义的一个明确定义是，它使得物理世界的事实依赖于心灵的偶然事实。但是，我们必须小心区分物理世界对纯粹精神事实的依赖，以及对关于精神如何与非精神相关的事实的依赖。对于贝克莱来说，关于我们意志的事实是纯粹精神的，但关于我们感知的事实却不是，因为感知是我们与其他事物（即可感性质）之间的关系。关于感知作为一种关系的观点在第三章中进行了讨论。他应该会乐于接受这样的想法，即在某种程度上，只要物质依赖于我们的意志行为，它就是不真实的。然而，我们的感知，也就是可感性质，并不取决于人类的任何意志（虽然我们可以对世界采取行动，从而引起可感性质的变化，但我们的选择仅限于我们是否采取行动，而不是这些行动会产生什么影响）。

这是贝克莱关于成为感知实在论者的理由，关于判断，只要判断超出了当前所感知的范围（几乎总是如此），就会有不同的说法。假设我听到了一些声音，就会以此判断有人在割草。当我向窗外看时，我看到一台割草机正处于工作状态；我关于有人在割草的判断是真的还是假的？好吧，如果按照我所说的把可感性质固定下来，那么判断的真假取决于使用割草机算不算割草，而决定这一点的除了人类对割草这一概念的判断之外还有什么呢？这样的决定通常不是我在做出判断时所面临的，但无论如何，它们在某个时候必须被做出。这种情况在割草这样的例子中十分明显，也具有普遍适用性。它甚至适用于基本的形状和颜色概念：两棵树或两只鸟是否形状相同，取决于我们如何仔细观察它们的差异，而这又取决于我们的兴趣和表达这些兴趣的惯例或习俗；除了人类的习俗之外，还有什么能决定橙色不是红色的呢？每个判断都涉及对某物进行分类，贝克莱认为，我们据以分类的范畴是我们自己发明的。他极其严肃地对待唯名论的口号"一切存在都是特殊的"，否认任何两个可感事物之间有任何共同之处，由此得出结论，不可能有客观的依据将它们归为一类。如果把所有可感事物的性质都固定下来，我们判断的真伪就取决于人的行为。

据贝克莱所说，上帝创造的、我们通过感觉知觉直接了解的现实物质世界，由孤立的可感性质构成。从上帝的角度来看，没有两个可感性质有任何共同之处。然而，像我们这样的有限心灵倾向于将它们归类或分类。第七章讨论了将观念按类型（如红色或方形）进行排序的问题。第八章讨论了将观念按个别事物（如这张桌子或那只狗）进行排序的问题。人类的这种倾向于分类的能力使上帝能够将可感性质强加于秩序之上，这些秩序在现实中是任意的，但对我们来说似乎是自然的，这样我们就可以预测和控制物质世界以造福自己。我们的一些分类比其他分类更好或更差，但只是在有用或不太有用的意义上。它们都不符合现实的客观特征。从这个意义上说，贝克莱是一个反现实主义者：我们的任何判断中，我们所谓的真理其实只是一种长期的功用。

附录[①]：《三次对话》快速参考指南

第一次对话（171—207）

本对话包含三个重要的论证阶段。在序言和怀疑论的讨论之后，海拉斯很快就被说服，认为唯一能被直接感知的对象是感性特质（174—175）。这是第一个阶段。

第二个阶段（175—194）旨在证明可感性质是心灵依赖的。菲洛诺斯依次讨论了五种感觉，然后是所谓的基本性质，并有选择地使用三个主要论点。请参阅下表。

---

① 《附录》中数字为《三次对话》原著页码数。

第一部分

	同化论证①	矛盾的外观现象②	因果论证
触觉（冷/热）	175—178	178—179	79
味觉（甜/苦）			
气味	180	180	
声音	180—181	180—181	
颜色			181—183
形状与广延		183—187	187
运动		188—189	
坚固性		190	
绝对广延		191	
	192—194		

在第三个阶段，海拉斯尝试了五种避免得出结论的方法。第一个和最后一个提供了不同的感知理论，第二个在174—175已被处理。第三个和第四个是直接否认可感性存在于"心灵"中。

195：感知与被感知对象的区别。

197：可感性质必须存在于某种物质基质中。

199：未构想出的树：有可能构想出一个没有人感知过的感性对象。

201：被感知的对象与我们空间上是分离的。

203：实在论代表：观念是物质对象的标志。

---

① "Assimilation argument" – "同化论证"。这种论证通常指通过类比或同化将两个看似不同的事物或概念加以对比，以便展示它们之间的相似性，从而得出一个推论。在哲学中，这种论证方式经常用来探讨抽象概念或复杂的现象，通过将其与更熟悉的事物进行比较来达到理解或论证的目的。

② "Conflicting appearances" – "相互矛盾的表象"或"矛盾的外观现象"。这个术语通常用于讨论哲学问题，特别是当感官所感知的事物在不同的情况下或不同的主体之间产生矛盾的情况时，例如颜色、形状或声音的变化。

第二次对话（208—226）

对话从一个论点开始，即关于经验的因果关系的实证证据无法支持唯物主义（208—210），因为这些证据只涉及可感对象之间的关系（209），而且无论如何，存在一个解释上的缺口（210）。

海拉斯指责菲洛诺斯持有怀疑论（否认日常物体的真实性），因为他接受了第一次对话中的论点。菲洛诺斯回答说（211—212），这些论点并不意味着在他对可感物体的真实性的标准下存在怀疑论。然后，菲洛诺斯提出了几种关于上帝存在的论证（212—215）。

海拉斯指出（215），菲洛诺斯还没有证明心灵独立的物质并不存在。海拉斯提出了物质的四种概念：

215：它是上帝的意志与我们的观念之间的因果中介。

218：它是上帝意志的工具。

220：它是我们的感觉知觉的场所。

222：它是一般实体（相对于特定的性质而言）。

这些关于物质的概念的内容越来越少，直到菲洛诺斯宣称海拉斯"毫无意义"（226）。

第三次对话（227—263）

在这次对话中，海拉斯提出了一系列反对唯心主义的观点，这些观点没有特定的顺序。对话中充满了论点和反驳，但海拉斯提出的主要观点可以分为五组。

i. 逻辑上的

231：我们对上帝（以及自己）的认识并不比对物质的认识更清楚。

233：难道上帝要对所有邪恶负责吗？

240：如果观念源于上帝的心灵，那么上帝一定会感到疼痛，这是不完美的表现。

243：因为所有人都错误地相信物质的存在，所以上帝一定是个骗子?

250：创造：上帝思想中的观念是永恒的，因此不可能被创造，但我们心灵中的观念在我们之前并不存在，但《圣经》却说上帝在创造亚当之前创造了地球和动物。

ii. 科学上的

241：可以用物质来解释科学现象。

244：我们不是只留下了事物的空壳吗？

245：我们如何解释只能通过显微镜获得的知识？

iii. 形而上学上的

234：可感事物的现实并不要求它们必须被实际感知，而只需要被感知。

235：唯心主义者如何区分真实事物、想象事物和梦境中的事物？

247：两个人无法共享一个观念，所以他们无法看到相同的事物？

249：如果观念有广延性，而心灵却没有，那么观念如何存在于心灵中？

IV. 神学

238：弯曲的船桨：如果不以与现实事物的对应为基础，我们如何区分真实的和虚假的感知？

245：我们如何解释人们对事物本质的看法存在分歧？

V. 可信度

237：违背人类普遍的道德感。

244：无物质论是危险的新生事物，因此在政治上不受欢迎。

244：难道说所有事物都只是一种观念的说法就没有争议性了吗？

第二部分

第二部分

第三章 可感知的

3.1 我们用感觉感知什么？

起初，海拉斯和菲洛诺斯就形而上学中不可接受的标准达成了一致，即"否认可感事物的真实性或宣称对它们一无所知"（DHP1 173）。由于菲洛诺斯不想否认物质事物的真实性，他必须回答一个重要的问题：我们用感觉感知到什么？他必须找到一个答案，这个答案既要（a）足够普遍，能够涵盖我们所能或可能感知到的一切事物，又要（b）足够具体，使菲洛诺斯能够证明所有可感事物都不是物质的，它们都是精神依赖的。现在，我们应该怀疑能否给出一个同时满足这两个条件的答案。例如，我们可以试图通过说我们感知事物、事件、过程及其属性来解决（a），但这显然太模糊，无法排除物质。但要解决（b）项问题，我们可以说我们感知图像或感知数据，这样就排除了太多我们通常认为自己能感知的事物。在《原理》一书中，贝克莱认为，我们所感知到的只是观念，"任何人只要对人类知识的对象进行考察，这是显而易见的"（PHK i），许多唯物主义者也会同意这一点。然而，在《三次对话》中，这一结论是逐步得出的：

首先，他试图以一种中立的形而上学方式来描述我们所感知的事物，然后论证所有这些事物实际上都是依赖于心灵的。批评贝克莱的一种方式是认为他对我们所感知事物的描述并不中立，而且唯物主义者不必接受这种观点。

贝克莱（DHP1 174—175）对我们通过感觉感知的事物的论述包含三个要素：

贝克莱的世界：关于三次对话的考察
Berkeley's World: An Examination of the Three Dialogues

(1) 所有感觉知觉都是直接的。
(2) 只有少数性质（声音、气味等）可以被直接感知。
(3) 可感事物不过是可感性质的集合。

对（1）的论证大致是：我们知道有几种事物是通过间接途径获得的，而这些事物并不是通过感觉感知到的。对于（2），没有给出任何论证，但当我们试图弄清楚贝克莱为何认为这是显而易见的时，我们会发现支持（2）的更好理由。贝克莱对（3）进行了简要的论证，尽管缺少一个重要的前提，但在这里他处于相当有利的地位。

对于（1），所有感觉知觉都是直接的。菲洛诺斯举了三个例子：看到各种各样的颜色，听到各种各样的声音，感觉到热和重量，在每个例子中，这些感觉都被与我们对所见、所闻或所感事物的原因的思考进行比较。在这一讨论中，有两个中介概念：（a）如果我们的知识是从我们感知的其他事物中推论出来的，那么我们的知识就是中介的；（b）如果我们对某事物的认识是我们所感知的另一事物的原因，我们就说它是中介的。虽然贝克莱没有这样做，但我们还是有必要区分这两种"中介"的概念，因为它们涉及不同的问题。例如，当我听到某些声音时，通常也会说我听到了割草机的声音，它是这些声音的原因，尽管我没有必要从这些声音推论到割草机。同样，我也会从我的感知中做出很多非因果关系的推论。

以（a）中所定义的中介为例，贝克莱的观点乍看之下似乎很有道理，因为我们常常会区分两类事物：一类是我们实际看到的（听到的、感受到的等），另一类是我们从经验中推断出来的。然而，如果贝克莱想要说服我们，他的唯心主义并不否认可感事物的真实性，他就需要对什么是可感事物、什么是不可感知事物做出非常明确的区分。不幸的是，我们在日常生活中对感知和推断的区分在很多情况下是模糊不清的。例如，我是真的看到了邮递员送信，还是只是看到一些信件落在了门垫上，并由此推断他送了信？这里的问题是，在一般情况下，我们会说看到了邮递员送信，但有时，比如在法庭上被问及时，我们会声称是推断出来的。是前者说得不严谨？后者更精确吗？还是前者完全正确，后者是特意引入的"推断（infer）"一词的意思？贝克莱没有给我们解决这些问题的方法，因此也无法从中介的概念中得出可感知与不可感知事物的明确区别。然而，正如我们在3.1.2节中将要看到的，他确实有一种方法可以在这里做出明确区分，如果他不认为这一点如此显而易见的话，他可能会诉诸这种区分。

按照（b）中的解释，贝克莱似乎一开始就犯了错误：我们通常会说听到了小提琴声、看到了闪电、闻到了酒香等，尽管我们的这些经验都是通过声音、闪光、气味等中介获得的。为了替贝克莱辩护，我们应该注意到，有时候我们不会说我们听到了某样东西，比如小提琴声，即使我们确实听到了由它引起的声音，比如把它掉在地板上时。同样，虽然我们有时会看到闪电而不是它的效果，但如果闪电导致灯熄灭，那么看到灯熄灭就不是看到闪电了。一般来说，当我们看到、听到某些典型的效果时，我们会说看到了、听到了等原因，但当效果不典型时，我们就不会这么说了。贝克莱对此有一个很好的解释，因为他认为对象是性质的集合，所以经验其中的一些性质就是经验对象（的一部分），而经验不包含在该集合中的性质则根本算不上经验到了物体，充其量只是经验到了与它相关的东西（see Chapter 8, especially 8.3.4 on direct perception）。如果我们加上"整体不能引起其部分"这一看似合理的原则，我们就能理解为什么贝克莱认为所有通过因果关系的中介都是我们不能说同时看到了原因和结果的情况。不幸的是，如果不引入循环论证，这一原则无法支撑（1）的论点，因为贝克莱关于物体集合概念的论证依赖于他对感知对象的看法。

有必要明确的是，贝克莱只是声称间接感知不是感觉感知。它仍然是一种感知，而感知是在心灵之前形成的观念。因此，如果有人间接地感知到某物，那么这个观念在他的心灵之前就已经存在了。区别

贝克莱的世界：关于三次对话的考察
Berkeley's World : An Examination of the Three Dialogues

在于这种观念是如何在心灵之前形成的。在间接感知中，观念是由其他感知暗示或推断而来的，而在直接或感觉感知中，它不受其他任何感知的影响。因此，将间接感知误认为感觉经验是完全可能的，甚至有时非常容易。例如，如果我极度渴望看到一只鸟，灌木丛的运动可能会让我联想到鸟类的形状，让我错误地以为我看到了一只鸟。只是被间接感知到的，可能与世界的本来面目并不相符，却被认为是一种直接感知或感觉感知。这种可能性对于贝克莱来说至关重要，因为正如我们将看到的，他认为感觉感知不可能是对不存在的事物的感知。间接／直接的区分并不是在两种感知类型之间，也不是我们在对象上可能存在的两种关系之间划出界限，而是在感知的原因之间划出界限。如果一个观念是间接感知到的，那么它就和如果是直接感知到的一样被感知到。

根据第（2）条，只有少数性质可以被立即感知。贝克莱在此指出，我们所看到的只是光、颜色和形状，我们所听到的只是声音，我们所闻到的只是气味，我们所品尝到的只是味道，我们所触摸到的只是"感觉"（如"这支笔的感觉是冷、硬、光滑等"）。海拉斯简单地接受了这一点，将其视为所有感觉知觉都是直接的这一说法的结果，但在对中介的解释中，这一点并不成立。为了理解这一点，假设我们与贝克莱相反，在良好的观察条件下，我们可以看到某个东西是否是麻雀。一方面，这看起来甚至都不像是推论的边缘情况，因为我们只是看到了它，另一方面，我声称在良好的条件下能够用视觉检测到的是麻雀本身的属性，而不是它的效果。然而，麻雀并不仅仅是颜色和形状的问题，所以贝克莱的声称（2）显然排除了这种观点，即麻雀无法被立即感知。

许多评论家认为，贝克莱在这里暗含了一个假设，即直接感知是毋庸置疑的，我不可能对我立即感知到的东西产生误解。尽管我们在视觉上识别麻雀方面可能相当可靠，但我们仍然可能犯错。这正是因为麻雀除了具有某种外观之外，还有更多的特征。然而，即使我犯了这样的错误，我仍然正确地知道当时的事物看起来是什么样子。因此，如果假设直接感知是无可置疑的，那么（2）确实可以从（1）推导出来。

在这种解释下，（2）有两个问题。首先，如果我们做出这种假设，（1）中原本存在的合理性就不复存在了，因为显而易见的是，我们可能会受到视觉、听觉等幻觉的影响。其次，有人认为，我们的感觉经验中甚至没有一个有限的部分是无可置疑的。在展示贝克莱如何解决这两个问题之前，我想指出的是，他的假设比仅仅认为直接感知是毋庸置疑的更根本。贝克莱假设的是一种感知模型，其必然会得出这一结论。我将他的理论称为"最简单的感知模型"（Simplest Model of Perception），或简称为"SMP"。贝克莱认为，SMP具有特殊的地位，因为任何偏离它的观点都需要得到合理的解释，这是感知的默认解释。

最简单的感知模型：

"S感知O（通过感觉）"描述的是心灵与可感事物／性质之间的两地关系。感知或被感知的关系是一种纯粹的关系，很像空间关系（因此"在心灵之前"），因为它不是完全或部分地由关系之一的任何并发事件或状态构成的。这种关系既不是行为，也不是事件，它本身不具有性质或特征。两个感知之间唯一可能的区别在于主体或客体的身份（五官是通过客体来区分的）。由于主体不被感知，主体的变化只能通过改变感知的客体来影响感知的内容。如果S感知到的是O，那么S感知到的东西，即感知的内容，就完全由O决定了。对象的同一性意味着感知内容的同一性，因此感知错误（相对于推理错误）是不可能发生的。

要理解SMP，可以考虑一下它与贝克莱的知觉是行为—对象模型

贝克莱的世界：关于三次对话的考察
Berkeley's World : An Examination of the Three Dialogues

还是副词模型之争的关系（Pitcher, Berkeley, 198）。帕帕斯在描述副词主义者时说，行为与对象之间的界限"崩溃"了（Berkeley's Thought, 125）。通常认为，如果这种关系崩溃，我们就只剩下了行为（即感知），因此，看到红色和看到绿色之间的差异必须是看到红色的和看到绿色的之间的差异。但是，这种崩溃可以是两种情况，即物体可能会崩溃成行为，或者行为会崩溃成物体。SMP认为，我们并不拥有行为与对象的二元性，而仅仅是拥有一个对象（当然，还有主体，但主体的身份和性质与感知的内容无关，即与被感知的事物无关）。这种替代方案被普遍的假设所掩盖，即如果S感知到O，那么就有一个（精神上的）事件是S对O的感知。SMP只是否认了这一点：当S感知到O时，S和O存在，并且它们处于一种关系中，即感知，但它们处于这种关系中既不是由S中的任何并发事件或发生所构成，也不是由其促成的。S可以与O处于相距一米的关系中，或许只因为它走到了那个地方，而它与O处于这种关系中（或者反之亦然）并不是由S（或O）的任何同时发生的事件构成或实现的。感知的"行为—对象"模型可能更恰当地称为"主体—行为—对象"模型，以明确它对感知关系中第三要素的承诺，然后SMP就是一种主体—客体模型（为了完善分类法，我们应该把具有代表性的知觉理论称为"主体—对象—对象"模型）。因此，在SMP中，解释看到红色和看到绿色之间的差异的唯一方法是提到对象之间的差异，同样，根据贝克莱的观点，解释看到和听到之间的差异也是如此。

现在看来，如果我们确实感知到普通物理对象，比如我桌上的非洲紫罗兰，那么SMP显然是错误的。但这并不能排除SMP成为感知的默认模型的可能性，原因有二。在论证的这一点上，贝克莱正试图确定我们感知的事物种类，因此假设我们确实感知到像非洲紫罗兰这样的事物就会导致循环论证。二是他一直小心地将讨论限制在直接感知上，这为他后来解释常识性主张，即我们确实感知到普通物理对象提供了两种方法。他可以声称这是间接感知，也可以声称虽然我们有时确实直接感知到植物和桌子等物理对象，但我们对它们的任何错误认识都不是感知错误，而是推断错误。由于他对间接／直接感知的区别的解释意味着所有间接感知到的事物也都是直接感知到的，因此他选择了后者。只要"事物的表现方式"不仅包括事物在我们感知经验下的呈现方式，还包括我们基于感知经验倾向于判断它们的方式，贝克莱就可以允许"事物似乎如何"与"事物本身如何"之间存在潜在的差距，同时坚持认为感知错误是不可能的。

贝克莱并没有明确陈述SMP，因此这种归因是基于推断的。首先，假设SMP使一些看似糟糕的论点变得相当合理；其次，在几个地方，海拉斯提出了其他感知模型，但被拒绝了，而SMP似乎是我们剩下的唯一选择。有多种原因可能导致一个假设没有被明确提出，从哲学家没有注意到它到他试图掩盖它。在与海拉斯的对话中，菲洛诺斯没有理由将他所有的假设都明确化。如果是贝克莱的话，他似乎认为SMP显然是默认立场，除非能够证明它存在某些问题，否则SMP显然是最好的感知解释。由于所有重要的唯心主义论证都依赖于SMP，因此贝克莱没有详细说明他为什么认为它是一个好的感知模型，这一点令人遗憾。

SMP有两个重要的优点。第一个是现象学上的：对感知者来说，感觉感知似乎是对物体及其属性的简单开放。事物的外观、感觉、声音等对主体来说似乎完全由它们的实际情况决定，而SMP意味着这种现象学并没有误导。第二个优点更具理论性：SMP完美地解释了为什么可感知的世界在我们的感觉中呈现的样子，即它必然呈现为它的实际样子。任何偏离SMP的理论都需要解释是什么决定了事物的外观，而这只能通过引入一个额外的项目（如精神事件、物体或表象）来实现，这些项目具有可以解释事物为何呈现为当前样子的属性来实现。

贝克莱的世界：关于三次对话的考察
Berkeley's World : An Examination of the Three Dialogues

（a）除了为了解释某些需要解释的事物之外，没有理由相信这些观点。在这种情况下，确实似乎SMP具有天然优势。然而，如果有人能够对（a）或（b）提出挑战，那么SMP最初的可信度就会丧失。(a) 通常会被质疑，人们会说在常识中，存在三种区分感知者、感知行为和被感知事物的方式，这种区分允许中间项在不改变其他项的情况下变化。也就是说，同一个人可以以不同的方式感知同一件事情，因为其感知特性，即他们如何感知事物发生了变化。如果这是真的，那么常识就坚持一种感知—对象模型。希拉斯在 DHP1 195 中提出这种模型，但被拒绝了。如果这种论点成立（在3.3.1节中讨论），那么常识要么是错误的，要么不坚持三重区分。贝克莱坚持后者。

（b）更常见的挑战是，世界并不总是如其实际情况那样呈现，因此在某些情况下（幻觉的情况下），SMP必须被修改以解释决定外观的因素。这种幻觉的论证试图表明，在感知中必须有第三个（精神）元素，这可能是一个事件、对象或表征，具体取决于替代 SMP 的模型是什么。现在，正如我们将在 3.2.2 节中看到的，贝克莱自己也使用幻觉论证，但得出了一个相当不同的结论：不是说需要通过引入第三个精神成分来修改 SMP，而是 SMP 是正确的，所有的感知对象都是心灵依赖的。这使他不得不说，在我们称之为幻觉的情况下，世界实际上就是它看起来的样子，他对此很满意（DHP3 238）。

如果我们允许贝克莱假设 SMP，那么他就可以利用感知和推理之间的直观区别来赋予（1）中内容，即所有感觉感知的直接性，然后使用SMP来捍卫它。给出某个（t）和SMP之后，（2）几乎是直接得出的结论。(3) 感性事物只是感性性质的集合。这一命题在《原理》的开头就被简单地假设了，但在这里进行了论证。它实际上是一种对象同一论，即可感事物只是性质的集合。由于贝克莱想要维护常识观点，即物理物体是可感知的，因此他也承诺了一种性质集合的物质理论。海拉斯接受了（3），但没有预料到这一后果。在本书考虑的段落

(DHPI 175) 中,菲洛诺斯基于感知事实提出了一种减法论证。在《第一次对话》的后面部分 (DHPI 197—199),他反对了替代方案的可理解性,而在《第三次对话》中 (DHP3 247—248),他给出了一个关于统一性本质的论证。

DHPI 175 处的论证有两步。首先,(2) 对可感知事物的限制意味着"如果去除所有可感知的性质,就只剩下不可感知的事物",其次,这意味着 (3)。看起来第一步的结论是独立的且有说服力的:如果我们感觉不到任何性质,那么我们就感觉不到任何事物。然而,有人可能会质疑 (2) 是否真的意味着 (3),指出 (2) 与可感知事物与其性质相区别的说法是一致的,但我们只能通过感知其性质来感知它们。如果我们有任何感觉经验,我们总是会感知到某些性质,这并不意味着我们只有对可感知性质的感觉经验。贝克莱可能会通过论证,如果我们只是通过感知其他事物 (y) 来感知某物 (x),那么我们直接感知 (x),而间接感知 (1) 不是感觉直觉来确保这一步骤。然而,唯物主义者可能会反对说,事物与其性质之间的关系是这条规则的例外。虽然我们的感知对象依赖于我们对质量的感知,因此是间接的,但这是可能的,因为如果没有拥有某种性质的事物,就不可能有性质存在。例如,我可以听到的割草机的声音,只有通过参照拥有这种性质的事物,才能像我刚才所做的那样被识别。只有当我们意识到拥有某种性质的事物时,感知才能让我们识别出特定的性质,而感知确实做到了这一点。

实际上,对贝克莱的这一反对观点:指责丛束理论 (the bundle-of-qualities theory)[①]主张存在游离于物体之外的性质,即无主体的性质。既然人们认为这样的性质是不可接受的,因此得出结论:除了可

[①] 丛束理论,出自 18 世纪的苏格兰哲学家大卫·休谟 (David Hume) 对本体论有关客体在其中一个对象的理论比喻,主张"客体"只是属性和关系的组合。

感知的性质之外,还必须存在可感知的实体。贝克莱对此的回应有三个方面。首先,他承认每一种性质都必须由某种实体所拥有,但在可感知性质的情况下,被心灵所感知就足够了。从某种明确的意义上说,我现在所看到的绿色的"主体"并不是某种物理实体,而是我的心灵物质。其次,他质疑一种性质与被认为拥有该性质的非心灵物质之间的关联的一致性(DHPI 197—199)。此外,当涉及依赖于心灵的性质,比如疼痛时,这种关联显然是不可能的(DHPI 176)。最后,他可以证明丛束理论有能力在不借助于物质的情况下,容纳所有关于物理对象同一性的谈论(DHP3 247—248)。因此,反对者犯了两个错误:他认为普遍存在的"质存在于实体中"这一要求意味着可感知的性质存在于非心灵实体中,而实际上它们存在于感知它们的心灵中;他认为谈论物理对象具有性质要求我们接受除性质之外的物理实体。

所以海拉斯在没有进一步争辩的情况下就接受了(3),但这对贝克莱的目的无关紧要,因为进一步的争辩即将到来,而且在《第一次对话》中用于证明可感事物依赖于心灵的论点中,实际上没有任何一个论点依赖于(3)。

在某个时刻,海拉斯开始怀疑,关于心灵依赖性的论点只适用于性质,而不适用于事物(DHPI 199):

> 海拉斯:……现在我承认,每一种性质都不能单独存在而不依赖于心灵……但是,当各种性质结合或混合形成完整的感性事物时,为什么这些事物就不能在没有心灵的情况下存在呢?

菲洛诺斯当然会回应说,对于已经同意(3)的人来说,这是一件很奇怪的事情,但他也提出了一个新的、独立的论点,即著名的"未设想之树不可想象"的观点。假设海拉斯以稍微不同的方式表达了他的观点：

当然，我们不能允许某些孤立的性质的存在，比如绿色，除非它是被某个人感知到的。然而，如果我们考虑的不仅仅是绿色本身，而是这棵树的所有其他性质以及它的绿色，那么这种性质就可能在没有人感知的情况下存在。因此，这种性质单独存在就需要有心灵，但如果有一棵具备这种完全成熟的性质的树，就没有必要有人去感知它。

对此，菲洛诺斯提出的一种反对意见是，在关于心灵依赖性的论证中，没有任何论点依赖于以这种方式分离这些性质。实际上，他认为某些性质，比如可见的形状，如果没有其他性质，比如颜色（DHP1 193），就不能存在。但是，树的论证直接针对这一问题，声称无论从何种角度理解，任何有意义的物体都不能在没有心灵的情况下存在。简而言之，认为能够构想出尚未构想的事物，就如同能够看到尚未被看到的事物一样荒谬，而构想的事物存在于心灵之中，因此无法在没有心灵的情况下构想事物。

这通常被称为贝克莱的"大师论证"，被认为是唯心主义的主要论据，因此它的失败对贝克莱来说是决定性的。在第4.1节和该章附录中，讨论了这种解释的缺点以及该论点的合理性。目前看来，即使这种解释行不通，菲洛诺斯对这一异议的第一反应仍然站得住脚，对唯心主义的论证进程也不会受到干扰。

3.2 我们感知到的事物是依赖于心灵的

假设SMP最初是可信的——我们将回到这个问题——我们可以对我们感知到的事物问题得到一个实质性的答案，即一组有限的性质，每个性质都可以在某一时刻完全通过单一的感觉模式来揭示，而除此之外别无他物。现在我们需要解决这些被感知的性质是必然地还是偶然地存在的关系问题。贝克莱在这里表达他的论点时，偏好使用存在的术语：存在即被感知。这导致安东尼·格雷林 Anthony Grayling（Berkeley: The Central Arguments）[1]认为贝克莱的核心论点是关于存在概念的论证。另一种表达这一论点的方式是用"关于某物的必然性"：所有被感知的事物，每一个可感知的性质都具有必然被感知的属性。当某物具有实在必然性属性时，这意味着它不可能缺少这个属性。由于实在必然性与本质的概念紧密相关，这两种表述是等价的。为了简化，我将谈论必然被感知和偶然被感知的属性，其中必然被感知的事物在其存在的所有可能世界中都能够被感知。

由于贝克莱试图证明一个必要的真理，即所有被感知的事物都是必然被感知的（双重模态排除了仅偶然被感知的可感知物实际上被感知的可能性），他必须在一开始对偶然未被感知的问题保持中立。一旦他论证了偶然未被观察到的性质是不可能的，他就可以继续解释普通人对这些事物的信仰。他通过区分我们偶然未观察到的事物和完全偶然未观察到的事物来实现这一点。

贝克莱使用了两种主要的论证形式来证明心灵依赖性，即同化论证和相互矛盾显现论证。同化论证在某些情况下具有一定的可信度，但并不能推广到特定感觉感知的所有性质（DHP1 178）或所有感觉。"矛盾表象的论证"具有一个迷人的性质，即在其漫长的历史中几乎被普遍接受，但其细节却令人惊讶地不清晰。我将尝试阐明其中的一些细节。

3.2.1 同化论

同化论的最详细版本试图证明，温度感应与快乐和痛苦感相融合。菲洛诺斯首先为强烈的热度提供了论据，然后试图进行概括。概

---

[1] GRAYLING, A. C. (1986). Berkeley : The Central Arguments. Tijdschrift Voor Filosofie 50 (1):181-181.

括是不可信的：该论点基于证明强烈的热度感是一种疼痛感，而温和的温暖却会引起愉悦感。如果针对强烈热度的情况的论点有效，它应该使唯物主义者感到不安，因为唯物主义者想要在心灵依赖的感觉经验（如疼痛）和非心灵依赖的感觉经验之间做出明确的区分。

该论点的目标是反对这样一种观点，即（强烈的）热度既是我们可以经验到的东西（即一种可感知的质量），又是独立于感知的存在。一个被压抑但无争议的前提是，疼痛是我们可以经验到的东西，但依赖于心灵。该论点通过两难推理进行论证。

[1] 强烈的热度经验是痛苦的（"最剧烈和强烈的热难道不是一种极大的痛苦吗？"）(DHPI 176)。

[2] 第一个角度：这里有一个既是热的又是痛苦的感觉经验对象。

[3] 鉴于疼痛是心灵依赖的，热度也是如此。证毕。

[4] 第二个角度：有两类经验对象（可感性质），即热和疼痛。

[5] 但是，从现象学角度来看，这似乎不太可能。

[6] 如果热和疼痛是两种不同的感觉，那么它们在逻辑上应该是相互独立的，但是不可能在没有疼痛的情况下感受到热。

第[5]中的现象学主张很难得出确定的结论，但它得到了一个众所周知的现象的支持，即我们无法仅仅从感觉上判断自己是否接触到了非常热或非常冷的东西，比如某人被蒙上眼睛，触摸到一块0°C的金属。

主张[6]更为重要，因为对于认为这里有两种感觉的唯物主义者来说，认为极度的热感会引起疼痛的感觉是最自然的。这确实意味着可以有前者而没有后者。有人声称某些止痛药物可以做到这一点——它们可以消除疼痛，而不会消除对温度（在这个例子中）的敏感性。也许情况确实如此，但我们很难甚至无法想象没有疼痛的极度热感是什么样子。这种感觉的不可想象性表明,即使有可能的一种经验,我们称之为极度灼热但无疼痛的感受,那种经验也不是我们在烧伤自己时实际经验到的部分。

因此,这个两难推理的第二个论点是站得住脚但没有结论的。然而,这种概括很难,因为人们显然可以看到,温和温度带来的愉悦,或者明亮光线或刺耳声音带来的疼痛,更容易与相关的感觉直觉分离。唯物主义者只需要接受的是,对于触觉和可能还有味觉和嗅觉来说,在某些极端情况下,我们不再感知物体的性质,而只是经验自己的感觉。然而,这还有更深一层的道德含义,因为贝克莱打破了感觉知觉与感觉之间的明确界限。在我们与世界的接触中,我们有各种各样的经历。贝克莱证明,唯物主义者必须在那些经历中做出一个明确的区分,即心灵依赖的性质和独立的性质,而这种明确的区分没有清晰的现象学基础。

3.2.2 矛盾的表象

贝克莱的这一论证形式,从最一般的层面来看,是:如果我们假设我们所感知的事物只是偶然被感知到的,并且没有感知错误,那么相互矛盾的感知就会揭示出感知者独立于感知的世界是不一致的,这是荒谬的。鉴于相互矛盾的表象的存在是不可否认的,我们得出结论:我们所感知的事物并不仅仅是偶然被感知到的。

在20世纪,这种论证形式受到了广泛批评,因为它忽视了明显的可能性,即存在感知错误。在关于贝克莱的书中,杰弗里·沃诺克(Geoffrey Warnock)表达了一种现在相当普遍的想法:"除非我们首先假设事物不可能以不同于其自身的方式出现,否则我们为什么要对它们确实能够不同并且确实出现的事实感到不安呢?"(Berkeley,148)[1]这是对SMP的直接挑战,贝克莱的论证显然预设了这一点。

---

[1] Warnock, Geoffrey James (1953). Berkeley. Notre Dame, Ind.: University of Notre Dame Press. Edited by Ted Honderich.

贝克莱的方法不是为SMP辩护，而是为了提出自己的观点而假定SMP，然后考虑并驳斥（两到三个）替代方案。我提议承认这种策略的合理性，因为SMP本身具有一些吸引力。但我们应该意识到，贝克莱与菲洛诺斯的第一次对话的成功（尽管菲洛诺斯的成功程度不如贝克莱）最终取决于对其他感知模型的否定。

"矛盾表象的论证"也因其内部的不一致性而受到批评。贝克莱显然意识到了这种批评的一个版本，甚至可能是第一个发现它的人，因为他在《原理》（PHK 15）中提出了这一观点。其中，他说这种论证所能证明的只是并非所有可感知的事物都独立于感知而存在。在《第一次对话》的某些地方（例如，DHPI 181），他似乎忘记了这一点，但在其他地方，他暗示了对这一问题的回答，我们将在下面进行探讨。

伯特兰·罗素（Bertrand Russell）对贝克莱的论证提出了另一种批评：

> 贝克莱：认为我们感知到的不是事物本身，而是颜色、声音等，这些是"精神的"或"存在于心灵中"。他的第一个观点的推理完全合理，但第二个观点……实际上，依赖于普遍接受的观点，即一切事物要么是物质的，要么是精神的，而两者不可能同时存在。（History of Western Philosophy, 626）[1]

除了常见的将"存在于心灵中"与"精神的"混淆的错误外，罗素提出了一个合理的观点，即贝克莱在他的论证中经常假设，如果一种可感知的性质在没有心灵的情况下存在，即仅仅是偶然被感知的，它必须存在于物质中，从而是物质的。贝克莱的这种假设有两个方

---

[1] Russell, Bertrand（1946）. History of Western Philosophy. Routledge.

面。其一，不可能存在不是某种实体的性质。因此，如果可感知的性质可以在没有心灵的情况下存在，即没有任何心灵实体，那么必须存在某种非心灵的实体。其二，任何非心灵的实体都是物质的。罗素想质疑第二个假设，但对贝克莱来说，这就是物质的定义。他并不是认为存在一个实质的和独立的物质世界概念，其存在是有问题的。而是问题在于感知对象是偶然被感知的还是必然被感知的，这两种选择是穷尽且互斥的。更有趣的是对第一个假设的挑战。可能有人会建议，独立于心灵的性质并不存在于任何实体中，而只是物质的某些性质的集合或组合。现在看来，贝克莱应该认真对待这种可能性，因为他同意关于物理对象的说法。然而，不这样做并不影响矛盾表象论证，因为关键的前提是独立于心灵的世界的一致性。如果这朵花在我看来是一个样子而在你看来是另一个样子，那么我们就可以得出这样的问题，要么一个物质实体不能同时具有不一致的性质，要么物质性质不能在一定的时间内存在不一致。

菲洛诺斯给出的第一个版本的论证清楚地展示了结构（DHP1 178—179）：

菲洛诺斯：因此，那些与我们接触时我们感知到温和热度的物体，必须被认为具有温和的热度或温暖；而那些与我们接触时我们感到同样程度的冷的物体，必须被认为具有冷。

海拉斯：确实如此。

菲洛诺斯：难道认为同一事物在同一时间既冷又暖不是荒谬的吗？

海拉斯：是的。

菲洛诺斯：现在假设你的一只手是热的，另一只手是冷的，并且它们同时放入同一个中间状态的水容器中，水不会对一只手感觉冷，对另一只手感觉暖吗？

海拉斯：会的。

菲洛诺斯：因此，根据你的原则，我们不应该得出结论，它实际上在同一时间既冷又暖吗？也就是说，根据你自己的让步，相信一个荒谬的事情。

海拉斯最初同意的原则导致了荒谬的结论，这是SMP和被同化论证削弱的唯物主义的结合（海拉斯接受的削弱是拒绝唯物主义，但不拒绝强烈热感的SMP）。接下来，海拉斯同意了一致性原则：单一对象不能同时（在同一部分）既热又冷。然后我们给出了一个例子，其中某物被感知到违反了一致性原则，导致SMP、关于所有感知到的中度温暖的唯物主义和一致性原则之间的不一致三元组。但仅此并不能得出"冷热只是存在于我们心中的感觉"（DHPI 179）的结论。如果我们假设SMP和一致性原则是不可协商的，唯物主义者只需说至少一种感知到的温暖或寒冷不在水本身，但这并不排除另一种确实存在于水本身的可能性，因此我们有时会感知到独立于心灵的性质。换句话说，产生矛盾需要关于所有感知性质的唯物主义，但唯物主义者只需说某些可感知的性质是独立于被感知的。

这个弱点在下一个论证版本中更加明显（DHPI 181）：

菲洛诺斯：或者你能想象，脏脏和污物会影响那些出于自愿选择食用它们的野兽，并具有我们感知到的同样的气味吗？

海拉斯：绝不可能。

菲洛诺斯：因此，我们是否可以得出结论，气味和其他前述的性质一样，不能存在于任何非感知的实体或心灵中？

在这里，菲洛诺斯将相对于心灵的相对性与依赖于心灵混淆了。通过矛盾的表象表明某人所见（所听、所闻等）是相对于环境、观察条件和观察者的，但这并不意味着不存在在正确环境和观察条件下能够如实看到或闻到事物的观察者。即使我们承认SMP，这个论证也没有达到其结论。这正是贝克莱在《原则》中指出的（PHK 15）。

通常认为，要使该论证成立，需要一个不可区分原则，即任何与只存在于心灵中的事物无法区分的事物本身也只存在于心灵中。一旦明确了这一原则，它并不显而易见，但至少足以完成论证。由于仅凭我们的感知经验无法判断我们是否在看到事物的本来面目，还是只是它们的表象，而且我们无法总是看到事物的本来面目，因此我们只能看到它们的表象。

贝克莱可能在诉诸更微妙的东西。当考虑应用于颜色的矛盾表象论证时，海拉斯区分了真颜色和伪颜色，而不否认我们看到真颜色［当他对声音做出真—伪区分时（DHPI 182），他也犯了一个错误，说真声音是空气中的运动，因此不是听觉的直接对象］。菲洛诺斯回答（DHPI 186）：

菲洛诺斯：……我还想进一步知道，确定真颜色并将其与伪颜色区分开来需要物体的什么特定距离和位置，眼睛的什么特殊结构和形成，什么程度或种类的光线。

海拉斯：我完全承认，它们都是同样的表象颜色。

起初，菲洛诺斯的评论可能被误认为是认识论的论证，即使存在真颜色和单纯表象之间的区别，我们也永远无法知道哪个是真哪个是假。虽然他试图表明唯物主义导致怀疑论，但此时的认识论论证太弱。他要求海拉斯提供一个区分真颜色和伪颜色的标准。认识论的理解会认为海拉斯因为无法提供这样的标准而屈服；但这是不可信的，因为他每天都可以提供许多潜在的标准。例如，购物时我们经常把衣服拿到日光下看其真颜色再买。然而，菲洛诺斯在这里并不只是诉诸不可区分性。相反，海拉斯发现的问题是他提供的任何标准都是任意的。这需要一些解释。

在海拉斯引入真颜色与表象颜色的区分后,菲洛诺斯的第一个动作是指出,在足够强大的显微镜下,物体可能看起来与裸眼看到的颜色完全不同。这样做的目的不仅仅是揭示另一个矛盾表象的例子,而是阻止那种认为真颜色是通过"最佳"眼睛揭示的观点,其中我们有一个独立的标准来判断哪只眼睛在敏锐度上是最好的。由于显微镜增加了敏锐度,因此可以得出结论,裸眼看到的所有颜色都只是表象颜色。这些伪颜色可能与显微镜揭示的颜色相同,但由于裸眼缺乏显微镜的敏锐度,因此无法识别真颜色,所以它们仍然是伪颜色。接着,他提到"通过显微镜观察到的不可思议的小动物"(DHP1 185),提醒我们视觉敏锐度的提高是没有限制的。因此,没有一只眼睛是无法被超越的,根据这个标准,所有颜色都是伪颜色。这个论点的重要性在于,敏锐度提供了找到独立标准的最佳机会,以确定某人何时看到真颜色,但这导致了没有人能看到真颜色的结论。论证的下一步是列举所有不同的观察者和观察条件的变化,这些变化会导致物体看起来颜色不同,尽管物体本身没有变化。所有这些不同的变量相互作用:为了让其他人像我现在这样看到一个物体,他们可能需要通过烛光、带色镜片或特殊背景来观察它。但现在我们看到,如果海拉斯要给出我们看到真颜色的条件,他必须为每个变量指定一个值,而对变量特定值的归因只能在所有其他变量保持不变的情况下得到证明。例如,不能通过参考物体的本质来证明某物应该在日光下观察以确定其真颜色,因为(DHPI 185—6):

使用显微镜时,眼睛的液体发生变化,或者距离变化……即使所有其他情况保持不变,只需改变某些物体的位置,它们就会呈现不同的颜色。

因此,任何提出的标准的证明要么是循环的,要么是规定性的。

这个论点并不能直接证明在任何情况下我们都看不到物体的真颜色。它所表明的是,声称在某一组条件下我们看到真颜色的说法永远无法得到理性辩护。既然如此,唯物主义者关于真颜色和伪颜色的区分就没有经验内容。

详细阐述这个关于矛盾表象的论点,我们得到:

[1] 存在感知冲突。

[2] 现实是自洽的。

[3] SMP是真实的。

[4] 从 [1][2] 和 [3] 可知,并非所有经验都具有"真实""独立于心灵"的性质。

[5] 从 [q][1]可知,某些经验具有"依赖于心灵"的性质。

[6] 永远不可能有合理的理由认为一种经验具有"真实""独立于心灵"的性质。

[7] 因此,从 [6] 可知,唯物主义者的"真"/"假"区分是空洞的。

[8] 从 [5] 和 [7] 可知,所有经验都具有"依赖于心灵"的性质。

这里有四个前提和四个推论。唯一可能有争议的前提是 [3] 和 [6]。我将在3.3节中讨论 [3] 的替代方案。第一个推论 [4] 是成立的。正如罗素指出的,从 [4] 到 [5] 的推论需要一些辩护,但一旦我们看到论点如何围绕一致性考虑展开,这就相当容易了。一般来说,避免显而易见的不一致的方法,例如有人有胡子又没有胡子,是限制一致性要求,在这种情况下,通过相对于时间使一致性要求相对化来消除不一致,例如某天有胡子某天没有。但感知事实迫使人们通

---

[1] 见5.3章节,140页论证第4条。

过参考感知者进一步限制一致性要求，如果性质只是偶然被感知的，这是不可能做到的。我们可以通过归谬法来证明这一点。假设（在SMP下）感知对象是独立于心灵的。那么一致性约束不能参考它们处于被感知的关系中，因为那是偶然的，而一致性是必要的。但任何兼容性约束，例如同一物体的同一部分不能同时既热又冷，或者（对于捆绑理论家来说）在同一时间和地点，都会被矛盾表象的事实所违反。因此，鉴于SMP，不可能的事情发生了。

[7] 和 [8] 的推论也相当稳固，因此论点取决于前提 [6]。但如果我们再深入一点，我们会发现 [6] 的论点也依赖于SMP。

3.2.3 第一性质与第二性质

贝克莱并不否认，当我们判断某物是钴蓝色或水鸭色时，我们的判断取决于在合适的观察条件下适合的观察者如何看待该物体，例如在阴天的夏日里，视力正常的人在阴影中看见的样子。他想指出的是，我们无法客观地证明选择这些条件是揭示"真"颜色的条件，其中真意指独立于心灵。我们不能这样做的事实表明，作为某种颜色与被适当观察者在理想条件下判断为该颜色之间的联系不是偶然的：没有任何事实能够揭示，在理想条件下的正常观察者对他们所见的颜色是错误的。没有任何关于反射光波长的信息能够证明草不是绿色的：它的外观证据只能被处于更好判断位置的人看到的外观推翻。也就是说，拥有某种颜色的一部分是拥有某种外观。如果某物是钴蓝色的，那么当它在适当的条件下呈现给适当的观察者时，它必须看起来是某种样子。为什么无法用某些任意或约定俗成的规定来解释，这就是为什么我们不能充分证明在这些条件下我们看到"真"颜色的说法。

贝克莱在这里说的关于颜色的内容，即拥有颜色就是倾向于看起来是某种样子，似乎是正确的。这一观点受到了哲学家的挑战，但其核心直觉非常有说服力。如果某物在适当的良好观察条件下，对于任何视力正常的观察者都不会也不能看起来是猩红色的，那么它就不是

贝克莱的世界：关于三次对话的考察
Berkeley's World: An Examination of the Three Dialogues

猩红色的。

非常恰当地，正是在对话的这一点上，海拉斯引入第一性质与第二性质的区分（DHPI 187）。与颜色的情况相反，进一步的研究可能会揭示，在典型条件下的正常观察者是否确实看到了物体的真实形状和大小。因此，可以在那些性质上做出区分，对于这些性质，[6] 是真的，称它们为第二性质；对于那些 [6] 是假的，称它们为第一性质。这将给我们一种复杂的唯物主义版本，根据这种版本，只有某些类型的可感知性质存在于心灵中，因为对于第一性质，可以给出理由认为某些条件是感知到真实、独立于心灵的性质的条件。

贝克莱对这种形式的唯物主义有两个回应。首先，他声称第二性质的依赖于心灵的论点同样适用于第一性质。在《第一次对话》中，他只对广延和运动进行了 [1] 到 [5] 的步骤（DHP1 188—190），所以我们需要问 [6] 是否可以为第一性质辩护。其次，他认为第一性质与第二性质是不可分离的（DHPI 193—194）。这通常被解释为对我们正在考虑的唯物主义形式的直接反对，即我们无法在没有第二性质的情况下设想第一性质，因此我们无法理解只有第一性质的独立于心灵的现实的建议。这个论点容易受到批评，即贝克莱将可设想性与可感知性混淆了。然而，论证在《三次对话》的辩证结构中的位置表明，尽管他确实提出了在没有第二性质的情况下设想一个世界的困难，但贝克莱真正意图的是一种同化论证形式：人们无法在没有感知第二性质的情况下感知第一性质，但由于后者在心灵中，因此前者也必须在心灵中。

具有讽刺意味的是，在听了菲洛诺斯提出的第一个论点后，海拉斯应该会想（DHPI 191）："为什么那些否认第二性质实际存在的哲学家，却将其归因于第一性质。"实际情况恰恰相反：为什么要相信所有感知到的第一性质都是"仅仅表面的"，仅仅因为有些是这样？因为在第一性质的情况下，我们有经验理论告诉我们哪些是"真实"的性质，以及在什么条件下我们感知到这些性质的本来面目，并通过对前者的本质性参考来告诉我们后者。这就是说，[6]是错误的，因为我们有一种非任意的给出物质主义解释下真实感知的标准的方法。

贝克莱会拒绝这一点，因为对于唯物主义故事来说，关键在于我们能给出一个因果解释，说明在某些条件下，第一性质如何表现出它们的本来面目。这个因果故事是必要的，否则选择那些条件作为真实性质显现的条件将是不可辩护的：我们不能仅仅说那些是事物显现其本来面目的条件，而不承诺对这些条件与其他条件之间的差异进行某种解释。这种解释不会涉及拥有第一性质与显现这些性质之间的分析联系，否则所有性质都将成为第二性质。区分第一性质和第二性质的重点在于否认存在任何逻辑联系，例如，球形和看起来球形之间的联系。因此，唯物主义者必须诉诸于第一性质和第一性质的表象之间的偶然联系，以解释为什么在某些情况下我们感知到的是对象的真实、独立于心灵的性质。然而，任何这种解释都与SMP不兼容（DHPI 179，181—183，187）。因为如果第一性质与其表象之间存在偶然的因果联系，那么必须能够区分所感知的东西和感知方式，而这种区分在SMP内是无法做到的。在某些条件下，某些性质偶然显现为它们的本来面目是不可能的，因为根据SMP，我们感知到的一切必然显现为它们的本来面目。任何关于形状和大小如何影响我们并导致我们经验这些属性的因果故事都将经验的（所谓）原因与其对象混淆。这种针对[6]的论证版本同样适用于那些认为颜色和其他第二性质实际上是第一性质的人。当然，贝克莱可以允许感知理论帮助区分真实的和幻觉的经验，但这种方法与唯心主义相兼容。

因此，假设SMP成立，贝克莱对复杂唯物主义者的第一个论点是成立的。第二个论点也依赖于SMP。这个论点实际上非常简单（DHPI 194）：

贝克莱的世界：关于三次对话的考察
Berkeley's World: An Examination of the Three Dialogues

菲洛诺斯：……此外，如果你相信你的感觉，难道不是显而易见所有可感知的性质共存，或对它们来说，似乎存在于同一地方？它们是否曾经表现出一种运动或形状，而没有任何其他可见或可触摸的性质？

菲洛诺斯没有把这个观点说得很清楚，但这个想法是好的。假设，有人建议形状是第一性质，颜色是第二性质，并且只有第二性质依赖于心灵。问题是，我们只能通过感知边界来感知形状，而我们只能通过看到颜色差异来看到这些边界。如果颜色差异"在心灵中"，那么我们感知的边界和形状也是如此。这个论点可以适用于所有第一性质和每种感觉：我们不能感知第一性质，除非通过感知某些第二性质。

现在，自然的反应是，这种不可分离性是我们在感知中表现世界的特征，而不是我们表现的世界的特征。虽然我们不可能通过看到颜色差异以外的方式看到形状，但这并不意味着我们看到的形状依赖于颜色。我们确实看到形状是可以与颜色分离的，这一点通过以下事实得以证明：我们可以轻松地想象我们看到的形状即使没有颜色差异也可能存在。

贝克莱会不同意这里所想象的内容。基于一个关于先天失明者恢复视力后视觉经验的思想实验（DHP1 202），贝克莱认为可见形状与可触知形状是不同的性质。仅仅像盲人那样对圆形和方形有触觉上的了解，并不能让一个人在视觉上识别它们，除非他已经经验过两种经验之间的关联。在区分了可见形状和可触知形状之后，他声称我们当然可以想象在没有颜色差异的情况下存在可触摸形状，但这样做并不是想象可见形状，因为在没有颜色的情况下形状将是不可见的。

现在，贝克莱关于没有跨模态感觉性质的说法可以并且已经受到挑战。贝克莱对它的信念通常归因于一种过于简单的概念形成理论，这种理论不允许我们形成超越其表象的感觉性质概念。这里有两个原因说明这种做法对唯物主义者没有帮助。首先，贝克莱并没有这种过于简单的概念形成理论，他可以轻松地允许跨模态感觉性质的概念（DHP3 245）。他所否认的是可以通过多种感觉模态感知的感知对象。例如，他可以允许我们有一个可见或可触知圆形的概念，但这并不意味着同一个可见或可触摸的圆形实例可以被看到或触摸到。其次，SMP为他提供了否认跨模态性质的理由，因为如果存在这种东西，那么对于感知者来说，看到它们和感觉到它们之间就没有区别（除了相关的第二性质）。看到某物是圆的和感觉到某物是圆的之间的不可否认的差异必须通过感知对象的差异来解释。

此外，由于SMP意味着我们如何感知世界的所有特征完全由我们的经验对象决定，我们不能区分我们感知世界的方式和我们感知世界的样子。可感知事物的本质正是我们感知世界的样子。因此，如果我们不能在没有颜色的情况下经验形状，那么我们确实看到形状是与颜色不可分离的。

3.3 感知的替代模型

在上一节中，我们看到SMP对贝克莱的论证至关重要。当我引入SMP时，我主张我们可以允许贝克莱采用假设SMP然后考虑其他替代方案的策略，因为SMP在某种程度上是具有说服力的。但一个具有唯物主义倾向的人现在可能会得出结论，SMP的合理性被它导致的不合理后果所否定。因此，此时他会得出SMP是错误的结论，并寻找替代方案。不出所料，这正是海拉斯对菲洛诺斯提出的论点的回应：他提出了感知的替代模型，试图挽救唯物主义。然后菲洛诺斯试图反驳这些模型。贝克莱使用这种论证方法的弱点在于，唯物主义者可以提出与海拉斯建议的不同的模型。然而，他确实提出的两个模型相当具有代表性，代表了哲学家们提出的建议。它们是"行为—对象模型"和"代表模型"。

回想一下最简单的（感觉）感知模型（第54页），其观点是：

"S感知O（通过感觉）"描述了心灵与可感知事物/性质之间的二元关系。感知或意识到的关系是一种纯粹的关系，类似于空间关系（因此"在心灵之前"），因为它既不完全也不部分由其中一个关系项的任何并发事件或状态构成……两种感知之间唯一可能的区别在于主体或对象的身份（五种感觉通过它们的对象来区分）……

这一观点的初步合理性有两个方面：它符合感知经验的现象学，并且它提供了对特定经验特征的最佳解释。我们迄今为止考虑的唯物主义形式在最重要的情况下接受SMP，即当我们有真实经验时。它们通过区分两种类型的可感知性质（那些依赖于心灵的和那些不依赖于心灵的）与贝克莱的立场有所不同。如果我们试图通过拒绝SMP来避免唯心主义，那么看起来我们必须在感知关系中引入一个额外的元素，这个元素可以具有解释经验特征的特征，而这些特征不必归因于可感知事物本身。这个额外的元素要么是一个事件，例如S感知O的行为，要么是一个项目，例如S拥有的感觉数据。海拉斯提出了这两个建议。乍一看，人们可能会认为菲洛诺斯的回复是仅针对海拉斯提出的非常具体的模型，但从理解和体谅菲洛诺斯立场的角度来看，其反对意见不仅仅针对特定模型，而是具有更广泛的适用性。

3.3.1 行动—对象模型

海拉斯引入了第一个替代模型（DHP1 194—195）：

海拉斯：我认为一个重大疏忽是，我没有充分区分对象和感觉。虽然后者可能无法在没有心灵的情况下存在，但这并不意味着前者也不能存在。我认为感觉是心灵感知的一个行为；除此之外，还有一些被感知的东西，我称之为对象。例如，那朵郁金香上有红色和黄色。但感知这些颜色的行为只在我体内，而不在郁金香上。

第二部分

菲洛诺斯对此的回应看起来很简单：他强调感知是被动的，因此不能由心灵的行为构成。海拉斯本可以轻松应对这一点，只需将感觉的阐述改为感知心灵中的一个事件。然而，在阐述这一点的过程中，菲洛诺斯说了一些暗示更好论点的话（DHPI 196）：

菲洛诺斯：我通过鼻子吸气也是一种行为，因为我这样呼吸而不是那样呼吸是我意志的结果。但这不能被称为闻气味；否则每次我这样呼吸时，我都应该闻到气味。

这里的暗示是，有时菲洛诺斯通过鼻子吸气并没有闻到任何东西，但我们可能会对此提出质疑。当然，我们经常报告说我们没有闻到任何东西（"有煤气泄漏吗？""我什么也没闻到"），但有人可能会说，真正发生的是我们没有注意到人、衣服、家具等的普通而普遍的气味。想象一下，当你走进一个房间，注意到它有点陈旧的气味，一小时后，如果不离开房间再回来，你将无法察觉到这种气味。你是停止闻到陈旧的气味，还是只是无法注意到它？我们不能声称不注意到某物就是没有感知到它，因为众所周知的现象是，只有在某物停止时才注意到它，比如钟表的嘀嗒声。要注意到它停止滴答，必须在它停止之前感知到它。因此，菲洛诺斯不应在没有进一步论证的情况下假设没有闻到任何东西是可能的。这是否削弱了论点？好吧，假设我们允许一个心理事件发生在我闻到某物时，比如家具抛光剂，那么根据行动—对象模型，每当这个事件发生时，我就会闻到家具抛光剂的感觉。然后问题就出现了：是什么导致这个事件发生？菲洛诺斯实际上指出，我做的任何事情都不能导致这个事件发生，因此需要有除我和事件之外的其他东西，如果我要经验到家具抛光剂的气味的话。根据行动—对象模型，这个感知事件的原因也是感知的对象，任何作为

073

贝克莱的世界：关于三次对话的考察
Berkeley's World : An Examination of the Three Dialogues

闻到家具抛光剂的对象的东西本身也是（真实地或仅仅表面地）闻起来像家具抛光剂的东西。正是这种（真实地或仅仅表面地）闻起来像家具抛光剂的东西的存在最终解释了为什么我能闻到家具抛光剂的气味。因此，心理事件没有任何作用。他用视觉的例子给出了同样的论点（DHPI 196）：

> 菲洛诺斯：但看这朵花时，你看到白色而不是其他任何颜色，是否也依赖于你的意志？或者将睁开的眼睛对准天空的那部分，你能避免看到太阳吗？光明或黑暗是你的意志的结果吗？

当然，他关于这些事情不受我们控制的观点是正确的，但如果我们将意志和意图替换为感知的心理事件，这一点仍然成立。我所做的任何事情都不足以导致心理事件的发生，因此必须有另一个原因。任何导致看起来是白色事件的原因都是看起来是白色的东西（无论是真实的还是仅仅表面上的）。如果我有一个看起来是白色的东西作为感知对象，那么感知的心理事件就是多余的，因为SMP可以完成所有的工作。

菲洛诺斯对行动—对象模型还有另一个反对意见（DHP1 197）：

> 菲洛诺斯：此外，既然你在每次感知中区分了主动和被动，你必须在痛苦的感知中也这样做。

这里的要点是，不能区分痛苦和感受痛苦的事件，否则就会有未被感受到的痛苦和痛苦的错觉。重要的问题是，持有行动—对象模型的人是否必须在痛苦中说同样的话。贝克莱的想法是，如果一个人接受SMP用于痛苦，那么他就没有理由在其他地方否认它。这似乎忽略了混合观点，即一个人通过SMP模型感知依赖于心灵的事物（如痛苦），但以不同的方式感知物质事物。然而，在讨论唯物主义优点的背景下，混合观点是不可辩护的：痛苦的心灵依赖性足以解释我们对它们的感知特征，因此我们需要在物理世界的情况下寻找替代解释的唯一原因是，如果它不是心灵依赖的。贝克莱随后指出，痛苦对行动—对象模型提出了一个问题：如果我们对痛苦的经验是基于这个模型，那么这将导致荒谬的结果；但如果不是，那么我们就没有非循环论证的理由在其他地方应用行动—对象模型。

3.3.2 意向模型

意向模型是SMP最有希望的替代方案。贝克莱从未讨论过意向模型。在意向模型中，感知经验是具有表征内容的心理事件，类似于思想。为了使这种类比成立，思想的重要性质是它们可以是错误的，并且它们可能缺乏对象。因此，认为勃朗峰是金子做的就是对勃朗峰的误表征，而将勃朗峰看作是金子做的则是错误地感知它。

这里有两个困难的来源。第一个是感知某物与仅仅思考某物之间的巨大差异。感知意识有其独特的特征，完全不同于即使是最生动的思考，并且在感知中，我们通常以一种我们永远无法在思想中表达的多样性和细节经验世界。大多数人类可以根据他们看到的物体速度的二阶导数调整他们的行动。例如，一个板球运动员在奔跑救球时，可能会在意识到滚动的球越来越快地减速时放慢速度。这表明我们有能力看到加速度变化的速率，但远非显而易见的是，所有具有这种感知能力的人也具有思考这种运动方面的能力。诸如"越来越快"之类的表达在高恒定加速度和增加加速度之间是模棱两可的。

第二个问题是，意向模型必须预设一个思考内容的理论。这是有问题的，因为我们可能会认为，与洛克和休谟等经验主义者一样，思考内容依赖于或派生于感知。但即使有人提供了思想和感知的独立解释，贝克莱也会反对感知内容的概念。他会认为，具有确定内容的思想本质上涉及一种心灵活动，我们可以称之为概念化。这是因为所有思想，即使是像"乔治·艾略特是玛丽·安·埃文斯"这样的简单同一性，也涉及某种一般概念，在这种情况下是同一性，而一般性是心灵的工作。相比之下，感知，或者至少我们感知的确定性，在贝克莱看来完全是被动的，不涉及任何心灵活动。实际上，贝克莱会批评意向模型混淆了表征性的感知判断及其依据，而这些依据并不是表征性的。

代表贝克莱提出这些反对意见会将我们引向内容理论，并远离贝克莱的思想。相反，我只想提出几点对他有利的小观点。其中一个是，许多普通的感知表达是关系性的：例如，我看见了红隼或听到了猫叫。意向模型在其20世纪的版本中，坚持认为这样的感知陈述在真实时，是因为我看见了某物，或听见了某事。每种感知必须具有可在理论上被指定的表征内容。我没有论据证明这是不可能的，但在假设即使在理论上也能做到之前，我们应该谨慎。17世纪的哲学家安托万·阿尔诺持有一种不要求感知内容是命题性的意向模型版本，从而避免了这个担忧。然而，这样的观点必须为次命题表征引入真与假的概念。如果我想到一个其完整内容是次命题表征"红隼"的想法，那么很难理解称其为正确或不正确的表征。但如果意向模型要认真对待"我看见了红隼"这种表达，那么感知内容"红隼"必须是正确的或不正确的。

另一个担忧是语言上的。如果意向模型是正确的，那么在"一个关于金山的想法"和"一个关于粉红色大象的感知或幻觉"中的关系"的"将会被赋予相同的解释。但前者可以自然地用"关于"来改写，尽管后者不能。虽然这并不能证明什么，但这表明我们确实认为感觉经验是必然具有关系性的，总是有一个对象。

3.3.3 间接或代表模型

虽然贝克莱没有考虑意向模型，但他确实讨论了一个近亲，即感知的代表模型。根据该模型，在普通感知情况下，有两种事物都可以被称为感知对象。一种是观念或感觉,另一种是外部的、独立于心灵的对象或性质。我们通过经验由外部对象引起的内部对象来感知外部对象。我们如何感知外部对象取决于内部对象的特征,因此当内部对象与其原因不匹配时,我们会经历幻觉甚至幻视。

代表模型有两种形式:推理型和感知型。根据推理,只有观念实际上在心灵之前,我们只对它们有意识,并推断它们的原因的存在。这实际上不是SMP的替代方案,因为它没有引入可感知事物是物质的可能性。相比之下,感知认为我们有休谟后来称之为"双重意识"(double awareness)的东西,因为观念和外部对象同时在心灵之前,尽管我们仅通过意识到前者而意识到后者。对这种观点进行详细阐述,尤其是探讨是否有可能在不感知外部对象的情况下,在心中拥有同样的观念,这将使我们偏离主题太远。当前目的的重要思想是,代表模型的感知版本认为,心灵之前有一个观念是感知物质对象的必要条件。如果我没有感知到观念,我就不会感知到对象。尽管休谟声称有双重意识,但我与观念和对象的关系不能完全相同,因为我可以处于与观念相关的关系中而不处于与对象相关的关系中,但反之则不然。正是这种代表模型版本提供了SMP的真正替代方案。

贝克莱经常被指责没有充分关注感知,因为他假设"感知"只有一个单一的意义,即只有那些"在心灵中"的事物才被感知,从而排除了观念在某种意义上被感知,而对象在另一种意义上被感知的可能性。虽然贝克莱允许间接感知的概念,但间接感知的观念在感知的意义上与直接感知的观念完全相同,区别在于感知的原因。对"感知"的单一性的诉求似乎在菲洛诺斯反对代表模型的第一个论点中得到了体现(DHP1 203—204)。海拉斯提出了一个类比,即通过看一幅肖像画可以间接地看到被描绘的人。这是真的,但菲洛诺斯认为这没有帮助:

贝克莱的世界：关于三次对话的考察
Berkeley's World: An Examination of the Three Dialogues

菲洛诺斯：告诉我，海拉斯，当你看尤利乌斯·凯撒的画像时，你用眼睛看到的除了某些颜色和形状以及整体的某种对称和构图之外，还有别的什么吗？

海拉斯：没有别的。

菲洛诺斯：一个从未听说过尤利乌斯·凯撒的人，难道不会看到同样的东西吗？那么，为什么你的想法指向罗马皇帝，而他的却不是呢？这不能来自你所感知的感觉或观念，因为你承认在这方面你没有比他更有优势。

菲洛诺斯在这里可能试图通过类比来论证，拥有某些观念并不能让人感知（而不是推断）物质对象，因为有人可能拥有这些观念却无法"看到"所代表的对象。换句话说，单单拥有这些观念是不够的，还需要进行推断。如果这是论点，海拉斯可以简单地否认观念与绘画之间的类比在这一点上成立：他说，当他看着菲洛诺斯时，不可能有人拥有他的观念却不认识这些观念所代表的东西，即菲洛诺斯。一个人可能无法识别一幅画描绘的是什么，但不可能无法识别自己的观念代表的是什么。没有推断，也不需要学习：人们只是通过拥有这些观念来看到（或听到，或其他）事物。如果我们想保留这个类比，海拉斯应该坚持他看到的不仅仅是画的颜色和形状，他还看到尤利乌斯·凯撒，或者更准确地说，看到尤利乌斯·凯撒的样子（我们假设肖像画是准确的）。如果有人无法看到画中描绘的内容，那么这只是肖像画和感觉观念之间的不类比点。贝克莱的论点看起来像是对感知的代表模型的简单否认。

然而，菲洛诺斯的例子可以用来提出一个更微妙的观点。假设有人无法看到凯撒肖像中描绘的内容。我们在画中指出的任何东西都无法向他揭示描绘内容。如果他只是把它看作画布上的颜色，那么无论我们在画中指出什么，对他来说都只是画布上的更多颜色。这意味着描绘不是内在的,这一点可以用于任何一种对象可能代表另一种对象的方式。然而,代表模型的感知型坚持认为观念具有某种内在的表征特性。问题在于,这种观点要么是神秘的,要么是自相矛盾的。唯物主义者可能会退回到介于感知型和推理型之间的立场:我们必须认识到我们的感觉观念是表征,我们必须将它们解释为关于外部世界的,但一旦这样做了,我们就可以不经过推断地看到世界。这种情况相当常见。以空中交通管制室的雷达屏幕上的图形表示为例。这里我们有一个相对地球表面部分的多个飞机的位置、高度、方向和速度的程式化、符号化表示。如果一个人知道将屏幕视为表示,那么经过一点练习,他就可以简单地看到潜在的碰撞或飞机的不寻常行为。代表模型的中间版本认为,在某个时刻,我们学会将我们的感觉观念视为外部现实的代表,从那时起,我们就能够感知外部现实,或者至少是那些由我们的观念表征的方面。

当他在DHP1 205再次讨论这个问题时,菲洛诺斯这样描述代表模型:"你说我们的观念在没有心灵的情况下不存在;但它们是某些原本存在的事物的副本、图像或表征。"既然他在这里承认海拉斯的观念是表征,我们应该认为他随后的论点是针对中间版本。他提出的第一个问题是,我们的观念是"不断变动和变化的",但物质世界应该具有"固定和真实的本质",那么前者如何代表后者呢?菲洛诺斯向海拉斯提出,我们应该把很多观念视为误导性的"噪音",许多是错误的表征,但他立即提出了如何理解这种真/假区分的问题。这个观点一开始就不好,因为它混淆了表征载体的特征和表征内容的特征。如果空中交通管制员的雷达屏幕不断在不同视图之间切换,他不会被迫认为它代表一个旋转的世界。如果它像电视画面一样每隔几分钟刷新一次,他就不必认为所代表的世界也在不断刷新了!

然后,菲洛诺斯引入了贝克莱最强的论点。假设观念如果要代表外部世界,必须通过相似性来实现。贝克莱不想指出,如果观念是心灵的，那么它们就不能具有诸如颜色和形状等物理属性，因此不能类似于有颜色和形状的对象。因为他认为观念不是心灵的，因此确实具有诸如颜色和形状等物理属性，这个论点会相当混乱。相反，菲洛诺斯论证道（DHP1 206）：

> 但那可感知的事物怎么能像那不可感知的事物？本身不可见的真实事物怎么能像颜色？或者本身不可听见的真实事物怎么能像声音？总之，任何事物怎么能像感觉或观念，而不是另一个感觉或观念？

重要的是要看到，不仅仅是推理型认为外部世界是不可感知的。在代表模型的其他版本中，我们确实感知到世界，但重要的一点是，我们只能以这种间接的方式感知它，我们不能"本身"看到它。这个观点可以用外观来表达。一个观念本质上是一个外部事物的外观：它的特征正是它被经验为具有的特征。外部世界本身，除了观念之外，没有外观，根本不会被经验。因此问题在于：外观如何能像某些不可感知的东西？它们没有共同的性质。只要代表模型的任何版本坚持相似性，它就是错误的。如果感知或中间版本坚持表征而不强调相似性，那么它们就是意向模型，而贝克莱从未考虑过这种模型。

3.4 结论

所有感觉对象，即我们可以通过五种感觉感知的所有事物，都是依赖于心灵的，没有任何一个在未被感知的情况下能够存在，这是贝克莱哲学的基石。这通常被称为他的唯心主义，与否认物质的唯心主义相对。第一次对话包含了对唯心主义的持续论证。所有论证都必须从前提开始，我们已经看到，在第一对话中做大部分工作的实质性前提是感知的最简单模型（SMP）。如果我们承认贝克莱这一前提，他就有一些相当有力的论证。如果我们不喜欢这些结论，那么我们必须找到一个替代的感知模型。

SMP吸引人之处在于它捕捉了感觉经验只是对世界开放的自然思想。SMP有替代方案，贝克莱确实尝试反对其中的一些，但只有在我们发现SMP的后果不可接受时，才需要寻找替代方案。第二和第三次对话旨在表明，唯心主义与否认物质结合起来，并不像起初看起来那么不可接受。

附录：感知与认识

本章对贝克莱感知理论的描述，即我称之为感知的最简单模型（SMP），没有涉及感知是否是一种认知关系，即感知是否意味着知道。这是因为贝克莱不需要感知是一种认知关系来论证感知对象依赖于心灵。但这个问题仍需解决。贝克莱使用"感知或知道"这个短语，并将"或"作为释义，表明他确实认为感知是认知的，如果是这样，那么寻找SMP与罗素的感知认识概念之间的相似性是显而易见的。我们能否将贝克莱作品中的"感知"解释为罗素式的认识？

值得引用罗素对认识的详细描述，因为相似之处非常明显：

我说我认识一个对象，当我与该对象有直接认知关系时，即当我直接意识到对象本身时。我在这里谈论的认知关系，不是构成判断的那种关系，而是构成呈现的那种关系。实际上，我认为我称之为认识的主客体关系，正好是构成呈现的客主体关系的反面。也就是说，说S认识O，本质上与说O呈现给S是同一回事……"认识"这个词比"呈现"更强调我们所关心的事实的关系性质。('Knowledge by Acquaintance and Knowledge by Description', 108) [1]

---

[1] Russell, Bertrand (1911). Knowledge by acquaintance and knowledge by description. Proceedings of the Aristotelian Society 11: 108-28.

贝克莱的世界：关于三次对话的考察
Berkeley's World: An Examination of the Three Dialogues

最重要的相似点是认识与判断之间的对比，以及认识关系的二元性。要确定感知是否是认识，我们需要解决两个不同的问题。首先，贝克莱的感知是一种认知关系吗？其次，罗素式的认识是否允许副词修饰，也就是说，S是否可以以多种方式认识O，以至于即使涉及相同的主体和对象，关于感知内容的事实也可能有所不同？第二个问题是罗素研究的问题，但除非得到否定答案，否则贝克莱的感知就不是罗素式的认识。

在我看来，就像温克勒Kenneth P. Winkler（Berkeley: An Interpretation，1534）[1]一样，第一个问题的答案是明确的肯定，尽管这一点曾被质疑（e.g. Pappas, Berkeley's Thought, 166—167）[2]。在文本方面，我在《三次对话》或《原理》中没有发现任何与感知作为认知关系不一致的段落，而且一些段落积极鼓励这种观点。特别是，贝克莱有时使用"认识"和"感知"作为风格变体（DHP1 202, 206; PHK 6）。此外，认为感知不是一种认知关系的观点非常奇怪且不直观：看见、听见、感觉是了解世界的方式。

我们在这里需要明确的是，贝克莱的感知作为一种认知关系，与感知某物既不涉及也不暗示拥有任何"知识"的观点是一致的。罗素式的认识可能也是如此。对于贝克莱来说，感知到的东西因此被知道，但是否将其归入任何描述性概念则完全是另一回事。假设我看到一个对象O。被看到，它必须具有某种确定的颜色，这必须是我的经验的一部分。但然后我们会问，这种颜色是否是绿色的某个色调，并假设如果它是某个特定的绿色色调，那么其作为这种绿色色调的一部分是我视觉经验的内容。但贝克莱不会同意，因为判断一个经验对象

---

[1] Winkler, Kenneth P. (1989). Berkeley: An Interpretation. Oxford, GB: Oxford University Press UK.
[2] Pappas, George Sotiros (2000). Berkeley's thought. Ithaca, N.Y.: Cornell University Press.

是某种绿色色调意味着它与其他对象相似或不同,而这些相似性和差异性并不是经验内容的一部分。我只是看到颜色本身。如果我判断它与草的颜色非常相似,那么我就超出了该经验所给予的内容。在这一点上,提醒自己贝克莱的唯名论是至关重要的,因为他不会允许经验以某种普遍性的实例呈现给我们。相反,经验只是呈现给我们存在的东西,即个别事物,将它们归类为类型是心灵的工作。

理解这一点的一种方式是通过一个简单的思想实验。假设某人在一个没有红色的环境中长大。其他所有颜色都正常存在,但红色完全缺失。此外,该主体完全不知道这一点,因为他不知道人类的眼睛对其他类型的光敏感。因此,对于该主体来说,色谱以橙色结束,即塞维利亚橙的颜色。然后有一天,他看到了一条朱红色的围巾。随着时间的推移,他会学会将这种颜色与他已经知道的颜色联系起来,从而形成一个概念,但贝克莱认为,在此之前的那一刻,他看到朱红色围巾时,他知道了一些他之前不知道的东西。根据定义,他获得的这种知识无法用语言表达,但一旦他获得了这种知识,他对存在的看法必须改变。

当我们考虑贝克莱的认识论时,一个显著特征是他有一个"完美知识"(Perfect knowledge)的概念。《三次对话》的副标题开头是:"其设计显然是为了证明人类知识的现实性和完美性",并且这个形容词在已出版的作品中经常使用(相对于"认识"及其同源词的出现频率,这非常少见)。但将知识描述为"完美"是什么意思呢?两个建议是"没有怀疑"和"没有扭曲"。现在似乎在SMP的认知解读下,感知具有这两点,但判断则不具备。根据SMP,所有感知到的东西都是其看起来的样子,并且看起来的样子就是它的样子,因为其看起来的样子就是其本身的样子。因此怀疑和扭曲是不可能的。但因为判断,无论多么简单,总是超越个人当前感知内容的承诺,总是有怀疑的空间,并且由于它们所组成的概念是人类的构造,总是有扭曲的空间。因此，如果我们不从认识论上解释贝克莱的感知关系，就没有完美知识的空间。

完美知识与确定知识不完全相同。首先，可能只能在命题态度上定义确定性，但更重要的是，似乎任何可以确定知道的东西也可以以不确定的方式知道或相信。但在贝克莱的情况下，解释为什么感知知识没有怀疑表明它永远不会低于完美知识。获得完美知识不是超越简单感知的认知成就，而确定性则是这种成就。如果罗素式的认识涉及确定性，那么SMP就不是认识。

认为贝克莱的感知是认知关系并不完全等同于认为它是罗素式的认识关系，因为认识关系可能包含了贝克莱的感知关系所未涵盖的内容。然而，两者之间有足够的相似之处，使我们对将感知解释为认识关系的反对意见感到关切。乔治·帕帕斯提出的一种反对意见是，贝克莱明确表示我们感知普通物体，如树木和房屋，"这些事物并不像认识对象那样呈现在观察者面前"（Berkeley's Thought，167）[1]。特别是，它们可能看起来与实际不同，并且它们在某一时间对单个观察者的外观从未涵盖其所有方面或特征。

第一个问题很容易处理，因为贝克莱只允许在判断中区分外观和现实。如果白色房子看起来是粉红色的（对我来说在这种光线下），这并不意味着它看起来与实际不同。相反，它看起来并且因此是（对我来说在这种光线下）一种可能误导我做出错误判断的方式。房子确实是这种颜色（对我来说在这种光线下），但如果基于这种经验我判断它是粉红色的，我就会承认它在某些其他情况下和对其他观察者看起来是粉红色的，这样做我就错了。真正的问题是第二点。认识概念的一部分似乎是，如果S感知到O，那么O的任何方面或特征都不会对S隐藏。例如，我正在看的苹果可能是烂的，但我可以感知苹果而

---

[1] appas, George Sotiros (2000). Berkeley's thought. Ithaca, N.Y.: Cornell University Press.

不感知它的腐烂。如果感知苹果等同于认识它，那么除非我感知到它的腐烂，否则我不能认识它。

对此反对意见有三种可能的回应。一种是否认贝克莱能够连贯地坚持我们感知到苹果和房屋。另一种是否认这种认识的方面是贝克莱感知概念的一部分，或者可以找出反对意见的错误。前两种方法是徒劳的，所以我将采用第三种。贝克莱认为我们通过感知物体的部分来感知物理对象，而这些部分是观念。认识观念没有问题，所以当我们感知一个对象时，我们认识构成它的一些观念。因此，每次感知都涉及认识，每次认识都涉及感知。然而，反对意见仍然存在，对于某些"O"的替代物，"S感知O"是真实的，但"S认识O"是错误的。那么问题是这是否重要，我认为这并不重要。对于贝克莱来说，感知主要是心灵与观念之间的关系，这种关系与认识非常相似。由于这种关系在心灵和一些观念之间存在，我们可以说我们感知到物理对象，这些对象不是观念而是观念的集合，即使我们没有感知到集合的每一个元素。反对者指出，"S感知O"在主要情况下的一个蕴涵在次要情况下不成立。但是，当一个概念被扩展时，它失去一些含义，这不应该令人惊讶或不舒服。很明显，贝克莱认为心灵与它感知的物理对象之间的关系与心灵与它感知的观念之间的关系并不完全相同。当"O"是一个观念时，"S感知O"意味着"S认识O"，但当"O"是一个物理对象时，它意味着"S认识O的一些元素"。

第四章 物质的问题

4.1 思想的局限

贝克莱在写《三次对话》时的策略是逐步解决：他首先论证可感知的事物不是物质的，即物质是不可感知的，然后论证所有关于物质的替代概念，如可感知性质的基质或经验的原因，都是有缺陷的（DHP2 222—223）：

菲洛诺斯：请告诉我情况是否如此：起初，由于相信物质实体，你会认为直接对象存在于心灵之外；然后是它们的原型；[然后是基质]；然后是原因；接着是工具；然后是契机；最后，一般性的东西，解释后证明什么都不是。所以物质归结于无。你怎么认为，海拉斯，这不是对你整个过程的公平总结吗？

研究贝克莱的哲学家通常集中在菲洛诺斯列表中的前两个位置，因为贝克莱在这里有论据，即不可思议的未被思考的树木和只有观念才像观念，如果成功，这将使其余的论据变得多余。这些论据对读过康德和维特根斯坦的21世纪哲学家来说，暗示贝克莱试图划定我们能思考的界限，这些界限将使唯物主义变得字面上不可思议。尽管这种解释无疑导致了有趣的哲学，但很容易看出这是不合时宜的。如果唯物主义在这种意义上是不可思议的，那么正确的项目将是表明我们实际上无法理解唯物主义者在说什么。相反，贝克莱关注的是证明它是错误的（DHPI 173）：

菲洛诺斯：那么，海拉斯，你为什么因为我否认你所肯定的，即物质的存在，而称我为怀疑论者？

这是他只能在首先理解该命题的情况下才能做到的。菲洛诺斯后来明确表示，他否认物质的可能性，他认为这需要证明其不可能性（DHP2 225）。这可能会引起一些混淆，因为在某种意义上，我们必须能够构思不可能的事物，比如圆形方窗，否则我们无法理解它不可能的说法，但在另一种意义上，我们说我们不能构思圆形方窗。当贝克莱声称唯物主义命题是不可思议的时，是在第二种意义上。例如，菲洛诺斯在树的论证结束时说（DHPI 201）：

菲洛诺斯：然而你将热切地争辩你甚至无法构思的东西的真实性。

最初的挑战是"构思……任何可感知的对象在没有心灵的情况下存在的可能性"（DHPI 200）。这类似于说我们不能构思房子有一个圆形方窗，尽管我们足够理解这个说法以否认它。这与康德声称我们不能对他称之为先验对象，即物自身，有意义的思想，因为我们所有的概念只能合法地应用于基于经验的对象，而经验总是现象对象的经验，即事物在我们面前的样子，而不是事物本身。唯物主义不是不可思议的，它只是不可行的。

因此，如果我们想要理解贝克莱的形而上学，了解他认为唯物主义的问题所在，我们应该避开这些可能利用他的一些论据的潜在用途。在本章中，我们将集中讨论他对接受直接感知对象的心灵依赖性的唯物主义形式的反对意见。

087

4.2 物质基质

物质基质的概念是可感知的性质需要被某物拥有。不能有一个自由浮动的性质，比如钴蓝色的实例，而不是某物是钴蓝色的实例。那个东西与性质不同，但与性质存在关系——性质存在于其中。正如海拉斯所说（DHPI 197）：

海拉斯：……考虑到［可感知的事物］是如此多的模式和性质，我发现必须假设一个物质基质，没有它们就无法被构思存在。

这一点很简单，即模式总是某物的模式，性质总是某物的性质。不能构思一个不是某物的性质实例。这一点在经院哲学和贝克莱的直接前辈如洛克（e.g. Essay, ii. xxiii. I）中都很熟悉，尽管如何最好地解释和应用它是一个高度有争议的问题。然而，贝克莱很清楚，当存在于其中的可感知性质被证明是非物质的时，声称这个拥有可感知性质的东西是物质是相当奇怪的。贝克莱经常将可感知事物有物质支持的想法与无思想的事物能感到疼痛的建议进行比较，"认为疼痛或快乐可以存在于无感知的物质中是显然荒谬的"（DHPI 191），在这一点上他是有道理的。如果疼痛有一个主体，那么那个主体必须是心灵或精神物质（DHP1 176），所有我们感知的性质或感觉也是如此。然而，这个问题并不像看起来那么简单，因为我们已经看到，在接受可感知性质的心灵依赖性时，海拉斯被引导认为它们是"仅仅表象的"：它们是心灵依赖的，因为它们是表象，除了它们看起来的样子之外，没有其他内容。现在，虽然表象必须出现在某人面前，它们也必须是某物的表象。这使得海拉斯的思想更有意义，即只有在有某物在表象背后或之下的情况下，才可能有被心灵感知的可感知事物。

关于物质，有三种不同的观点，区分这些观点可能会有所帮助。

第一种观点是物质世界是我们观念的原因。第二种观点是物质是一种奇怪的、无性质的基质，需要"支撑"我们感知的性质。第三种观点是有物质对象，如书籍和树木，它们拥有我们感知的性质。鉴于上一章的论述，这三种观点共有的是引入了超出感知所给予的东西，而这正是贝克莱的主要目标。但目前我们正在考虑与第二种和第三种观点相关的论据，只有在这些观点被驳斥之后，他才会转向第一种观点。

贝克莱倾向于混淆这两种不同的实质概念，因为他假设任何想要区分性质和性质主体的人都会通过引入某些在逻辑上与其支持的性质不同的东西来实现。因此，他对物质基质的攻击有时是对在可感知世界背后或之下存在某些没有可感知性质的东西的想法的攻击，有时是对性质必须存在于或由某些非精神的东西实例化的一般想法的攻击。他还交替使用"实质"和"基质"这两个术语，而我们可能希望将"实质"用于任何性质的主体，并将"基质"保留给在它们之下的神秘物质。虽然贝克莱接受不能有无实质的性质这一一般观点，但他认为这一要求通过它们被感知而得到满足。他对这两个混淆的替代方案提出了相同的反对意见，即他无法理解性质与实质或基质之间的关系。

对物质基质的攻击依赖于我们不能将其理解为笛卡尔的物质，即本质上是广延的。如果我们能够做到这一点，那么我们就可以理解广延的性质，例如特定的形状、大小和运动，作为广延存在的模式或方式。基质将是广延，所有的性质只是其形式。但这种物质的概念是不可用的：主要是因为广延已被证明是心灵依赖的（DHPI 189），所以本质上广延的东西不是物质，而且我们不能在不理解某种特定广延形式的情况下理解广延（DHPI 193）。因此，很快就承认我们对基质只有相对的概念。对某物的相对概念是指通过特定关系将其与其他事物联系起来的概念。因此，如果有人认识我但不认识我的父亲，当我们谈论我的父亲时，那个人对我们谈论的对象只有相对的概念。显然，

贝克莱的世界：关于三次对话的考察
Berkeley's World : An Examination of the Three Dialogues

只有在理解关系的情况下才能对某物有相对的概念，所以菲洛诺斯通过质疑质量与基质之间的关系来攻击海拉斯声称对物质基质有相对概念的说法。海拉斯的所有隐喻都是空间性的——它位于或支撑着性质——因此不足以给出对无法在空间上与性质关联的事物的概念，因为广延是它要支撑的性质之一。

海拉斯后来（DHP3 249—250）试图反过来对付菲洛诺斯：如果菲洛诺斯能解释性质在无广延心灵中的空间隐喻，那么海拉斯也能用同样的方式解释他的主张，即性质存在于物质基质中。但菲洛诺斯将性质存在于心灵中解释为它们被心灵感知，这显然无助于解决问题。这将我们引向贝克莱对物质实体反对的核心：他对要求性质必须存在于实体中有一个完全清晰的理解，即它必须被心灵感知，而唯物主义者无法解释他所说的性质固有于物质或任何其他实体的意思。

乔纳森·丹西（Jonathan Dancy）对贝克莱提出了一个非常敏锐的反对意见：不是所有我们想要说的关于心灵的事情都可以通过那些心灵感知观念来解释。例如，我们想说"有些人比其他人更聪明或更有想象力……有些人有时会感到困惑或担忧"（Editor's introduction to the Three Dialogues, 24）。说担忧是拥有担忧的观念，或拥有一组或多组担忧的观念，这是不合情理的；毕竟，有些人可以担忧任何事情，而不自知。但如果我们想说心灵具有这些性质，并且它们的存在不同于它们拥有的观念，那么我们似乎承诺了一种属性与实体之间的关系，而这种关系不是感知的关系。这似乎为我们提供了足够的材料来形成对物质实体的相对概念。

然而，在我们对心灵实体的概念和在证明感性事物的心灵依赖性之后形成的任何物质概念之间存在一个重要的不对称性。心灵本质上是活跃的，我们可以知道这一点。但当我们认为心灵本质上是活跃的时，我们可以看到说它担忧或聪明是说它以某种方式行动。更准确地说，我们应该说，担忧、愤怒、快乐或不聪明是心灵活动受到某种方式的限制。一个熟悉的观点是，愤怒的人无法控制他们的思想，我们应该能够看到所有的情绪都会在某种程度上导致思想失控。贝克莱从未提出情绪理论，但他可以说，不包括感知观念的情绪和其他心理状态包括对心理活动的特定限制。这种观点的优点在于将情绪或激情与行动联系起来。情绪对心理活动的限制总是暂时的，但其他心理性质，如缺乏智力或想象力，则施加了更持久但仍然是偶然的限制。对于贝克莱来说，心灵本质上是活跃的，所以他必须否认观念是被动的心理模式。但他可以接受笛卡尔描述的所有其他心理模式，只要他能以心理活动的方式理解它们。丹西提到的性质是心灵行动的模式，因此不需要像感觉那样被认为是固有于心灵的性质。

在结束物质和基质这个话题之前，我们应该问问海拉斯是否过于迅速地同意了我们无法通过"反思和理性"形成物质实体的概念（DHP1 197）。传统上区分实体和性质的一个原因是为了解释变化：一个心爱的泰迪熊失去了眼睛，毛皮被磨掉，可能有些肢体脱落，填充物漏出来，它被缝补和修复，直到它甚至可能完全无法辨认为泰迪熊，更无法联想到它曾是当年被主人愉快地拆开的崭新的礼物了。在我刚才描述的所有变化中，我们一直在提到"它"，即那个变化的东西。这就是为什么我们可以谈论变化而不是毁灭，对于贝克莱之前的大多数哲学家来说，显而易见的是，"它"必须指的是某个与变化的性质不同的东西，他们倾向于称之为实体。但贝克莱清楚地看到有另一种选择（DHP3 245—6）：

你预先设想的（我不知道是什么）一个单一的、不变的、不可感知的真实本质，被每个名字标记……似乎源于没有正确理解人们谈论几个不同观念时的常用语言，这些观念被心灵联合成一个东西。

在这里，贝克莱也加入了他自己的一个偏见，即尽管他承认不同的观念在自然界中可以有某种联系，无论是共存还是继起的关系（DHP3 245），但他认为对象的统一性是心灵的工作。尽管如此，关键在于我们可以解释变化，同时允许对象仅仅是性质的集合，通过一个统一不同性质的组织原则。这个组织原则是否是主观的，以及它是否真的能解释通过变化的持续性，是第八章的主题。就目前而言，只需注意到我们将感觉印象视为持久的、可变的对象这一事实，并不迫使我们接受与其性质不同的实体的存在。

4.3 科学世界观

当贝克莱还是学生时，最有影响力的哲学作品之一是洛克最近出版的《人类理解论》。在这本书中，洛克提出了一种观点，现在人们对这种观点非常熟悉，以至于我们忘记了它与常识之间存在多么根本性的冲突，并且持续至今。这种观点认为，科学，特别是物理学，揭示了世界的真实本质，并且在这样做的过程中，它表明世界在许多方面与我们基于经验所认为的非常不同。

贝克莱已经拒绝了洛克关于科学揭示的终极现实的具体描述，即世界只包含第一性质（这些性质在某些组合中不仅能产生它们自身的经验，还能产生第二性质的经验）。他认为第一性质与第二性质一样是心灵依赖的，并且质疑我们是否能够想象一个广延但无色的世界（见3.2.3节）。但这仍然保留了一个更普遍的观点，即科学可以，并且可能确实揭示了现实的本质与我们经验到的完全不同。如果在这样做的过程中，科学家使用了适用于日常经验的概念，如大小和形状，那么贝克莱可以使用他对洛克所用的相同论点：这样揭示的终极现实仍然是心灵依赖的。

21世纪的物理学明确表明，科学可能不使用适用于经验的概念。因此，科学家声称描述一个心灵独立、不可感知的现实不会违反《第一次对话》的论点。原子和亚原子粒子的物理世界是不可观察的，也不是用观察概念来描述的（除了可能为了解释的目的）。甚至广延、位置和运动的概念也被拒绝或重新定义。

关键问题在于科学描述世界的真实性，以及相应地，感觉经验可以并且经常会误导。如果有人说科学已经表明我正在写字的桌子并不是真的坚固，而是主要由在高速运动的数百万个不可观察的粒子之间的空隙组成的，那么她就是在支持这种观点。或者，她可能持有较弱的观点，即关于粒子运动的科学故事并不与坚固桌子的感觉经验相矛盾，但提供了坚固物体的真实本质的解释。当然，如果她要避免对洛克的反对，她就必须承认她对运动的描述只是一个隐喻，帮助我们理解科学揭示的内容，并且这个论题可以用不适用于感觉经验的术语来陈述。贝克莱是所有现代哲学家中最强烈反对这种主张的人。他在这里并不是反动派，他不需要否认理论科学的巨大实际利益，也不需要否认其卓越的智力资质，而是挑战将其解释为揭示现实的真实本质。

贝克莱解决感性世界与科学揭示的世界之间紧张关系的方法是否认后者的现实性。科学所做的是预测在感性世界中发生的事情，并解释这些现象。科学的目标是（DHP3 242）：

菲洛诺斯：……展示我们如何以这种方式和顺序受到观念的影响，并将其印刻在我们的感觉上，不是吗？

科学理论是预测和解释经验的工具，事实证明，最好的工具涉及存在电子和夸克等不可观察实体的虚构。我们应该尊重这些工具所完成的工作，而不是通过相信它所说的关于不可感知实体的内容来混淆其虚构与现实（DHP3 243）：

菲洛诺斯：尽管如此，这并不意味着哲学家（即科学家）什么都没做；通过观察和推理观念的联系，他们发现了自然的规律和方法，

贝克莱的世界：关于三次对话的考察
Berkeley's World: An Examination of the Three Dialogues

这是一种既有用又有趣的知识。

这种回应的巧妙之处令人印象深刻，并且，只要科学处理的是不可感知的实体和性质，这似乎是那些不想拒绝科学的唯心主义者唯一的选择。贝克莱提出了一种现在被称为工具主义的科学观，但菲洛诺斯并没有直接得出这个结论。他的第一个主张（DHP3 241—242）是没有任何"证明"，即实验性证据，要求物质的存在。这是一个有趣的段落，部分原因是我们在高中时期对牛顿定律的熟悉程度使我们能够看到海拉斯的表述是多么不准确和混乱。除此之外，菲洛诺斯的回答忽略了一个重要点，那就是牛顿的定律 $F = ma$ 是以质量而不是重量为框架的。重量是一种感觉性质，而质量不是，并且有理由认为质量是"真实"的属性，而重量只是表象：如果将一个物体带到不同的重力场，其重量会改变，但物体本身不会发生变化（除了位置）。如果我们想说在宇宙中移动物体不会改变它们的真实本质，那么我们必须说它们的真实本质是具有质量，而不是重量。贝克莱对此论点的回应是，显然当你在宇宙中移动物体时，它们确实会改变；例如，尼尔·阿姆斯特朗（Neil Armstrong）发现它们在月球上更轻。质量是一个引入的概念，用于预测这些变化，但它并没有指出物体中任何真实的东西。这种对感觉的完全信任和工具主义的结合确实导致了对世界的略有不同的理解。具体来说，贝克莱必须说将物体靠近彼此会改变它们的性质。这对我们来说听起来有些奇怪，但它并不比重力更奇怪。此外，我们大多数人已经彻底吸收了科学世界观，以至于我们不信任我们的感觉（当尼尔·阿姆斯特朗登上月球时，他明显比在地球上轻），而更倾向于关于物体如何变化的一般原则。我们认为是常识的东西，即物体不会因为靠近而改变它们的本质，包含了一些可能在某个时候被拒绝的科学理论，以及对它的特定解释。科学论点是，物体不会因为靠近而改变它们的质量。但它们确实会改变它们的重量，所以我们只能推断它们不会改变它们的真实本质,如果我们将科学(而不是感知)解释为揭示世界的真相。工具主义之所以显得明显错误,是因为常识往往包含对科学的现实主义解释的隐性承诺。

现在我们必须问,工具主义是否是一种可行的科学哲学。有两条主要的反对意见。一是工具主义与物理学的实际细节不一致,物理学在工具主义解释下无法运作。我没有资格判断这个问题,但我们应该注意到,只有当真正的物理学不适合工具主义解释时,这个反对意见才有效,因此这个反对意见总是依赖于未来的发展。而且细节可能会有不同的结果,因为我们可能会遇到无法进行现实解释的理论。量子力学的现实解释是否可能,陪审团仍未作出决定。事实上,这里存在一种不对称性:由于工具主义解释受到的约束比现实主义解释少,我们可以预期每个可以现实解释的理论都有一个工具主义解释,但反之则不然。

第二条反对意见是,工具主义者需要在他不是现实主义者的科学理论和他是现实主义者的非科学日常知识之间划清界限,而他无法合理地将两者分开。迈克尔·达米特(Michael Dummett)给出了一个很好的例子('Common Sense and Physics', IS)[1]。托马斯·阿奎那(Thomas Aquinas)认为,如果在酒中加入少量水,水就会变成酒——水改变了它的本质。这是因为他认为液体是均质的,所以如果有人混合两种液体,产物是一种单一的物质,可能与其中一种成分相同,也可能不同。相比之下,我们认为液体是颗粒状的(但颗粒非常小),所以如果在一些酒中混合少量水,产生的是含有少量水的酒。(由于酒本身就是一种混合物,水是其成分之一,我们发现混合少量水和酒确实会产生酒,但原因与阿奎那的不同。)我们以这种颗粒状方式看

---

[1] Dummett, Michael (1979). Common Sense and Physics. In A. J. Ayer & Graham Macdonald (eds.), Perception and identity: essays presented to A. J. Ayer, with his replies. Ithaca, N.Y.: Cornell University Press. pp. 1–40.

贝克莱的世界：关于三次对话的考察
Berkeley's World : An Examination of the Three Dialogues

待液体的混合，因为液体的分子组成的发现已经渗透到我们的日常观念中。但分子是不可感知的，根据大多数标准，当然也包括贝克莱的标准，所以看起来我们对混合两种液体时发生的事情的日常描述必须归于理论的一边，阿奎那的描述也是如此，只是基于不同的理论。关键问题变成了我们是否能够对混合水和酒时观察到的内容进行完整、准确且在两种解释之间进行中立的描述。问题在于阿奎那需要说水消失了，搅拌后我们可以看到酒但看不到水，而我们会想说（撇开酒本身含有水的事实）我们看到的是酒和水。双方都同意混合后我们看不到一些酒和一些独立的水，但他们对我们实际看到的内容存在分歧。

这只是一个例子，但反对工具主义的人认为它是典型的。如果是这样，纯粹的观察事实和充满虚构的理论之间的划分几乎没有留下任何事实。为了应对这种反对意见，我们需要看看贝克莱如何划分界限。显而易见的建议是，他会对涉及不可感知的实体或性质的任何事物采取工具主义态度，在这里他可以依靠他在 DHPI 174—175 中对感性性质的讨论。现在一种回应是，这留下的东西太少了，因为只有颜色和形状、气味、声音、味道和质地是感性的。然而，这并不立即意味着他必须对树木和房屋等日常物体采取工具主义态度，因为他将声称它们是感性性质的组合或集合，我们可以通过感知它们的部分来感知这些性质。然而，还有一个不同的问题会导致贝克莱对现实主义的非常激进的拒绝。

感觉性质在感觉经验中完全呈现，这意味着要回答某物是否具有给定的感觉性质，只需要对其进行适当的经验即可。因此，要确定两件物品是否都具有给定的感觉性质，只需要对它们进行适当的经验：感觉上的不可区分性就足以证明感觉性质的相同。不幸的是，这会导致悖论，因为感觉上的不可区分性不是传递的。很容易找到这样的颜色或味道的三重组：第一和第二无法区分，第二和第三无法区分，但第一和第三可以区分。面对这一经验事实，人们不得不放弃通过看、触摸或闻等方式来判断两个物体是否共享感觉性质的想法，这相当于说在贝克莱的意义上没有感觉性质。

这个问题只发生在感觉性质类型上，而不是在个体上。两个不同的东西可以属于同一类型，但由于它们的不同，它们是不同的个体。例如，钴蓝是一种可以有多个个体的性质类型，比如那块地毯的颜色、这本书的颜色等。当我们问这本书和地毯是否有相同的颜色时，我们问的是一种类型，因为它们显然是不同的个体。个体颜色是特定于时间和地点的，它们不能像类型那样有多个实例。换句话说，它们是具体的个体。关于特定观念和观念类型之间的关系将在第七章中更详细地探讨。现在贝克莱可以承认，性质类型不是立即可感知的，而不必否认感觉性质个体是可以立即感知的。因此，他可以说我们的感觉经验的内容是诸如这本书的特定蓝色、这杯咖啡的特定气味等。我们对所感知的任何判断，如果不仅仅是对感觉性质个体的名称列表，就必然会使用一般词语或概念，即性质类型的词语。因此，感觉不可区分性的非传递性表明，我们对所感知的任何判断都超出了即时经验的内容。鉴于贝克莱对什么是可感知的条件非常严格，性质类型不是可感知的，因此所有关于性质类型的判断实际上是关于不可感知的判断，因此我们应该对其采取工具主义的态度。

因此，事实证明贝克莱需要对科学采取工具主义态度，但他并没有面临工具主义者的主要问题，即区分事实和虚构，因为他也应该对所有事实判断采取工具主义或非现实主义态度。然而，这与他对感觉经验的实际对象，即感觉性质个体，持坚定的现实主义态度是完全一致的，尽管他不是唯物主义者。

关于贝克莱是否真的是关于微粒的工具主义者（微粒是当代物理理论中的基本粒子），学术界存在一些争议。贝克莱时代的机械物理学似乎通过诉诸自然必然性来解释各种现象的发生。一旦人们正确理解了手表的运作，就会看到小指针必须每转动一次，大指针就移动一

贝克莱的世界：关于三次对话的考察
Berkeley's World : An Examination of the Three Dialogues

次。像波义耳和洛克这样的微粒论者更进一步，假设物理物体的微小不可感知部分，如果我们了解它们，就可以看到这些物体的可感知性质是如何机械地并自然必然地产生的。

现在，贝克莱对于尚未被发现的自然现象的机械解释持开放态度（DHP2 2t I；PHK 60—65），但他对微粒假说有两个不同意见。一是机械解释揭示了现象如何通过其部分的行为自然必然地产生。由于整个物理世界是由观念组成的，而观念是惰性的，机械解释无法提供那种理解。相反，找到任何给定现象的机械解释是偶然的，并且在找到这种解释的地方，机制产生现象也是偶然的。然而，从神学和科学进步中可以找到一些理由让我们相信，上帝选择根据适用于科学可发现部分的有限数量的基本物理定律来产生我们的经验［"自然界看不见的创造者以如此固定、不变的法律来驱动宇宙"（DHP2 210—211）］。因此，贝克莱可以同意机械论者的观点，即（PHK 62）：

自然效应链中贯穿的某些一般定律；这些定律通过观察和研究自然被人们学习，并被应用于制造人工物品以供生活使用和装饰，以及解释各种现象。

然而，这种解释不是自然必然性的证明，而是（PHK 62）：

仅仅在于展示任何特定现象与自然一般定律的符合性，或者换句话说，发现自然效应产生中的一致性；这对任何关注哲学家声称解释表象的各种实例的人来说都是显而易见的。

贝克莱认为解释仅仅是法律的涵盖，由于法律本身是偶然的，这并不能提供现象通过某种自然必然性产生的见解。这些段落清楚地指出了休谟对因果必然性和自然法则的解释的前进方向，使贝克莱能够支持机械科学的实际利益。但这并不意味着他要承诺机械论的第二个方面,即微粒假说。

丹尼尔·加伯(Daniel Garber, 'Locke, Berkeley, and Corpuscular Scepticism')[①]认为,根据洛克的观点,微粒原则上是可观察的,只是人类的局限性阻止了我们像清楚看到手表的运作那样清楚地看到它们。贝克莱当然允许有些东西太小以至于我们无法看到(DHPI 185):

菲洛诺斯:此外,不仅可能,而且显然,实际上存在一些动物,它们的眼睛天生结构能够感知那些由于其微小而逃脱我们视线的东西。

此外,加伯认为贝克莱允许有些机制将现象纳入自然法则之下,但我们无法发现。这是对第二次对话开头菲洛诺斯长篇讲话中"秘密"的一种解读(DHP2 211):

然而,组成这个宏伟框架(恒星和行星)的所有巨大物体,无论多么遥远,都通过某种秘密机制、某种神圣的艺术和力量相互联系并相互作用。

然而,考虑到在贝克莱的时代没有人理解重力是如何运作的,"秘密"的使用可能仅仅意味着我们还不知道,而不是我们不能知道。显而易见的是,贝克莱会允许存在我们尚未发现的机制,以及我们将不会发现但其他生物可能会发现的机制。他甚至可能允许上帝已经设置了各种现象背后的机制,这些机制我们本可以发现,但由于我们的

---

① Garber, Daniel (1982). Locke, Berkeley, and Corpuscular Scepticism. In Colin Murray Turbayne (ed.), Berkeley: Critical and Interpretive Essays. Univ of Minnesota Press.

自由选择而永远不会知道。不太清楚的是,贝克莱是否会允许,为了自然法则的完整性和简洁性,上帝创造了我们或任何其他有限生物都无法发现的机制。为了简单起见,假设我们是唯一能够理解和预测世界的有限生物,这种建议必须归因于上帝以一种非以人为中心的动机来创造世界。要解决这个问题,我们需要进入神学领域,而这是我宁愿避免的。在更为哲学的层面上,加伯的解释使贝克莱承认存在一些属于物理世界但任何有限生物都无法感知的观念。只有在贝克莱认为未被感知的存在是指存在于上帝的思想中的观念时,这才有意义。在第五章和第八章中,我拒绝了这种对贝克莱的解释。此外,加伯的解释与贝克莱的激进唯名论不一致,这在第七章中讨论。如果上帝要产生一个秘密或隐藏的机制,为了使其符合自然法则,它所包含的观念必须是确定类型的。至少,同类型要求相似性,但根据贝克莱的唯名论观点,没有所谓的客观相似性,上帝唯一能创造确定类型观念的方法是创造一个在主观上与该类型的其他观念相似的观念。一个我们无法经验的观念无法在主观上与我们经验到的观念相似。

4.4 解释

感觉性质的基质、科学的理论实体、经验的原因、工具或契机(DHP2 215, 218, 220),都是为填补唯心主义中感知到的解释空白而引入的物质概念。第二次对话是一篇精彩的作品,通过海拉斯越来越绝望的提议,捕捉到了唯心主义中"缺少某些东西"的普遍感觉。菲洛诺斯采取了辩论者的策略,等待看看对唯心主义者的存在目录需要添加什么建议,然后逐一反驳。这成功地使海拉斯陷入了坚持存在"完全未知的东西"(DHP2 221)的荒谬境地,这种东西只能通过它不是的方面来理解。辩证地说,这种策略是强大的但不具说服力:被证明你无法连贯地表达你的关切几乎从来不会消除这些关切。不幸的是,贝克莱从未直接处理这种不安的根源,他从未挖掘出为什么唯心主义被认为是不充分或不完整的。他只是让菲洛诺斯提出一个未得到回答的挑战（DHP2 224）：

菲洛诺斯：……我挑战你向我展示自然界中需要物质来解释或说明的东西。

这种无忧无虑的态度的原因可能是他在前辈们那里，特别是洛克，但在某种程度上也包括马勒伯朗士，找到了对我们无法解释物质如何使我们产生观念的简单接受。如果他所攻击的唯物主义的一个组成部分是每当我们对世界有感觉经验时都会发生某种无法解释的事情，例如 DHP2 210，那么，唯心主义不仅没有创造一个解释空白，反而填补了一个。

4.4.1 罗素的论点

自菲洛诺斯挑战找到自然界中需要物质来解释的东西以来，几位哲学家对此作出了回应。我将以罗素为例，因为他写的内容既具代表性又优雅（将"感觉数据"理解为"感觉性质"，因为两者都是对立，即感知到的东西的称呼）：

如果布完全盖住了桌子，我们将无法从桌子上获取任何感觉数据，因此，如果桌子只是感觉数据，它将不再存在，而布将悬浮在空中，奇迹般地停留在桌子原来所在的位置。

……当十个人围坐在餐桌旁时，坚持认为他们没有看到同样的桌布、同样的刀叉和勺子、同样的玻璃杯，似乎是荒谬的。

……我从房间的前任住户那里买了我的桌子；我不能买他的感觉数据，因为他走后这些数据就消失了，但我可以并且确实买了对差不多相似的感觉数据的自信期望。

……如果猫在一个时刻出现在房间的一部分，而在另一个时刻出

101

贝克莱的世界：关于三次对话的考察
Berkeley's World : An Examination of the Three Dialogues

现在另一部分，自然会认为它是从一个地方移动到另一个地方，经过了一系列中间位置。但如果它只是感觉数据的集合，它不可能曾经在我没有看到它的任何地方；因此我们必须假设它在我不看的时候根本不存在，而是在一个新地方突然出现。

如果猫存在，无论我是否看到它，我们可以从自己的经验中理解它在两餐之间如何变得饥饿；但如果我不看到它时它不存在，那么它在不存在期间的食欲增长得和存在期间一样快，似乎很奇怪。

……因此，每一个简化的原则都敦促我们采用自然的观点，即确实存在除我们自己和我们的感觉数据之外的对象，这些对象的存在不依赖于我们对它们的感知。（The Problems of Philosophy, 9—11）

这种论点最初是非常有说服力的，但经不起仔细推敲。让我们逐一分析罗素的五个例子。首先，贝克莱不一定要说，当被桌布盖住时，桌子就不存在了。他可以通过区分物理对象与其组成的感觉性质来适应未被感知的存在，但更重要的是，罗素混淆了看见与感知。一个视觉上被遮挡的桌子仍然可以在我们把肘部靠在上面时感觉到，甚至可能被那些对红木气味敏感的人闻到。除此之外，桌布保持在原位并不是奇迹般的，即并不令人惊讶、意外或与自然法则相悖，因为这是一个熟悉的经验。所以，认为它缺乏解释，但这里罗素描述错误。悬挂在空中的桌布确实需要特别的解释，但覆盖在桌子上的桌布并没有悬挂在空中：如果唯心主义者不能说桌布下面有桌子，那么他也不能说那里有空的空间。他应该说的是，桌布采取了桌子的形状和位置，并保持这种形状和位置，直到有适当的原因导致变化，例如饭后清理。无处不在的重力不会导致它掉落，因为重力只会对悬挂在空中的布料产生这种效果，而我们已经说过这个布不是。

关于桌子、刀具和其他餐具是公共物品的观点是没有结论的。当然，我们需要回答是什么使我们都看到同一个玻璃杯的问题，存在一个持续的、公共的物质玻璃杯会提供一个答案，但这不是唯一的答案。海拉斯在DHP3 247中也提出了类似的指责。贝克莱不必否认存在公共的物理对象，因为它们是由多个人在不同时间感知的观念集合。

至于购买写字台，罗素清楚地表明他支付的是未来的感觉数据。他显然认为他是通过购买感觉数据的物质原因来实现这一点的。但同样自然的说法是，他支付了前任住户不要做某些事情的费用，以防止他获得那些期望的感觉数据。

我们确实相信猫不会突然出现和消失。一方面，这不是经验的事实，而是基于经验的信念，需要证明其合理性（休谟展示了这有多难），另一方面，唯心主义者可以并确实尝试解释未被感知的存在。当然，有人可能会争辩说贝克莱最终未能为猫的持续存在提供依据，但这使我们在拒绝关于猫的信念和拒绝唯心主义论证的前提之间做出直接选择。

最后，我们并不是通过自身的经验来理解猫的饥饿。我们通过观察来了解动物的需求；如果我们试图从自身的经验中推断，往往会对宠物造成很大的伤害。此外，我们很习惯于在吃饱后上床睡觉，几个小时后醒来时感到非常饥饿，而在此期间并没有经验到自己的存在。这可能是婴儿唯一经验到的饥饿模式。猫的行为，就像布料和桌子的行为一样，遵循规律和可预测的模式，只有在某些情况下才会被打乱，我们可以通过对相关事物的经验来学习这些模式及例外情况。一旦我们发现了这些模式，罗素指出的现象既不奇怪也不自然，也不难理解。

因此，罗素的结论不成立有两个原因：他的例子并不像他认为的那样中立，而且他关于物质存在是最佳解释的主张依赖于对唯心主义者必须留下神秘之处的错误主张。但证明这一点并不能消除对唯心主义的不安感。要消除这种感觉，我们不仅需要证明唯心主义可以处理所有的经验数据,而且还需要证明它提供了最佳解释。

4.4.2 需要解释的是什么?

有两个重要的经验特征,唯物主义者声称物质的存在是最佳解释。一是我们的经验来自外部,它超出了我们的控制。书中贝克莱写道(DHP2 214):

> 菲洛诺斯:这些由我感知的观念或事物……显然独立于我的心灵存在,因为我知道自己不是它们的创造者,我无法随意决定在睁开眼睛或耳朵时会受到哪些特定观念的影响。

我认为这是无可争议的。菲洛诺斯将其作为上帝存在证明中的一个前提,而不是需要解释的事实。如果在证明之后,人们接受上帝存在并导致我们所有的感觉经验,那么正如菲洛诺斯在《第二次对话》中详细指出的那样,进一步假设物质是多余的。然而,论证上帝存在的其他前提"并不那么明显",例如只有心灵是主动的并且导致事物的变化,这将受到唯物主义者的挑战。贝克莱关于上帝的正式证明远未定论,因此在讨论解释性问题时,我们将偏离《三次对话》,不将上帝的存在视为独立确立的。相反,我们可以考虑一个包含上帝但不包含物质的方案是否能更好地解释经验事实。

需要解释的第一个事实可以描述为我们拥有感知经验的事实,而不仅仅是想象和梦境。当这样表达时,很明显,这些感知经验的内容也需要解释。这将是第二个需要解释的内容。如果经验是随机的,它们就不需要进一步解释,但我们通过发现的规律模式和过去预测的成功证明它们并非随机(这并不是否认休谟对我们相信它们不会突然变得随机的怀疑)。这就是贝克莱所称的"自然的固定秩序"(DHP3 258):

第二部分

菲洛诺斯：我们……将事物的现实性置于观念中，尽管它们是短暂的和可变的；然而，它们并不是随机变化的，而是根据自然的固定秩序变化的。因为事物的这种恒常性和真实性，确保了生活的所有关注点。

重要的是看到这里包含了多少内容。例如，麦基在讨论解释性问题时认为，主要需要解释的是我们在感知中断（如睡眠或移动到不同地方）之前和之后所经验的相似性（Problems from Locke, 60）[1]。贝克莱的自然固定秩序包括我在睡前和睡后经验的相似性和差异性，例如日光和鸟鸣。它包括自然规律，如季节变化和地球的引力效应，也包括人为规律，如手表计时或计算机对打字的响应。当然，这些规律基于观念继起的更基本规律，但由于所有规律本质上都是一般性的，我们将在第七章中看到这种区别仅仅是程度上的。

这些现象的一种解释是存在一个独立于心灵的物质世界，它具有连续的存在，通过其部分之间的相互作用根据严格（但不一定是决定性的）法则变化，并导致我们产生感知经验，称之为[M]。贝克莱提出的替代方案是，除了我们和我们的观念之外，还存在另一个极其强大的心灵，它作用于我们，产生我们所拥有的感觉经验，称之为[I]。

4.4.3 哪个是更好的解释？

如果我们承认这个问题的有效性，那么除了[M]和[I]之外，实际上没有其他选择。[M]包括认为感知对象是物质的观点，但这只是物质主义的间接版本，认为我们直接感知的是观念，但物质事物也存在，这是[I]的竞争对手。这是因为，正如在上一章中所论证的，物质主义的直接版本无法解释冲突的表象，因此不能解释先前的

---

[1] Ayers, M. R. (1977). Problems from Locke by J. L. Mackie. Philosophical Books 18 (2): 71-73.

数据。要充分理解贝克莱体系的优势，我们需要记住，不同的论点有不同的具体目标。在论证的这个阶段，反对经验数据已经使我们承认物质的存在是不合法的。最佳解释的推论只在我们确定经验独立于物质（并且相应地依赖于心灵）时才成立。

因此，就目前而言，我们应该将[I]和[M]视为对一个基本图景的补充，根据这个图景，在感觉直觉中我们面对的是感觉世界的真实面貌。对唯心主义者来说，几乎可以就此止步，除非唯物主义者提出需要解释经验的非自愿性和规律性。唯物主义者认为，只有通过补充物质对象才能引起我们的经验，才能进行解释，而贝克莱认为唯一需要补充的是另一个无限的心灵。鉴于两种解释都是充分的，我们应该选择更简单的那种。

4.4.3.1 本体论、意识形态和偶然性

如果理论选择是基于简单性的考虑，那么简单性需要更仔细的阐述。第一个建议，遵循奥卡姆剃刀，可能是认为假设实体较少的理论更简单；但并不总是如此，因为减少实体的数量可能需要为理论增加大量复杂的概念工具。例如，在卢瑟福发现原子结构之前，化学理论有数百个基本实体，即每种元素的原子。卢瑟福发现每种元素的原子都是由三种实体——电子、中子和质子——以不同组合构成的。这看起来像是一个很大的本体论简化。然而，这一发现也意味着固体物体不是由固体部分构成的，而是由大量"空旷空间"构成的。这需要对物理学的许多部分进行大量的重新概念化。重新概念化最终通过新发现得到了回报，但最初的成本是巨大的，因为这要求物理学家使用一个全新的、更为复杂的意识形态（这个术语来自奎因，"本体论和意识形态"，指的是理论的概念工具）。简化本体论复杂了意识形态，因此单纯的本体论比较并不具有决定性。

然而，在[M]与[I]的比较中，考虑实体的数量是相关的，因为[I]在本体论和意识形态上都更简单。要看到这一点，请记住

需要解释的数据使我们承认心灵和观念的存在。理论认为上帝，一个精神，导致我们有我们所拥有的感觉经验，并没有引入新的实体类型，因此在本体论上比认为物质身体是我们感觉经验的原因的理论更简单，这些物质身体既不是心灵也不是观念，并且不是解释所需数据所预设的。

我们可以通过考虑数据包括我们的感觉经验是非自愿的这一点来看［I］的意识形态简单性。这只有在我们至少有可能有自愿经验时才有意义，而当我们想象时我们确实有自愿经验。因此，数据预设了心灵能够引起经验，这正是［I］对我们没有引起的那些经验所说的。［M］相反，说我们的非自愿感觉经验是由物质身体引起的。这需要一种新的意识形态，根据这种意识形态，非精神的东西能够引起精神事件（DHP2 215）：

菲洛诺斯：……如何能有任何观念或感觉存在于或由心灵或精神以外的任何东西产生？……但另一方面，很容易想象它们应该存在于并由精神产生。

不仅［M］引入了物质引起观念的新关系，而且它解释规律性的能力依赖于一种新的非随机性概念。根据我们的经验，我们知道自愿行动不是随机的，而是在实际推理的光照下作为实现某个目标的手段进行的。就我们的目标和意图是一致的而言，我们的行动将显示出明显的模式。因此，如果我们的经验是由上帝意志所决定的，那么这种意志必须作为实现某个目标的手段，并且鉴于上帝是理性的，我们可以预期他的意愿不会是随机的或服务于不一致的目标。如果经验是上帝意志的产物，那么有先验理由认为它不会是随机的，而会显示出相当大程度的系统性。另一方面，没有先验理由认为无意识物质的影响不会是随机的。

贝克莱的世界：关于三次对话的考察
Berkeley's World: An Examination of the Three Dialogues

到目前为止，[I]的相对简单性有一个初步的理由，但约翰·麦基（John Mackie）在《问题》（Problems, 62—67）①中论证说，理论选择中最重要的简单性标准不是本体论或意识形态的简约性，而是未解释的巧合的数量。他以行星运动理论为例。如果假设地球是静止的，而行星绕其运动，那么不同行星的运动在某些点上都会涉及一个未解释的365天周期。我们不得不将此视为一个巧合，即某种偶然发生的事情。然而，如果我们放弃地球静止的假设，而是说地球和所有行星绕太阳运动，那么我们可以将365天周期的出现解释为我们从地球观察行星的结果，地球绕太阳运行需要365天。每个行星运动中的365天周期的表面巧合已被解释为地球绕太阳运行需要365天。我们简化了理论。

因此，论证[M]必须指出，每次我短暂闭上眼睛，无论我在看什么，当我睁开眼睛时，眼前的景象与我之前看到的相同或非常相似。这种现象不仅限于视觉，而是普遍的感知：世界不仅在我感知它时以规律和模式变化，而且在我感知之间的间隙中也是如此。[M]通过物质对象的存在解释了这一点，这些物质对象独立于我的感知，根据固定的法则变化，并引起我的感知。看起来，字面上数百万个巧合得到了一个统一的解释。

如果[I]意味着每次我重新睁开眼睛或再次伸手触摸某物时，上帝记得它之前的样子或感觉，并给我相应的感觉印象，那么这将是一个相当糟糕的解释：对于任何人的感知间隙，上帝都必须分别决定保持规律性，并且没有解释为什么他每次都做出这个决定。很难说他的仁慈在这里会有所帮助。但[I]不必做出这样的主张，因为上帝可以形成关于感知随时间变化（包括在感知间隙中的变化）的总体意图，这些总体意图将解释所有众多的具体情况。现在我们可以比较理

---

① Mackie, J. L. (1976). Problems from Locke. Oxford [Eng.]: Clarendon Press.

论的简单性：当［I］有上帝的总体计划或意图时，［M］有物质的法则。两者分别将这些计划或法则视为未解释的基本事实。两者在减少未解释的巧合方面同样出色，但［M］还必须引入前面讨论的额外的本体论和意识形态复杂性。

还值得注意的是，以未解释的巧合为简单性标准不完全直截了当。有些巧合比其他巧合更明显。如果我在假期中偶然遇到一个失散已久的朋友，因为我们同时去到了同一个地方，这种巧合比我在假期前偶然看到一张旧照片并因此想起他要少一点巧合。因此，似乎当我们给出一个有一个大巧合的替代方案时，我们并没有真正改进一个有很多小巧合的理论。巧合当然是累积的，但它们如何累积非常依赖于你如何描述它们。

麦基所忽视的是，物质的存在，以一种能够解释它在我们感知经验中发现的巧合的形式，本身是由于宇宙起初的一些非常大的巧合。当然，如果我们承认稳定物质的存在，然后发现其存在依赖于时间开始时初始条件的巨大巧合，那么我们可能能够很愉快地接受这个巧合。但如果我们将唯心主义与这样一种理论进行比较，该理论说由于时间开始时的一个巨大巧合，物质存在，那么物质主义引入的未解释巧合比它消除的更多。

4.4.3.2 七个反对意见及其回复

如果我们从一些可能合理提出的反对意见来看待唯心主义立场的力量，我们会发现它的威力更大。我将考虑的七个反对意见似乎涵盖了所有主要的关注点，而这些回复清楚地表明了如何回应任何进一步的反对意见。

（1）上帝的存在本身就不可信。如果一个人从无神论的倾向出发，［I］比［M］要不可信得多。粗略地说，有人可能认为上帝的存在是如此不可能，以至于任何替代解释所遇到的困难都显得微不足道。

贝克莱的世界：关于三次对话的考察
Berkeley's World : An Examination of the Three Dialogues

这个反对意见低估了贝克莱的两个方面。首先，贝克莱关于最佳解释的推论同时试图证明唯心主义和有神论：它为我们提供了一个相信上帝的独立理由，从而削弱了我们的无神论。其次，这个反对意见将最佳解释的推论视为对最可能解释的推论，但这恰恰是把事情弄反了。这样的推论是评估各种解释的相对概率的方法：如果这些概率是预先固定的，那么推论就不过是多余的"X最可能，因此X最有可能是真的"。相反，最佳解释的推论必须以每个解释的其他特征为基础，从中推导出它们的相对概率。因此，这个反对意见实际上是对无神论世界观的偏好表达，但贝克莱正在为有神论世界观提供一个论据。在4.5节中讨论了没有上帝的唯心主义的可能性。

还有一种可能是将反对意见转向唯物主义者。现实地看待物理学告诉我们，在所有可能的宇宙中，只有极少数能够支持持续存在的物理对象，如行星，更不用说人类生命了。当考虑到其他可能性时，这个宇宙的存在是极其不可能的。有人认为这提出了一个问题：为什么这个宇宙存在，而不是其他任何一个，[M]无法回答这个问题。具有某种法则特征的物质的假设不能解释这种物质的存在。

（2）违背了科学对自然的去魅。在贝克莱出生前的一个世纪，科学对世界的理解因其惊人的成功而变得突出。现代科学诞生了，自然变得去魅：要回答某个事件为什么发生，我们必须考察其原因；考虑自然事件的可能目的或效果是无关紧要的。显然，[I]与此不兼容，因为它暗示自然界中发生的每一件事都是某个理性存在作为其（可能不可理解的）目的手段所意愿的。

虽然我怀疑贝克莱本人意图进行一场反对自然去魅的行动，但贝克莱主义者可以避免这一指控。去魅的图景是无意识的对象或事件盲目地遵循因果法则。说每一个发生的事情都是上帝为了某个特定目的所意愿的，将重新为自然赋予魅力，因为那时对自然界的理解将不再通过寻找因果关系和因果规律来推进，而是通过考虑和推测上帝的意图来推进。但贝克莱主义者不必这么说，正如我们已经看到的，他可以说上帝的意愿策略是引入某些法则来支配人类的感知。他不需要物质来执行这些法则，因为，在意愿了这些法则并且逻辑上全知的情况下，他知道并因此意愿所有的后果。鉴于 [I]，现代科学方法的成功证明了上帝选择以这种受法则支配的方式引起我们的经验，而不是零碎地进行。

（3）没有什么比物质更能解释规律性，因为物质本质上是稳定的，只受规律性变化的影响。这一反对意见是对我们可以期望行动表现出规律，但不能同样期望物质受法则支配的论点的回应。反对者声称物质本质上是稳定的和受法则支配的，这是其本质的一部分。

如果这样的哲学家所指的"物质"是任何具有足够稳定性以解释经验中的规律性的东西，那么物质将是稳定的，但没有理由相信它不是精神的，即它是无意识的。因此，让我们假设物质按定义是无意识的。现在我们面临一个两难困境，因为物质按定义也是稳定的，或者我们需要证据证明它是稳定的。唯一的证据可能来自经验中的规律性，但作为证据的地位取决于物质是经验的来源这一有争议的假设。

因此，我们剩下的假设经验的来源按定义是无意识的和稳定的。但现在唯心主义者处于一个非常有利的位置，因为我们有（内省的）证据表明存在具有一致、稳定的意愿策略的思维事物，但我们根本没有证据表明存在或可能存在符合唯物主义者对物质定义的事物。要理解为什么这使得唯心主义成为更好的解释，可以比较两种对夜间噪音的解释。一种解释是鬼魂，即无形的、非物质的代理，另一种解释是温度变化对房屋材料的影响。我们知道存在因突然温度变化而膨胀和收缩的材料，这些材料在寒冷的夜晚收缩可能会引起噪音。然而，我们没有独立的理由相信存在或可能存在符合鬼魂定义的任何事物。

（4）心灵是物质的。一个贝克莱不太可能想到的反对意见是他不合法地假设心灵是非物质的。如果心灵是物质世界的一部分，那么需

贝克莱的世界：关于三次对话的考察
Berkeley's World : An Examination of the Three Dialogues

要解释的数据已经使我们承认物质的存在。但我们必须再次小心这里所指的物质。如果它只是"无意识的……实体"（DHP2 216），那么没有必要证明心灵是非物质的。如果物质包括大脑，那么它是感知对象（观念），而不是感知者（精神），贝克莱确实有理由说明我们不能将两者等同（DHP2 209）。这并不是说自然秩序不能包括大脑中发生的事情与人们经验到的事情之间的规律性连接。我们知道确实如此。

假设心灵在某种其他意义上是物质的，那么贝克莱没有反对说观念是由那种意义上的物质引起的，因为这种物质是精神的。当然，有人可能会说我们不需要假设因为某些物质是精神的，所以所有物质都是精神的。贝克莱忽略了一种观点的可能性，即只有一种物质，即物质，但只有一部分物质会思考。然而，这种可能性对 [M] 没有帮助，因为（a）基于上述原因，我们的经验是由思维而非无意识的"物质"引起的解释更好，（b）我们没有证据表明任何事物是或可能是与心灵相同类型的物质，但却不思考。

（5）没有理由谈论上帝及其相关的神学。贝克莱认为上帝解释了"事物的恒常性和真实性，保障了生活的所有关切"，但要解释这一点，我们需要赋予上帝不仅仅是力量和理性，还有对人类的仁慈，而 [I] 并不支持这些进一步的主张。贝克莱本人可能并不认为引入基督教的上帝会为一个在物质世界上全能的存在增加任何东西：证明一个的存在就是证明另一个的存在。但我们显然可以看到一个完全控制物质世界的恶意存在的可能性。

唯心主义者应该简单地接受 [I] 本身并不提供相信基督教上帝的理由。因此，[I] 的反事实承诺仅仅是任何可能的经验过程都会遵循某种模式，这种模式可能或可能不被人类检测到，可能或可能不利于他们的福祉。任何更强的主张都应属于自然神学的范畴，而不是形而上学。存在某种足够强大、理性的心灵是最佳解释的推论问题。关于那个存在的性质的进一步主张需要进一步的证据。没有理由认为

[I]中涉及的有神论会有任何宗教后果。

（6）我们无法形成一个能够在我们心中产生观念的精神的连贯概念。这是最严重的反对意见。似乎在我们自己的经验中，我们只遇到通过运用想象使自己产生观念的心灵。根据贝克莱的观点，我们基于此形成了一个能够将观念放入其他较弱心灵中的全能心灵的概念。对意识形态节俭的主张至关重要的是，[I]能够以我们自己的情况可以理解的方式解释经验。这个反对意见类似于维特根斯坦的担忧，即我们无法纯粹从自己的情况中形成一个关于他人可能经验到的疼痛的概念：

> 如果必须以自己的疼痛为模型来想象他人的疼痛，这并不容易：因为我必须以我感觉到的疼痛为模型来想象我没有感觉到的疼痛。也就是说，我必须做的不是简单地在想象中从一个疼痛的地方转移到另一个地方。(Philosophical Investigations, § 302)[①]

贝克莱面临的反对意见是，要构想另一个心灵，他必须做的不仅仅是构想自己做一些不同的事情。他必须以他意识到的观念为模型来构想他没有意识到的观念。

贝克莱在描述我们自身的情况时似乎有进行区分，即区分自愿的和非自愿的，区分我们所做的和发生的事情。我们所做的包括想象（即将观念呈现在我们自己的心中）和行动。上帝将观念放入我们心灵的行为不能以想象为模型来理解，因为想象本质上是私人的：我们无法理解将某物想象到让别人经验到的情形。即使是直接了解别人正在想象什么的想法也是可疑的，但贝克莱需要的东西比这还要奇怪。

---

① Wittgenstein, Ludwig (1953). Philosophical Investigations. New York, NY, USA: Wiley-Blackwell. Edited by G. E. M. Anscombe.

贝克莱的世界：关于三次对话的考察
Berkeley's World : An Examination of the Three Dialogues

因此，我们必须以我们的行动为模型来理解上帝将观念放入我们心灵的行为。现在，确实我可以将观念放入他人的头脑中。例如，如果我现在打字"橙子"，你会想到橙子。如果我在观察者面前从口袋里拿出某物，那么我就给观察者一些关于笔的观念。但唯物主义者会反对说，在所有这些情况下，我只能通过做其他事情将观念放入他人的头脑中。如果上帝只能通过做其他事情将观念放入我们的头脑中，那么 [I] 就会崩溃成 [M]，因为他所做的必须是引起心灵中的观念以外的东西。

贝克莱是否有资格谈论我们通过做其他事情将观念放入他人心灵中也远未明确。我们可能正在做的显而易见的事情是将观念放入上帝的心灵中，然后他再将这些观念放入他人的心灵中。我们能够将观念放入上帝的心灵中，因为他是全知的，知道我们在试图做什么。但这会导致我们实际上从未能够自己做事情：我们尝试做，而上帝为我们做。

这里有一个关于贝克莱如何解释行动的一般困难。为了区分做某事和仅仅想象它，他需要说行动不同于想象，是公开的。当我想象喝咖啡时，我有将杯子举到嘴边并品尝温暖、苦涩液体的观念。当我实际上喝咖啡时，不仅我有这些观念，其他人也有。他们看到我举起杯子，也许还会听到我吞咽的声音。

有两个明显的问题：(a) 没有其他人经验到咖啡的味道，但这不是想象的，(b) 事实上，我独自在我的书房里，没有人看到我喝咖啡。关于第一个问题，贝克莱会让我们回到他对感知的行为—对象模型的讨论中，在那里明确指出品尝咖啡不是我做的事情，因为这是感知，而感知是完全被动的（DHP1 194—197）。关于第二个问题，他可以诉诸全知的上帝，但这个上帝同样知道我所想象的和我所做的。更好的办法是找到感觉直觉和想象之间的区别，使他能够不循环地说，在行动中我在自己的心灵和他人的心灵中引起了感知。其他人仍然需要涵盖我们能够做的所有事情。

贝克莱是否能够给出一个连贯的行动解释将在第六章中更详细地讨论。就目前而言，我们可以总结这段讨论，说明如果他能够给出一个充分的行动解释，其结果将是我们确实有能力直接将观念放入他人心灵中，即不仅仅通过做其他事情。这也将使他能够解决其他心灵和自由意志的问题。我们了解其他心灵，因为并非我们所有的感知都来自上帝：有些来自其他人类。如果我们有这种行动能力，那么上帝的意志并不完全决定物理世界中发生的所有事情。这与存在自然法则，即无例外的普遍性陈述并不冲突，因为上帝的意图可能是条件形式的：如果X做某事，那么Y将发生。

（7）我们无法形成一个全能存在的连贯概念。首先，我们应该注意到［I］只承诺一个在物理世界中全能的存在，但这仍然会引起问题。有时有人认为全能概念本质上是自相矛盾的，但我想集中讨论一个特定于贝克莱的反对意见。他认为他可以基于自己有限的行为能力形成一个全能存在的概念。反对意见是，我们的行动能力必然受到我们用身体在空间和时间上局部环境中行动的事实的限制。相比之下，上帝没有身体和位置，但这不仅没有解释他的全能，反而让人困惑他如何能够行动，因为我们在自己情况下理解的行为本质上涉及一个有位置的身体。这里的重要点是行动与空间位置之间的联系。由此得出，我们的行为必然是有限的：因为我们必须在空间中的某一点行动，我们能够做的事情受到我们的空间位置的限制。反对意见是，如果我们试图通过移除这个限制来形成全能的概念，那么我们也失去了在某个地方行动的概念，从而失去了行动的概念。

反对意见假设的是，我们对自己作为定位存在的概念是独立于我们的行为的。如果行为概念要涉及空间位置的概念，那么空间位置的概念最好不要依赖于行为。在早期的《视觉新论》中，贝克莱简单地否认了这一点，认为没有单一的感觉模式提供空间信息，我们之所以

贝克莱的世界：关于三次对话的考察
Berkeley's World : An Examination of the Three Dialogues

认为看到的东西位于空间中，纯粹是基于我们是否能触摸到它们。我们能够触摸到的概念显然预设了行动。为了使空间位置的解释不乞求问题，诸如伸手和走近的行动必须给出非空间的解释。

抽象出细节，这些细节将会很棘手，回应是行为和空间位置之间存在概念上的联系，但它并没有以反对者设想的方式约束我们的行为概念。行为不是由位置决定的，而是位置由行为决定的。反对意见有用地引起了我们对 [I] 的一个承诺的注意，即人类行为只是偶然地受限，意志本质上能够做任何事情，但实际上被上帝限制在一个有限的范围内。

贝克莱的批评者倾向于推崇反对意见（1）和（3），但这是一个错误，因为他在这里有强有力的立场。（6）和（7）要麻烦得多。它们揭示了，尽管贝克莱不是唯我论者，因为他确实相信不仅仅是他自己的心灵和他所经验到的东西是存在的，但他仅限于唯我论者的概念资源。在下一章中，我们将看看贝克莱关于上帝存在的正式论证，以及上帝在他的形而上学中所扮演的角色。这将使我们能够填补体系的更多细节，然后在第六章中回到是否能真正解决反对意见（6）和（7）的问题。

4.5 没有上帝的唯心主义？

尽管有上述所有论点，仍然有人仅仅因为贝克莱的哲学是有神论的而对其持抵触态度。在我们的世俗时代，许多人似乎更愿意相信一个无神的宇宙。当然，我们不应该将我们希望为真的事情与我们有理由相信的事情混淆，但我们也不应该忽视这些顽固的倾向。一方面，它们有时帮助我们更批判地看待我们的假设，另一方面，哲学不仅仅是对我们的理性本性的回应。因此，值得问一下无神论的唯心主义是否可能，结果发现无神论的代价是唯我论。

在 [I] 和 [M] 之间选择的问题是这样设置的，即没有其他选择，但无神论者可能通过否认我们需要补充基本图景来避免 [I] 和 [M]。他可能简单地说，经验的非自愿性和规律性是没有解释的基本事实。

4.5.1 解释的退步

不需要太多反思就可以看到，如果我们通过引用一个事实来解释某个现象，那么解释的事实本身就需要解释。我们所能做的解释是引用另一个事实，而我们已经开始了一个可能是无限的回归。对此回归可以采取各种态度。

一种态度是指出，如果过去是无限的，我们可能会期望有一个无限的解释事实系列。那么，没有一个解释是或曾经是完整的，但这不是一个问题，除非我们假设解释要有用，必须是完整的。即使我们永远不能给出一个完整的解释，也不意味着所有解释的尝试都是无意义的；实际上，一些部分解释比其他的要好，任何部分解释都比没有解释要好。

这是一个完全合理的态度，但它基于两个假设。显而易见的假设是过去是无限的，即每个过去的时刻都有一个更早的时刻。不太明显的是，它还假设所有解释都是通过引用先前的事实（可能是原因）来进行的。但这并不适用于我们寻求的许多解释。例如，为什么太阳从东方升起并在西方落下的一个解释是地球沿南北轴逆时针旋转。这是一个通过引用其他规律来解释规律的小规模例子。它是解释性的，因为地球旋转的事实不仅解释了太阳升起的方向。对越来越基本的物理定律的追求是这种无时间解释的典范。诉诸无限的过去并不能解决我们在这里关于回归的困难。

如果过去是有限的，如果有第一个时间点，那么有些事实是没有解释的。对回归的第二种态度认为它以没有进一步解释的基本事实结束。这些基本事实可能是宇宙在时间开始时的初始条件，或者是最基本的物理定律，或者两者都是。这里的问题是，如果一个现象是通过最终无法解释的东西来解释的，那么似乎根本没有进行任何解释。

第三种态度不是以无法解释的事实而是以自我解释的事实来停止回归。自我解释的确切性质可以讨论，但不难看出它必须是必然存在的，并且要么是无因的，要么是自因的。换句话说，它将非常像上帝。对于那些认为第一种和第二种态度不可接受的人，第三种提供了一个通向上帝存在的熟悉路径。

现在[I]和[M]对如何应对解释的回归都是中立的。[I]中的上帝在物理上是全能的，这意味着他的存在不能用物理术语解释，但这还不足以成为自我解释的。[M]中的物质可能有一个无限的历史，可能是基本的，或者可能由一个自我解释的必然存在来解释。（海拉斯虔诚地选择了第三种选择。）无神论唯物主义最有希望的路径是采取对解释回归的第二种态度，所以我们现在应该探讨如果唯心主义者采取这种态度会发生什么。

4.5.2 假设这就是最好的结果

[M]的支持者很可能会接受，当我们找到最基本的物质定律时，解释的回归就停止了。也许$e=mc^2$这个事实没有进一步的解释：宇宙本可以不同，但事实就是这样。但随后我们可以问，为什么我们需要解释感觉经验的非自愿性和规律性，而不需要解释物理学的基本定律。

这种态度在解释经验中的规律性和模式方面比其来源更有说服力。唯心主义者说，在感觉直觉中我们经验到物理世界，它是它看起来的样子，看起来是它的样子。物理世界的特征是偶然的，如果我们被解释的回归迫使接受某些偶然事实是无法解释的，最好的说法是它们本可以不同但事实并非如此，那么我们不妨接受我们在经验中遇到的模式的基本事实。如果我闭上眼睛然后再睁开，看到的场景几乎没有变化。它可能以各种方式改变，但世界并不是那样的。每次睁开眼睛，我都会看到一些东西（即使只是完全黑暗），每次伸手，我都会感觉到一些东西（即使只是空的空间）。我们正在考虑的建议是，如果我看到或感觉到的东西符合我基于过去经验的期望，那么这只是一个关于世界的偶然事实，我们无法解释。

这并不意味着科学是多余的。我们很快发现经验中的模式是微妙而复杂的，表面上对规律的例外实际上与一些更深的规律一致。描述这些更深的规律可能需要我们谈论经验对象以外的东西，但正如我们在4.3节中看到的，唯心主义者可以而且必须对这种谈话采取工具主义态度。如果我们想解释经验中规律模式的存在，那么我们需要物质或上帝，但如果我们准备接受物理世界的偶然性质作为基本事实，那么无神论的唯心主义看起来很有希望。

我们剩下的就是经验的非自愿性。这里的等效态度是我们不能控制我们的感觉经验，因为当我们感知时，我们只是感知到存在的东西。感知是一种关系，我们只能与存在的东西建立这种关系。这里唯心主义者的困难在于，存在的东西，即感觉事物，是依赖于心灵的，它们必然被感知。所以感知不是一种与本来就存在的东西的关系，而是存在的东西在感知的那一刻出现，但它的被感知并不导致它的存在。如果我们接受这一点作为基本事实，我们将接受"复杂的外观群体反复出现，令人惊讶地类似于之前消失的群体"（Mackie，《Problem》[①]，65）。如果感觉事物确实反复出现和消失，那么接受它们不随机地出现作为无法解释的事实与接受物质中的规律性没有什么不同。真正的问题在于，我们并不觉得持续存在需要解释，但我们确实希望能够解释事物的存在。对无神论倾向的唯心主义者来说，最好的做法是简单地拒绝这种直觉：物质的连续存在和感觉事物的出现同样需要或不需要解释。

有趣的是，贝克莱似乎遵循了笛卡尔、马勒朗士和其他"学者

---

① Mackie, J. L. (1976). Problems from Locke. Oxford [Eng.]: Clarendon Press.

们"（PHK 46）的观点，认为持续存在和创造一样需要（或不需要）解释（见给约翰逊的第一封信，第3段，在第五章中讨论）。

4.5.3 唯我论

通过简单地否认4.4.2节中讨论的现象需要任何解释，一个人可以成为无神论的唯心主义者。当然，没有上帝，唯心主义者无法用上帝的感知或意图来解释我们未感知到的存在。这种态度似乎也会导致某种形式的唯我论，因为如果我们否认需要将自然事件解释为另一种（无限的）精神的行为，那么将人类行为解释为另一种（有限的）精神的行为也是没有根据的。

无神论者避免这种唯我论的唯一方法是争辩说，我们将经验中的某些部分归类为人类行为，它们具有一种特殊的性质，使它们区别于自然世界，并允许我们推断它们是行为，而无须我们将每个事件都视为行为。很难看出这可能是什么，因为即使是反因果的自由意志也不能解决问题。假设发现人类行为违反了物理定律。虽然很有诱惑力地解释为人类行为是由自由代理人的意志引起的，但我们同样可以说，事实证明物理定律存在局部例外，这是关于物质世界性质的一个偶然但最终无法解释的事实。要找到代理性，我们必须诉诸类比论证：根据我自己的情况，我知道一些物理定律的例外是由我的意志引起的，所以我可以合理地假设其他人有相同的解释。如果这是一个归纳论证，它是非常薄弱的，因为它是从单一案例中得出的概括；如果它被认为是对最佳解释的推论，那么它不会吸引那些在引入物质或上帝时已经拒绝这种论证的唯心主义者。

4.6 结论

贝克莱反对物质存在的主要前提是他的唯心主义，即感觉直觉的对象是依赖于心灵的。物质主义对感觉经验的解释非常诱人，但当我们仔细审视它们时，它们并不是很好的解释。或者更准确地说，与贝克莱用比我们更强大的心灵来解释相比，它们在某些形式标准上并不是很好。在辩论的这一点上，我们达到了分歧点。有些人认为提出一个更高智慧的假设是解释性的，而另一些人则看不到它如何能解释任何事情。后者是那些认为人类心灵的运作深奥且需要解释的人。如果一个心灵如何能够对物质世界产生影响是神秘的，那么假设上帝将无助于解释我们的感觉经验。因为一方面，任何围绕心灵作用于世界的神秘感也会围绕物质引起心灵经验的能力（DHP2 210），另一方面，"物质是事物的原因"本身也没有被很好地理解。如果我们拒绝接受心理主义解释，那么我们可能不得不接受对我们感官经验完全没有解释的可能性。贝克莱立场的深远吸引力在于，它将我们自己的行为的可理解性（这是我们很少质疑的东西）视为给定的，然后展示了我们如何可以用它作为模型来解释我们的感觉直觉。通过这样做，他避免了接受我们经验只是其影子的物质世界存在的压力，而他认为这种主张不可避免地导致某种形式的怀疑论。而且他同样但分别地论证了我们没有理由相信存在物质实体或物质实体中固有的感觉性质。

附录：所谓的"主论证"

贝克莱哲学的学生经常花费大量时间和智力精力在 DHPI 200 和 PHK 22-3 中出现的论证上，即无法构想一个未被构想的树木。自从 Andre Gallois 发表了一篇著名论文，这一直被称为"主论证"。所有这些关注的原因是：(a) 争论的赌注很高，因为贝克莱说"我愿意将一切都放在这个问题上"，以及 (b) 这个论证似乎显然是错误的，但很难找到确切的错误之处。

首先要注意的是，贝克莱只曾明确支持单一条件句，涉及可构想性和他的唯心主义：

如果你能想象任何质量的混合或组合，或任何感觉对象，无论是

贝克莱的世界：关于三次对话的考察
Berkeley's World: An Examination of the Three Dialogues

什么，可以在没有心灵的情况下存在，那么我将承认它实际上是这样。（DHPI 200）

如果你能设想一个延展的可移动的物质，或一般来说，任何一个观念或类似观念的东西，可以在不被感知的情况下存在，我将乐意放弃这个原因。（PHK 22）

"主论证"旨在表明这个条件句的前提是错误的，因此对结论没有任何影响。按照文本中的意思，它不是唯心主义的论证，而是对反对意见的回复。贝克莱可能确实认为不可构想的东西是不可能的，因此证明感觉事物在没有心灵的情况下存在的不可构想性足以证明其不可能性，但他选择从未在印刷品中做出这种推论，始终选择以不同的方式论证他的唯心主义。因此，如果这是他的主论证，它也将是他的秘密或隐藏的论证。此外，该论证只旨在表明人们无法构想感觉事物在没有心灵的情况下存在，因此与认为物质是不可感知的物质主义形式无关。反对这种形式的物质主义的论证保留在《第二次对话》中。

然而，风险仍然很高，因为如果前提为真，那么贝克莱的唯心主义就如同他自己说的那样，被证明是错误的。要理解为什么贝克莱认为这个论证如此有说服力，我们必须从一个小的澄清开始。他所声称无法做到的是构想一个感觉事物，即一个观念或一组观念或其中的一部分，处于"没有心灵"的状态，并且通过这个短语，他必须意味着一个观念（或一组观念）不在心灵中，不被感知、想象、梦见、渴望、意愿或害怕，或以任何其他方式与心灵相关。如果这被认为是论证未被感知事物的不可构想性，那么感知必须被视为涵盖的不仅仅是感觉经验。特别是，一个被想象或构想的观念在相关意义上是被感知的。

有时有人声称，贝克莱的论证只是将构想和感知混为一谈。正如

122

我们将看到的，贝克莱的论证确实涉及一个非常类似于他的感觉直觉概念的构想概念，但如果他的论证涉及认为被构想或想象的观念是通过感觉感知的这一主张，他将是极其不一致的（见 Pappas, Berkeley's Thought, 135）[①]。感知是非自愿的，想象和构想是自愿的。因此，任何被想象的观念都在我的自愿控制之下，并且根据定义不是通过感觉感知的。因此，无论他的论证可能有什么问题，它都不是说构想某物总是涉及通过感觉感知它的错误。相反，在最广泛的理解中，构想某物涉及将观念放在心灵之前，因此是感知的一个种类。

臭名昭著的论证如下（DHPI 200）：

菲洛诺斯：你说什么，海拉斯，你能看到一个同时看不见的东西吗？

海拉斯：不，那是一个矛盾。

菲洛诺斯：谈论构想一个未被构想的东西，不也是一个矛盾吗？

海拉斯：是的。

菲洛诺斯：因此，你所想的树或房子是你构想的。

海拉斯：怎么会不是呢？

菲洛诺斯：被构想的东西，肯定是在心灵中的。

对此的一个直接担忧是，与"看"的类比是一个诡辩。"看"是一个成功动词：根据定义，你不能看到不存在的东西，但你肯定可以似乎看到不存在的东西。所以假设我有一个幻觉，似乎看到我的狗，而我的狗实际上在当时是独自一人且未被看到的。那么我似乎看到了一个未被看到的东西。由于我可以同样构想一些不真实的东西，例如现在是晴天，正确的类比显然是与似乎看到，而不是与看到。

[①] Pappas, George Sotiros (2000). Berkeley's thought. Ithaca, N.Y.: Cornell University Press.

贝克莱的世界：关于三次对话的考察
Berkeley's World : An Examination of the Three Dialogues

不幸的是，这种看似合理的推理忽略了贝克莱提出论点的哲学背景。特别是，它忽略了贝克莱认为感觉经验的内容，即事物在我们眼中如何呈现，完全由该经验的对象决定，即我们所经验到的东西。正如我在第三章中所论证的，他认为这是对感知的显而易见的、默认的理解，任何偏离这种理解的情况都需要证明。所以，看见某物为红色就是看见某物是红色的。除了看见某物是红色的或品尝某物是甜之外，没有其他方式可以看见某物为红色或品尝某物为甜。此外，如果你所看见的东西，即对象，是红色的，那么你就会看见它是红色的（尽管你可能对它的颜色几乎不加注意）；如果它是甜的，那么你就会品尝到它是甜的。因此，如果我似乎看见我的狗，那么确实有一只狗，或者更确切地说，是一组狗的性质，我确实看见了。我的错误在于将这些性质视为属于我的狗的集合的一部分，这是判断上的错误，而不是感知上的错误。所以，如果有人想说他们似乎看见了（而不是判断他们看见了）某个未被看见的东西，那么他们必须拒绝贝克莱关于感知的所有说法。

让我们承认贝克莱在感觉经验中所感知的对象完全决定了经验的内容以及它是如何被感知的。然后我们可以定义一个概念，称之为直接概念（d-conceiving），其平行论点为真：直接概念的内容完全由被直接概念的对象（即观念）的属性决定。如果一个人要直接概念某个红色的东西，那么他必须在脑海中有一个红色的观念，对其他任何属性也是如此。因此，如果一个人要直接概念一个"不在心中"或未被感知的对象，那么他在直接概念行为中脑海中的观念必须具有"在心外"或未被感知的属性。一个人不能感知一个未被感知的观念，因此一个人不能直接概念存在于心外的东西。如果所有的概念都是直接概念，那么贝克莱的论点是成立的。

还有许多概念和思想不是直接概念，即概念化某种情况。概念化的内容并不完全由一个人脑海中的观念决定（see Williams, 'Imagination and the Self)①。所以贝克莱的论点显然在一般情况下是失败的，因为我们可以轻松地概念化存在于心外的东西？对此贝克莱的回答应该是"否和是"。我们不能概念化一个未被感知的观念，因为那是一个简单的矛盾。但我们可以概念化一个未被感知的物理对象，因为那只是常识性地相信我书房里的桌子在我离开房间时继续存在。根据贝克莱的形而上学的一个解释，桌子在我离开房间时仅因上帝感知它而存在。在第五章中，我论证了赋予上帝这个角色的许多问题，但如果这个角色能够奏效，那么贝克莱就有动机论证一个人不能概念化桌子在未被任何心灵感知时继续存在。我在那一章中指出的一个主要问题是，对于贝克莱来说，真实存在的标准是感知，即使上帝感知桌子，他也不是通过感觉感知的。在第八章中，我给出了一个物理对象的概念主义解释，使贝克莱能够坚持桌子在我们未感知时继续存在，而不必承认它在那些间隔期间被上帝感知。简单来说，这个观点是，我们对桌子的概念允许它在某些条件下存在，即使它的组成观念不存在。如果这是正确的，那么贝克莱不想否认我们可以概念化桌子在未被任何心灵感知时存在。因此，这个论点根本没有涉及这一点。

我们可以看到，贝克莱所谓的主论证根本不是那样的。这仅仅是对一个反对意见的回应。贝克莱准备承认，如果这个反对意见成立，它将对他具有决定性的反驳，所以风险很高。他想到的反对意见是我们可以直接概念化一个存在于心外的感性事物，即未被感知的事物。他是对的，这样的直接概念是不可能的。概念化一个未被感知的观念显然是不可能的，根本不值得讨论。那么，概念化一个未被任何心灵感知的物理对象呢？根据我对贝克莱的解释，他应该允许这种概念化是可能的，但根据其他解读，他不应该。这一问题取决于上帝在贝克莱世界中的角色细节，这是他在《原则》中几乎没有讨论过的主题，

---

① Imagination and the Sel.

直到《第二次对话》中他证明上帝的存在时才有所触及。简而言之，如果我们寻找贝克莱哲学中持久的兴趣点，我们不会在"主论证"中找到它们，如果我们想证明他是错的，我们最好在别处寻找。

第三部分

第五章 上帝：因果关系与依赖性

5.1 谜题

本章讨论的是将上帝引入贝克莱形而上学所产生的一个谜题。虽然贝克莱肯定支持上一章讨论的最佳解释推论（IBE），但这并不是他证明上帝存在的官方论证。我们在以下文本中找到了他的官方论证总结（DHP3 240）：

从我看到的效果，我得出结论，有行为；因为有行为，有意志；因为有意志，必定有一个意志。再者，我感知到的事物必须在我的心灵之外存在，它们或它们的原型，但作为观念，它们或它们的原型只能存在于理解中：因此，必定有一个理解。

这里似乎有两个论证，因为"再者"的使用表明菲洛诺斯在用两种不同的方式证明相同的结论。第一个是一个因果论证，其主要前提是所有因果关系都是有意图的行为。这比IBE更强，但效果相似：上帝的角色是让我们产生感觉直觉。第二个论证基于感觉直觉对象独立于我心灵存在的前提。这个独立论证将维持或支持可感知事物的角色赋予上帝，而不是我们。

正是第二个论证制造了这个谜题，尽管依赖于上帝的感知，但它似乎让贝克莱认为可感知事物独立于我们的感知存在。相比之下，《第一次对话》的主要论证指向可感知事物依赖于我们的感知。

这一点需要一些辩护，因为菲洛诺斯从未说过它们依赖于我们的感知，而只是依赖于某个心灵的感知。例如，在DHP2 212中他说：

贝克莱的世界：关于三次对话的考察
Berkeley's World: An Examination of the Three Dialogues

对我而言，很明显，基于你认可的理由，可感知事物只能存在于心灵或精神中。

所以有人可能会争辩说，只有海拉斯承诺了与上帝存在论证相冲突的主张。在菲洛诺斯陈述贝克莱《第一次对话》的结论并继续为上帝存在辩护的唯一一点上，他避免说他感知到的可感知事物依赖于他的感知。所以也许贝克莱没有谜题：我们感知到的事物独立于我们，但依赖于上帝。

虽然文本支持这种解释，但论证的逻辑却不支持。在刚才引用的段落中，菲洛诺斯接受了海拉斯认可的心灵依赖性。所以他所说的一件事是，他接受至少一些海拉斯从《第一次对话》中得出的结论。因此，研究贝克莱立场的最佳方式是仔细查看那些论证究竟应该得出什么结论。在第三章中，我将结论描述为可感知事物的心灵依赖性。现在我们需要问：依赖于哪个心灵？

《第一次对话》中有两个主要论证，即同化论证和冲突外观论证。根据前者，如果非常大的热量是一种痛苦，那么我感受到的热量依赖于我的感知，正如我感受到的痛苦依赖于我的感知一样。我的直觉是，如果我不感受到这种痛苦，这种痛苦就无法存在，另一个人感受到的痛苦，即使非常相似，也会是不同的痛苦。因此，热量也依赖于我的感知。这种直觉并不具有决定性，因为有些人不同意。真正需要的是理论基础，将感觉和可感知的性质相对化到主体，而这是由冲突外观论证提供的。假设我感知到的可感知性质必然被上帝感知，但只是偶然地被我感知。我感知到著名例子中的水既热又冷。如果这种热和冷只是偶然地被我感知，那么（假设 SMP）独立于我存在一些同时热和冷的水。但同时热和冷的水是不可能的，所以即使是上帝也无法创造它。直截了当地说，上帝的观念不能包含矛盾。假设相反，我感知到的可感知性质必然被我感知。那么上帝创造的不是不可能的，因为他使我同时感受到水的热和冷。他创造的性质是对我而言现在的热和对我而言现在的冷，这些性质相对于我，必然被我感知。

《第一次对话》的论证确实得出了可感知性质不仅依赖于某个心灵，而且依赖于作为经验主体的心灵的结论。然而在《第二次对话》中，当为上帝的存在辩护时，菲洛诺斯不断强调，可感知性质不依赖于感知它们的我们。所以这里存在一个谜题。

有两个常见的解决这个谜题的路径。一个是说第二个独立论证与贝克莱的真实立场无关。支持这种解释的理由是，只有因果论证出现在《原理》中。此外，有人声称第二个论证包含了一个从因果独立到其他形式独立的不正当滑动。然而，反对这种解释的理由是，有许多关于可感知事物独立性的引用似乎与因果关系无关。

第二个解决谜题的路径是否认《第一次对话》论证的重要性。在这样做时，有人可能会说，贝克莱对可感知事物的表面现实主义让他没有一个像样的论证来证明它们的心灵依赖性，或者说他对心灵依赖性的真正论证不是基于《第一次对话》的感知考虑，而是基于对抽象和可想象性的思考。支持贝克莱实际上没有心灵依赖性论证的说法，我们可以再次查看《原理》，它以"人类知识的对象是观念"这一主张开篇，这意味着心灵依赖性。支持贝克莱的论证不是基于感知相对性而是基于可想象性的说法，我们可以再次查看《原理》，它有一个关于抽象的长篇介绍，并包含几处关于唯物主义与对可想象性的错误理解之间关系的明显引用。反对这种解释的理由在上一章中已经讨论过。我在2.2节中讨论了我们是否应该将贝克莱（而不是菲洛诺斯）视为承诺《第一次对话》论证的有效性。

这些解决谜题的方法的显著特点是将《原理》视为主要文本，而《三次对话》可能是贝克莱将目标走向大众的副产品。解决谜题的第二个路径甚至认为《第一次对话》的论证完全是诡辩。在诉诸这种解释之前,我们应该探索《三次对话》是否是更成熟的作品,尽管在学说内容上没有不同,但可能包含《原理》中缺失的深刻见解。我们将看到,在《三次对话》中,贝克莱运用两种类型的依赖:感知依赖和本体论依赖。这一区分为其提供了一个全新的关于上帝存在的论证。要揭示贝克莱思想的这一方面,我们需要解决以下问题:

1. 我们的感知是否以某种方式依赖于上帝,而不仅仅是由上帝引起的?

2. 上帝引起的可感知事物是否也依赖于被有限精神感知?

3. 可感知事物与物质事物有何不同,如果它们存在的话,它们同样是由上帝引起的?

5.2 因果关系

上帝存在的因果论证的核心是从"我不是通过感觉感知到的观念的原因"推论到"某个其他心灵是我感觉直觉的原因"。我们通过对比感觉直觉与想象(我自己是想象的原因)来知道这个前提是真实的。贝克莱通过使用一个大前提来进行推论,即只有心灵能够引起任何事物。他持有这个观点的理由并不明确,因为这似乎是希拉斯(海拉斯)因一种错误的虔诚感而过早屈服的问题之一。此外,约翰·斯图尔特·密尔(John Stuart Mill)[①]的一篇有影响力的文章也使这一问题更加复杂。密尔的文章认为贝克莱"清楚地认识到这一基本真理……即我们对物理现象所能观察到的只是它们的共存、继起和相似性",但批评他没有扩展这一见解:

在休谟之前,没有人敢于认为这种由意志引发的有效因果关系的

---

① Mill J.S. Berkeley's Life and Writing. Collected works of John Stuart Mill. Collected works of John Stuart Mill: in 33 vol.-Vol. XI (Essays on Philosophy and the Classics). ed. J.M. Robson.-Toronto: University of Toronto Press, Routledge & Kegan Paul. -1979."

所谓经验和贝克莱所揭示的任何幻觉一样虚幻。('Berkeley's Life and Writings, 462)

密尔（Mill）的观点似乎是，贝克莱像休谟一样，没有察觉到感觉直觉对象之间的任何因果关系，但与休谟不同的是，他声称观察到心灵与其行为之间的因果效力。除了忽略马勒伯朗士（Malebranche）认为既非物体也非有限灵魂是真正的原因（Dialogues vii），这也对贝克莱不公，因为假设他会同意休谟关于理性不能辨别因果力的观点。贝克莱的哲学融合了经验主义和理性主义的元素，而这正是他不认同的经验主义元素之一。休谟的论点大致是，因果关系是偶然的，因此不可能先验地知道A会引起B（Treatise, I. iii. 3—6）。只有当我们拒绝A具有特定因果力是先验的这一思想时，关于因果力不可观察的观点才是相关的。与休谟不同，贝克莱从不诉诸因果力是否可观察，但仍然认为观念的无效力是显而易见的，这表明他确实认为这是一个先验的问题。贝克莱同意所有物理对象之间的关系是偶然的，观念之间没有可观察的因果效力。然而，他不接受更一般的观点，即如果存在因果关系，它们都是偶然的。相反，他似乎与马勒伯朗士站在同一立场，认为因果关系（如果存在的话）是必要的。贝克莱不同意马勒伯朗士和休谟的观点，因为他认为意志和行为之间的关系不是偶然的。休谟试图说服我们，单独考虑一个原因，并不能预测其效果：我们必须等待并观察面包是否有营养，一个台球是否会弹开另一个或粘在一起，等等。这在心灵或灵魂方面不太可信，因为心灵通过意愿使某事发生。如果我形成了打一个"p"的意愿，那么我们不必等待并观察其效果是什么。我们先验地知道，在某些使能条件下，其效果将是我打出一个"p"。休谟对理性辨别因果效力的所有攻击都针对物理世界，因此未能解决贝克莱对精神因果效力的理解。一旦我们意识到这一点，我们是否有对自己因果力的内省观察就变得无关紧要了。

133

贝克莱的世界：关于三次对话的考察
Berkeley's World: An Examination of the Three Dialogues

马勒伯朗士认为人类意志与随后的行为之间的联系是偶然的，因为它可能会失败。如果上帝意愿某事，它必然会发生，但如果我意愿某事，它可能不会发生。马勒伯朗士要求一个原因在逻辑上对其效果是充分的，而休谟认为没有任何逻辑联系。贝克莱采取了中间立场，认为一个原因对其效果是充分的，条件是没有其他更强的原因介入阻止该行为。如果要有精神因果关系，一个意愿必须对一个行为是充分的，只要没有其他更强的原因介入阻止该行为。

因此，根据贝克莱的观点，不是物理力量的不可观察性反对物理因果关系，而是所有物理关系的偶然性；也不是精神力量的可观察性支持心灵的因果效力，而是意愿与行为之间的非偶然关系。

虽然贝克莱在这里确实有一个观点，但实际上并没有得到他想要的结论。确实，一个人的意图或意愿与其行为之间的关系不是偶然的，因为意图使行为合理化，使其可理解；但要得出只有心灵具有因果效力的结论，贝克莱需要假设这种合理化或可理解性使意愿对行为是充分的，条件是没有其他干扰情况。证明意愿或意图充分性的一个有力证据是我们可以根据某人的思想和意图来预测其行为，并且看起来我们确实经常这样做且成功率很高。例如，如果A打算在午餐时见B，并且A知道B在下午1点去三明治吧，那么我们可以安全地预测A将在下午1点去三明治吧。在做出这种预测时，我们依赖于一个普遍的论题，即人们通常会做他们打算做的事情。贝克莱的因果关系理论的关键是这不是偶然的。通常的论证是，在没有干扰的情况下，如果有人未能做他们显然打算做的事情，我们会否认他们最初有这个意图。如果有人说他们打算立即戒烟，然后两分钟后点燃一支香烟，我们会在其他条件相同的情况下否认他们最初有这个意图。由于贝克莱承认我们并不总是成功地形成我们试图形成的意愿（6.1章节），他可能愿意为这一主张辩护。

在稍后的作品《论运动》中，贝克莱暗示了一个不同的理由，认为所有因果关系都是某个心灵的行为。这个论证的前提是令人放心的经验性牛顿原理,即作用与反作用总是相等且相反的。这个原理现在被称为牛顿第三定律,似乎承认物理对象中的因果代理,但贝克莱建议,正确理解它,结果正好相反:

> 至于我,我会满足于暗示那个原理可以用另一种方式来表达。因为如果考虑到事物的真实本质,而不是抽象的数学,那么说在引力或碰撞中,物体的被动性,而不是它们的主动性,在两边是相等的,这样会显得更正确。例如,被绳子绑住的石头被马拉向马的方向,就像马被拉向石头的方向一样;因为运动中的物体撞击静止物体时,所受的变化与静止物体相同……而这种变化在两边……只是被动的。没有证据表明确实存在真正引起这种效果的力量、效能或物体行为。(De Motu, 70)

在牛顿力学中,变化是由碰撞或引力引起的。当一个物体撞击另一个物体时,保持质量不变,两个物体的运动程度和方向都发生变化。这些变化完全成比例。牛顿和托里拆利(Torricelli)在是否存在从一个物体到另一个物体的力的转移,或者一个物体中的力被破坏,另一个物体中产生新的力上存在分歧,但贝克莱明智地指出,这两种理论在经验上是等价的(De Motu, 67)。在我们对引力等吸引力的正常经验中,两个相互作用物体(我的身体和地球)之间的质量差异通常大到掩盖了"相等且相反的反应"。看起来我的身体被地球吸引,而不是地球被我吸引。没有实际方法阻止我移动,这是证明地球被我吸引所必需的。然而,在牛顿力学中,惯性系的选择纯粹是务实的,因此如果我们将我的身体(或其重心)视为静止的,我们可以看到地球被引力吸引向我。

因此,每当两个物理对象以某种方式相互作用以引起其中一个变化时，另一个也会发生同样的变化。因此，任何物理变化关系，例如碰撞或引力，都是对称的。这是论证的经验前提。接下来，贝克莱声称"双方的变化只是被动的"。这里的思想是，因果关系或因果代理并不是对称的，如果A作用于B，并不意味着B也作用于A。如果我们接受这个先验前提，我们可以从牛顿定律有效地得出物理对象实际上并不相互产生因果影响。

贝克莱当然是对的，学习牛顿第三定律对大多数人来说确实有些令人惊讶。但稍加反思就会发现它是合理的：如果一个台球击中另一个，第一个不会像什么都没发生一样继续；铁棒会被磁铁吸引，除非我们把铁棒固定住，在这种情况下磁铁会被拉向铁棒；当热物体和冷物体接触时，热物体会冷却，冷物体会变热，等等。我们很容易被这些例子说服，因此，当A引起B的变化时，A从不因此发生变化，这一概念不可能是我们因果关系概念的一部分。

然而，贝克莱只需要一个较弱的主张，因为牛顿原理总有一个相等且相反的反应。日常例子并不能证明这一普遍性或相等性。第三定律是偶然的，因此问题在于我们的因果关系概念是否允许相等且相反的反应。在这里，贝克莱有一个观点：因果关系并不是完全对称的。

贝克莱的隐含提议是，理解因果关系与效果之间不对称性的唯一方法是效果比原因变化更多。但还有两个替代方案：原因先于效果，或者效果依赖于原因，但反之不成立。

通过时间顺序区分原因与效果意味着逆向因果关系和时间旅行在逻辑上是不可能的。这表明了贝克莱防御的一条思路，尽管我们几乎无法想象贝克莱会追求这一点。这个提议也排除了同时因果关系。然而，在牛顿力学中，刚性杆的概念，如完美非弹性，是一致的，并且利用刚性杆，我们可以轻松构造同时发生的因果关系的例子。最后，我们需要问什么决定了时间顺序。贝克莱认为是主观的经验顺序。如果这是正确的，我们可以轻松构建反例来反驳所谓的物理原因总是先

136

于所谓的物理效果的主张。这个提议的支持者也不能通过因果顺序来确定时间顺序。

通过反事实依赖来区分原因与效果的提议也存在困难。首先,反事实"如果没有发生原因,效果就不会发生"只有在我们保持自然法则和初始条件不变的情况下才为真。但这样一来,相反的反事实也是成立的。例如,通过按下按钮接通电流来打开电灯。根据这些法则和初始条件,如果没有接通电流,灯就不会亮。但根据这些法则和初始条件,我们可以从灯亮了推导出电流已经接通,因此反事实关系在另一方向上也成立:如果灯没有亮,那么电流就没有接通。

因此,虽然贝克莱关于因果关系的主要论点基于强原则,即所有原因必须导致其效果(其他条件相同),但他还有一个基于牛顿物理学的论点,只需要因果关系是不对称的原则。这个论点的结论是,如果牛顿力学是正确的,那么就没有物理因果关系。进一步的结论是,灵魂确实具有因果力,这需要额外的一步。要迈出这一步,我们需要证明牛顿第三定律不适用于心灵的活动。这在想象力方面有一定的合理性,因为它赋予心灵一定的效力,但在行动方面可能较少。

上帝存在的因果论证需要贝克莱对因果关系的性质进行大量工作。令人惊讶的是,他对只有灵魂具有因果力的强主张几乎没有进行辩护,因为他最关心反驳的哲学家要么认为除了灵魂之外的事物也具有因果力(笛卡尔和洛克),要么认为灵魂没有因果力(马勒伯朗士)。而常识似乎站在笛卡尔和洛克一边。

5.3 独立性

除了因果论证,我们还看到贝克莱有第二个证明。在《第二次对话》和《第三次对话》的几段中,菲洛诺斯陈述或总结了他对上帝存在的论证,而没有提到因果论证的关键前提,即只有心灵是主动的,能够引起任何事物(DHP2 212, 212—213, 214;DHP3 230, 240)。这个论证的第一次陈述也是第一次为上帝存在的论证（DHP2 212）：

> 菲洛诺斯：对我来说，根据你认可的理由，显而易见的是，可感事物只能存在于心灵或精神中。因此我得出结论，不是说它们没有真实存在，而是因为它们不依赖于我的思想，并且存在于被我感知之外，必定有某个其他心灵使它们存在。

这里表达的论证是：
1. 可感事物是心灵依赖的。（前提）
2. 可感事物不依赖于我的思想。（前提）
3. 可感事物的存在与被我感知是不同的。（从 [2] 得出）
4. 它们依赖于某个其他心灵。（从 [1] 和 [3] 得出）

我认为 [2] 是感知是非自愿的主张。我们面临的难题是如何解释 [3]，既能推出 [4]，又能与《第一次对话》的主张相一致，即被我感知的感性性质必然被我感知。

首先要指出的是，[3] 并不是模态主张，即我实际感知到的质量可以在我不感知它们的情况下存在。它可能蕴含这一模态主张，但本身不是这样的主张，因为不清楚如何在不最终诉诸物质或上帝的情况下证明这一模态主张。感知的非自愿性本身并不能证明模态独立。从我无法控制我感知到的内容到其模态独立的转变，假设决定我能感知到什么的东西独立于我是否能够感知它。这在物质导致我们感知的情况下是正确的，因为物质主义的一个深层特征是物质的存在和性质与是否被感知无关，但如果是上帝导致它们，则不然，至少不是基督教的有兴趣的、个人化的上帝。如果一个无限的灵魂可以完全无视其行为的效果来引起我们的感知，这是可以想象的，但这几乎不是贝克莱在论证上帝存在时想要做的假设。

贝克莱可能用来主张模态独立的一个不带有预设立场的理由是，

当我停止感知某物时,有时其他人会继续感知它。但这混淆了物理事物(它们无疑是独立于我的)与构成它们的感性性质。其他人继续感知与我相同的对象,例如一棵树,并不意味着当我感知这棵树时我所感知的感性性质具有持续存在性。即使如贝克莱所想,树是由感性性质组成的,即使它的一些组成部分不再存在,它也可以继续存在。因此,[3] 不是一个模态主张。

然而,很明显,贝克莱认为他的区别主张 [3] 是从 [2] 推导出来的,因为至少在另外两个地方,论证的形式完全相同(DHP2 214; DHP3 230):

> 这些由我感知的观念或事物,无论是它们自身还是它们的原型,显然都是独立于我的心灵存在的,因为我知道自己不是它们的创造者……
>
> ……显然它们在我的心灵之外存在,因为我通过经验发现它们是独立于我的心灵的。

这些推论预设了效果在某种程度上并不完全独立于其原因。有时这被描述为从因果关系推导出因果依赖,但谈论因果依赖有点误导,因为我们所能理解的因果依赖只是因果关系。因果关系是一个过程,可能需要时间,但不像依赖状态那样持续存在,一旦过程结束,原因可以停止存在而不改变原因与效果之间的关系。因此,贝克莱的思想是,可感事物不仅由原因引起,而且在某种其他方式上依赖于其原因,并且这种依赖贯穿其存在的整个过程。我们可以说,它们不仅被创造出来,还需要维持。

这种思想对我们来说很奇怪,因为我们倾向于认为大多数物理事物是自足的,一旦被引起存在,它们就拥有自己的生命。我们唯一的当代模型是生物学或心理学的依赖形式,而这两种依赖形式似乎都不

贝克莱的世界：关于三次对话的考察
Berkeley's World : An Examination of the Three Dialogues

是因果关系的简单结果，并且在这两种情况下，依赖的都不是单纯的物理存在，而是生命或健康。然而，在贝克莱的哲学前辈中，因果关系（即事物的创造）也涉及依赖关系是很普遍的。我们在笛卡尔的《哲学原理》第一部分（§51）中找到了这一思想的明确表述：

> 我们对实体的理解只能是指一种存在方式不依赖于其他事物的东西。而唯一可以理解为完全不依赖于任何其他事物的实体是上帝。对于所有其他实体，我们认为它们只能在上帝的帮助下存在……对于被创造的事物，有些事物的性质是它们不能没有其他事物而存在，而有些事物只需要上帝的一般协助即可存在。

这里的思想是，只有上帝完全符合实体的定义，因为只有上帝是自因的。被引起存在、偶然存在就是成为一个依赖的存在。贝克莱只是将这种思想从实体扩展到感性性质或观念，这对贝克莱来说并不是一个特别显著的举动，因为他认为感性性质是具体的。让我们称被创造的事物对其创造者的依赖为本体论依赖，以区别于上述讨论的模态依赖。从 [2] 到 [3] 的过渡是从被创造性到本体论依赖的反面。

因此，想象的自愿观念与感觉的非自愿观念之间的对比给了我们两种思想，每种思想都引导贝克莱走向上帝。一方面，感觉的观念需要一个原因，这个原因必须是另一个心灵；另一方面，由于它们有一个与我不同的原因，它们必须在本体上依赖于与我不同的东西，从而与想象的观念不同。

第二个论点可以总结如下：在经验中，我们意识到某些项目（观念）是本体上的依赖者（不是自我创造的），但不依赖于我，因此存在某种它们依赖的其他东西。既然我们谈论的是观念，这些观念是依赖于心灵的，它们唯一可能依赖的东西就是一个心灵。更精确地说，我们可以看到独立性论证具有以下结构，这在其众多陈述中没有一个完美展现，但在DHP2 214—215中最佳地呈现出来了：

1.可感事物依赖于心灵／只能存在于心灵中。（前提）

2.可感事物是本体上依赖的实体。（假设）

3.我的感觉观念不同于我的想象观念，不在本体上依赖于我／不依赖于我的思想。（前提）

4.我的感觉观念在本体上依赖于除我之外的某物。（从［2］和［3］推出）

5.我的感觉观念依赖于另一个心灵。（从［1］和［4］推出）

6.并非所有观念都依赖于有限的心灵。（前提）

7.存在一个无限的心灵，感觉的观念（部分或全部）依赖于它。（从［5］和［6］推出）

8.上帝存在。（从［7］推出）

我们应该质疑这个论证中的三个点：假设［2］，推论到［5］，以及推论到［8］。针对［2］，我们应该问那些偶然存在的事物，例如感性性质，是否需要在本体上依赖于任何东西。是否只有必然存在的东西不预设其他东西的存在？针对推论到［5］，我们应该质疑在第一次对话中建立的可感事物的心灵依赖性是否足以表明它们只能在本体上依赖于心灵。也许可感事物在某些方面依赖于心灵，但在其他方面不依赖；具体来说，也许它们在本体上依赖于物质。针对推论到［8］，我们应该质疑贝克莱是否已经确立了唯一性，更不用说其他神学性质了。

偶然存在的事物是依赖存在的这一假设是贝克莱的论证和无数其他上帝存在证明的共同点。休谟通常被认为是第一个挑战这一假设的人，他认为并不是所有事物都有原因这一点是必然的真理。然而，这可能是一个偶然的真理，因此我们应该质疑的不是我们的感知有原因的假设，而是它们在有外部原因时以某种方式依赖于那个原因的假设。谈论因果依赖给我们一种我们理解这一主张的印象，但所涉及的

贝克莱的世界：关于三次对话的考察
Berkeley's World: An Examination of the Three Dialogues

依赖不仅仅是因果关系。正如我已经指出的，因果关系是一个过程，可能需要时间，但依赖是一种状态。当然，所有事物在反事实意义上依赖于其原因，但这并没有增加它有原因这一思想。然而，本体依赖显然也不同于感知或经验依赖，正如痛苦的例子所表明的。我认为，痛苦在感知上依赖于其主体：如果没有人感到痛苦，就不可能有痛苦，虽然上帝知道我们的痛苦，但他并不感受它们，因为那将是一种缺陷（DHP3 240—241）。因此，上帝知道痛苦，甚至自愿感知痛苦，并不足以使痛苦存在。然而，痛苦不是由我们自己引起的（除非间接地），因此根据上述论证，它们不能在本体上依赖于我们。如果它们在本体上依赖于任何东西，那一定是上帝。痛苦的例子表明，感知依赖不足以构成本体依赖，鉴于后者可以从因果关系中推断出来。然而，它可能是必要的，这可以解释贝克莱提到我们感知的观念"存在于"上帝的心灵中这一短语，他也用这个短语来表示"被感知"。在DHP2 212中，他似乎在解释论证时暗示上帝必须感知所有事物：可感事物确实存在。如果它们确实存在，它们必然被一个无限的心灵感知。因此存在一个无限的心灵或上帝。

然而，我们将在下文看到，这一建议存在严重问题，因此最好将这一段理解为广义上使用"感知"一词，包括"知道"。上帝知道我们的经验，看起来是这些经验由他引起的一个相当无争议的结果。鉴于本体依赖既不是因果关系也不是感知依赖，尚不清楚本体依赖到底是什么。问题在于，世俗化的21世纪概念体系中没有本体依赖的位置。在这种情况下，与上帝存在之间有联系也就不足为奇了，但这种联系不会构成一个有说服力的上帝存在论证。我们需要一个理由来接受一个允许本体依赖的概念体系，但目前没有给出这样的理由。我认为，这相当准确地找出了许多贝克莱当代读者普遍认为他把上帝存在视为理所当然的思想来源。事实是，贝克莱认为在一个适合上帝的概念体系中，上帝的存在是理所当然的。贝克莱在他写给约翰逊的第一封信中明确表示，他对感性世界依赖于上帝的理解是一个长期传统的一部分。在关于创造一个自行运转的机器是否比一个需要持续关注的机器更能体现完美的神学观点的背景下，约翰逊提出了现代因果关系观念，贝克莱回应说被创造的事物以一种需要维持的方式依赖于上帝（25 November 1729, numbered paragraph 3）：

依我所见，说所有事物必然依赖于上帝作为其维护者以及创造者，并不贬低上帝的完美性，并且如果没有最初创造它的同一力量来支持和维持，所有自然界将会缩减为无物。

"在这一点上，我并不孤单，我只是在证明它的方式上比较独特。"这种对作为"维护者"的依赖观念，与单纯的因果创造相对，产生了本体论上的依赖者。只有当人们能够找到理由应用这种概念时，才会找到证明上帝存在的证据。

独立性论证中的第二个问题是，从感性事物的心灵依赖性推断它们在本体论上依赖于心灵。要看到这里的滑坡，请记住，正如在《第一次对话》中所确定的，可感性质的心灵依赖性意味着它们必然被感知。现在，独立性论证的一个前提是，我感知到的感性事物在本体论上并不依赖于我，这进一步证明了本体论依赖性与感知依赖性是不同的，从而阻止了从感知依赖性总是依赖于心灵到本体论依赖性总是依赖于心灵的快速推论。

贝克莱可能通过两种方式来证明这一转变。首先，他可能会说，事物在本体论上依赖于它们的原因，而只有心灵是活跃的，所以感性事物只能在本体论上依赖于心灵。但这需要他引用因果论证的主要前提，这使得依赖性论证几乎变得多余。其次，他可以论证一个更具体的观点，即不可感知的物质作为必然被感知的观念的原因是不可理解的。这个观点在《第二次对话》的开头由菲洛诺斯巧妙地提出，在关

143

贝克莱的世界：关于三次对话的考察
Berkeley's World : An Examination of the Three Dialogues

于"现代解释事物的方式"的讨论中（DHP2 210），并在DHP2 215中重述：

> 但是，任何观念或感觉怎么能存在于，或由除了心灵或精神之外的任何东西产生呢？这确实是不可思议的……

这是一个合理的观点，但比贝克莱认为的要弱，因为这里的不可思议只是不可想象，而我们从大量经验中知道，新发现可以让我们想象以前不可想象的东西。如果贝克莱想要有一个证明上帝存在的确凿证据，他需要声称：除了心灵之外，任何东西作为我们观念的产生者都是不连贯的。如果没有这个主张，尽管独立性论证更为详尽，但它并不比上一章讨论的最佳解释推论更有说服力。

贝克莱的独立性论证与其他哲学家使用本体论依赖性来证明上帝存在的主要区别在于，贝克莱并没有提到无限回归的不可能性，因为他认为感性观念直接依赖于上帝。然而，他确实需要说一些话来确立感性世界依赖的独特存在。他似乎在《第三次对话》中为这个缺口提供了一个补充（DHP3 230—231）：

> 当我否认感性事物在心灵之外存在时，我并不是指特别在我的心灵中，而是指所有心灵。现在很明显，它们在我的心灵之外存在，因为我通过经验发现它们独立于我的心灵。因此，有某种其他心灵在我感知它们的间隔期间，它们存在；同样，它们在我出生之前存在，并将在我假设的消灭之后继续存在。由于同样的道理适用于所有其他有限的创造精神；因此，必然有一个无所不在的永恒心灵，了解并理解所有事物，并以他自己规定的方式和我们称之为自然法则的规则向我们展示它们。

144

这里提到的"在我感知它们的时间间隔"引发了对贝克莱是否在这里提出了一个第三个证明上帝存在的论证的猜测。然而，这个论证分为两个阶段：首先论证有其他有限的心灵，然后论证有一个无限的心灵。对于贝克莱来说，承认有感性事物不被我感知但被其他（有限的）心灵感知，只是为了表明他不是唯我论者。在第二阶段，我们看到，为了证明上帝的存在，他需要声称有一些感性事物不仅独立于我，而且独立于所有有限的心灵。然而，这一步并不需要存在不被所有有限心灵感知的事物，因为我目前感知的东西在本体论上不依赖于我，而当我独自在房间里时，我有充分理由相信它也不依赖于任何其他有限的心灵。当他说"同样的道理适用于所有其他有限的创造精神"时，他可能指的是在我感知的间隔期间，感性事物的存在，在我出生之前和我死后，或许他可能指的是它们在我的心灵之外的存在。如果是后者，那么这个论证并没有将不被所有有限心灵感知的存在作为前提，只是独立性论证的另一个版本。此外，从有限心灵未感知到的某些事物需要不同的心灵来感知它们，推论出那个心灵是"无所不在的"，显然是一个谬误。但如果所有有限心灵都发现它们的感知独立于它们，那么无所不在的结论是合理的。

　　在任何一个前提下，该论证都是无效的，因为在这两种情况下，多数非人类心灵都可以完成该论证赋予独特上帝的任务。当我独自一人时，我的感性观念不依赖于我或任何我能识别的其他有限心灵，但这并不表明它们依赖于一个独特的、无限的心灵。同样，在第一个人类存在之前和最后一个人类之后可能存在可感事物，并不意味着在没有任何有限精神存在的时间里存在可感事物。很简单，该论证最多只能证明至少存在一个与我在正常经验基础上识别的人类和动物不同的心灵。

5.4 连续性

有人认为，可感事物连续存在的可能性是独立性论证的结果。在一首著名的打油诗中，贝克莱被认为主张，当没有人类看到四方院中的树时，它由于上帝的感知而依然存在。这，如我们将在第八章中看到，是一个错误，但我们现在需要考虑的建议是，可感事物的独特性是否使人承诺它们在未被感知时的可能连续性。显然，如果依赖性论证的前提是可感事物的模态独立性，那么，当没有人在场时，假设我们停止感知树木并不会导致它的消失，它将继续存在于四方院中。但该论证的正确解释是以本体论独立性为前提，因此只有当本体论独立性意味着模态独立性时，我们才能得出连续性的结论。

当我们考虑实体时，这种蕴涵有一定的合理性。以人为例，他们通常在本体论上和模态上彼此独立。在存在模态依赖的情况下，例如，一个23周的胎儿或共享重要器官的连体双胞胎，似乎我们应该说也存在本体论依赖。然而，贝克莱的论证并不关注实体之间的本体论依赖关系，而是关注精神与它们感知到的性质之间的本体论关系。在这种情况下，本体论并不意味着模态独立性。为了使这一点更清楚，贝克莱开始考虑疼痛。他肯定会认为它在本体论上独立于感受它的人类，因为我们不会（除间接外）自己制造疼痛。然而，正如已经提到的，认为我的头痛在模态上独立于我，即它可以在没有我的情况下存在，是很奇怪的。

当我们记住大多数可感事物是持久的公共物体，如树木和椅子时，疼痛的例子似乎是一个特殊情况，不会普遍化。然而，贝克莱已经论证（DHPI 174—175），我们只感知到性质，因此可感事物必须是由可感性质组成的复合物。可感性质，如这条手帕的显色，是短暂的、定性的个体，疼痛是它们的一个很好的类比。现在对我来说，这条手帕的颜色，作为一个具体的个体，不能在没有我的情况下存在，就像我的头痛一样。

此外,当反推时,这种推论看起来更不合理:模态依赖并不意味着本体论依赖,因为模态依赖可能有其他解释。例如,数学对象和性质之间的模态依赖关系并不意味着创造或维持的含义。

同样重要的是不要将物理对象与构成它们的性质相混淆。可感性质的本体论独立性并不意味着它们的模态独立性,但这仍然广泛开放了我们是否可以真正说所有有限精神未感知到的物理对象存在的问题。一种可能的立场是,有限精神实际感知到的可感性质在模态上依赖于那些有限精神,但它们的本体论独立性意味着它们组成的物理对象在模态上独立于我们。

5.5 感知依赖

到目前为止,我们已经确定,除了一个纯粹因果论证上帝存在的论证外,这个论证像IBE一样,只调用它作为我们经验的原因。贝克莱还有一个论证,涉及我们感知的事物独立于我们。这赋予上帝一个进一步的角色,即以某种方式支持或维持可感事物。我们还看到,这种本体论依赖与感知依赖不同,并且与可感性质必然被我们感知并不矛盾。上帝创造观念,因此观念在本体论上依赖于上帝,但观念的本质是每个观念在特定时间被特定的心灵或精神感知。上帝创造的是现在对我而言的草的绿色,而不是我现在碰巧感知到的草的绿色。我们应该进一步探讨感知依赖的关系。我们从《第一次对话》中知道,可感性质必须依赖于被心灵感知,但我们并不知道为什么会这样。当我们看到观念不是由感知它们的有限精神创造的,不在本体论上依赖于这些有限精神时,这一点尤其紧迫。如果上帝创造观念,即可感性质,并且它们仅在本体论上依赖于上帝,那么是什么阻止他创造一个未被感知的观念呢?如果我们只是定义"观念"使其不可能,那么问题变成:为什么我们只能感知符合该定义的事物?如果上帝创造了一

贝克莱的世界：关于三次对话的考察
Berkeley's World : An Examination of the Three Dialogues

个类似于观念但不符合该定义的东西，为什么它必然是不可感知的？

当我们记住感知关系应该取代实体与性质之间的内在关系时，我们对感知依赖有了更好的理解。性质需要存在或内在于实体的需求是引入物质的原因之一（4.2）。传统的实体—偶性区分有三个主要的哲学动机：解释通过变化的连续性，给出断言的解释，并区分属于同一对象的性质与仅偶然一起实例化的性质。贝克莱同情这些动机，但认为试图为这三个问题提供单一解决方案是一个大错误，并且是导致唯物主义的错误。关于物理对象而不是心灵，贝克莱对前两个问题有非常创新的解决方案：他是一个身份概念论者，并且认为断言是一种成员关系（详见第八章）。这两者都没有调用与传统实体概念相似的任何概念。但贝克莱仍需要解释单个对象的性质与无关出现的性质之间的区别。

洛克这样介绍实体：

> 因为，正如我所说，不想象这些简单观念如何能独立存在，我们习惯于假设某种基质，它们在其中存在，并从中产生，因此我们称之为实体。(Essay, u. xxiii. 1)

贝克莱接受这个前提，但发现物质实体并不能进一步解释可感性质如何存在，因为它们不能"独立存在"，因为我们对它们如何存在于物质中没有清晰的理解。相反，需要的是感知可感性质的精神实体：

> 观念存在于没有感知的东西中……是矛盾的。但说一个感知的东西应该是观念的主体，则没有矛盾。(DHP3 233—1734 edn.only)

此外，当我断言存在精神实体或观念的支持时，我知道我的意思，即一个精神知道并感知观念。但当说一个无感知的实体具有并支

148

持观念或观念的原型时,我不知道这是什么意思。(DHP3 233—1734 edn.only)

因此显然,这些性质的基质只能是精神,它们存在于其中,不是作为方式或性质,而是作为在感知它的东西中被感知的东西。(DHP3)

这些段落表明,贝克莱认为,撇开本体论依赖的问题不谈,当明确它们被感知时,就不需要再说更多关于可感性质的性质。最后一段经常被解读为贝克莱拒绝了性质存在于实体中的观点,但实际上它只是拒绝了物质基质和内在关系。第一个"但"应该被理解为"除了"而不是"代替"。

我们可以通过说,如果存在自由漂浮的性质,比如一块黄色和玫瑰的气味(注意我没有说"这里的一块黄色和那里的玫瑰气味"),我们将无法描述世界来重新表达洛克的基本思想。性质将完全不相关,但几乎任何值得表达的命题都会陈述可感事物之间的某种关系。如果这些性质没有被固定在某个允许它们相关的参考框架上,我们就无法说是否存在一朵黄色的玫瑰。一种选择是将它们固定在时间和地点上,但这对贝克莱来说不是一个选择,因为对他来说,空间是从经验中构建的经验性概念,而不是可以在经验中给出的东西,从而成为我们判断的基础。另一种相当无望的选择是将它们固定在不可感知的物质实体上。贝克莱的建议是将它们固定在感知者和主观时间上。如果我看到黄色并闻到玫瑰,那么我可以通过参考我感知到的其他东西来确定是否存在一朵黄色的玫瑰;如果我看到黄色,而你闻到玫瑰的香味,我们也可以经历一个类似但更复杂的过程。

自由漂浮的性质将不是任何事物的性质,这正是洛克无法想象的。传统的回应,洛克所支持的,是假设实体,通过内在关系将自由漂浮的性质固定下来,并且这些性质是这些实体的性质。贝克莱发现内在关系难以理解,并对这些性质可以被归属的对象有不同的解释。因此,他通过感知这种不那么神秘的关系将自由漂浮的性质与感知心灵联系起来。因为他对性质如何被固定和它们被归属的对象给出了单独的解释,贝克莱并没有承诺得出荒谬的结论,即心灵感知到的黄色是该心灵的性质(DHP3 237)。

在贝克莱关于依赖性的思考中,我们发现了《三次对话》结构的另一个原因。在《第一次对话》中,论证了可感性质依赖于感知它们的心灵,即它们必然被感知。在《第二次对话》中,论证了可感性质依赖于上帝。这显然是一种不同于《第一次对话》中所确定的依赖类型,我称之为本体论依赖。因此,这让我们对感知依赖的性质感到疑惑。在《第三次对话》中,我们发现可感性质,作为性质或属性,必须依附于某种实体,它们依附于感知它们的心灵中,是因为它们被该心灵感知。如果存在一个未被感知的观念世界,那将是一个由彼此无关的、漂浮的特质组成的世界。

5.6 物理世界的存在

上帝在我们身上引发观念或感觉,这些观念在感知上依赖于我们,在本体论上依赖于上帝。这是上帝的一个角色。但除了作为一个行动者,上帝也是一个拥有或感知观念的主体。既然贝克莱认为存在即被感知,我们可以问,上帝作为一个感知者的地位是否也在决定什么存在方面起作用。

关于"存在即被感知"(PHK 3)的口号,有一点需要注意的是,贝克莱谈论的是心灵之外的事物的存在,因为心灵本身并不被感知。第二点需要注意的是,我们应该将这视为关于真实存在的论题,而不仅仅是想象存在的论题。在这种情况下,"感知"似乎是指感觉感知,因为一个被想象的独角兽并不因此而存在。当然,如果一个人想象一个独角兽,他必须在心中有观念,并且这些观念必须存在,但如果一个人看到一个独角兽,他面前的观念具有完全不同的地位,因为它们构成了物理世界的一部分。贝克莱关心的是被看到(和听到及感觉到)的事物的存在,因为想象观念的存在在于它们被想象这一点是毫无疑问的。因此,这个口号最好理解为,物理世界中的存在在于被感知。然而,这可能不适用于被上帝感知的事物,因为它们也构成了物理世界的一部分。为了明确上帝作为物理世界潜在感知者的角色,可以从几个不同的角度来阐述这个口号。

(a) 分离观点:存在即被我们或上帝感知。

每个观念只能存在于一个心灵中。因此,我们感知的观念也不被上帝感知。物体由"实际印刻"在我们感觉上的观念组成,但不被上帝感知,也由只有上帝拥有的观念组成,任何有限精神都无法感知这些观念。

(b) 展示观点:存在即被上帝感知,有时也被我们感知。

每个观念只能被一个有限心灵感知,但上帝感知他在我们身上引发的所有观念。物体由上帝心中的观念组成,其中一些观念根据上帝的意愿展示给我们。

(c) 代表性观点:存在即被上帝感知。

观念只能存在于一个心灵中。真实世界存在于上帝的心中,我们感知的观念并不是那个世界的一部分。相反,上帝给予我们观念,这些观念代表他心中的那些观念或原型。

(d) 还原主义观点:存在即被我们实际或反事实地感知。

关于物理世界的真理可以分析或还原为关于各种人在各种时间如何感知事物的真理,即哪些观念被感知。关于未被观察到的事物的主张必须还原为关于假设性观察的主张。只有上帝的行动,而不是他的感知,在决定物理存在方面起作用。

(e) 可能性观点:存在即成为我们感知的可能对象。

上帝创造了构成物理世界的观念,虽然他知道这些观念,但是他并不感知它们。所有这些观念都是我们感知的可能对象。他不决定我们实际感知哪些观念,而是让这成为我们自由行动的结果。

(f) 简单观点:存在即被感知。

上帝有一个总体的意志策略,这与我们的自由选择结合起来,决定了我们在任何给定时刻会感知什么。上帝知道他意志的所有后果,因此他知道我们感知什么,尽管他自己并不感知。因此,上帝创造了我们实际感知的那些观念,而不是我们如果采取不同行动可能感知的那些观念。

前三种观点都认为上帝感知构成物理世界的一些或全部观念,而后三种观点都否认这一点。相反,它们认为存在的标准是被我们感知,第四和第五种观点通过反事实真理或可能对象补充我们的感知。这些显然在其本质上是现象主义的。第六种观点,即简单观点,既不诉诸上帝也不诉诸可能性来补充我们的感知,因此似乎缺乏对有限心灵未感知的存在的解释。在文本中有些地方,贝克莱声明上帝知道构成物理世界的观念 (e.g. DHP2 212; DHP3 230—231, 253)。也有支持现象主义解释的段落 (e.g.DHP3 251,PHK3)。然而,我们将看到这些解释也存在严重问题。

前三种观点,即我们可以称之为神学中心观点的观点,共同存在两个问题。首先,上帝不是通过感觉感知,因为感觉感知的标准是它是非自愿的 (DHP3 235),但是 (DHP3 241):

像[上帝]这样的存在不能遭受任何痛苦的感知,实际上也不能有任何感知。与此相反,想象是自愿的,所有上帝的感知都在他的自愿控制之下。

因此,当这些观点提到上帝的感知时,它们仅仅意味着上帝自愿拥有的观念,这就是想象。但上帝的想象显然不仅包括世界实际的样子，还包括它可能的无数种样子。那么，是什么阻止这些同样是真实的呢？对上帝来说，实际世界和仅仅可能的世界之间的唯一区别是我们感知到了一些实际世界。我们是实体，因此不由观念组成，所以不存在关于我们实际性的平行问题，因此被我们感知将足以把我们感知的观念称为实际。在解释（c）中，这完全无济于事；在（a）和（b）中，仍然存在区分我们未感知到的实际世界和仅仅可能但未被我们感知到的世界的问题。

所有三种以神为中心的观点共有的另一个问题是认识论上的。我们如何能够了解上帝的观念？特别是，他们都同意桌子在未被感知的情况下存在意味着上帝有一些合适的桌子观念，他们不同意的是上帝是否需要在我们感知它时也感知它。但无论我不在房间时上帝是否有一些桌子观念，完全取决于他，而不是我能从自己的经验中推断出来的。我们以对未被我们感知的可感事物的完全怀疑为代价，获得了它们的现实性。

（b）还面临进一步的问题，即它需要我们理解一个特定的观念被多个心灵感知。如果，正如我所论证的，观念是一种相对化的性质，例如"此时此地我所见的草的绿色"，那么上帝不能与该观念的有限主体处于同样的关系。此外，如果一个观念可以同时被多个心灵感知，那么很难理解观念与实体心灵之间的感知关系如何能够扮演性质与实体之间的内在关系所应扮演的哲学角色。（b）并不认为观念是类型，不同的实例由我们和上帝感知，而是认为同一个实例观念被多个心灵感知。而如果感知是用来替代内在关系的，贝克莱将面临一种情况，类似于唯物主义者说同一个性质实例，例如我现在的体重，同时内在于两个物质实体中，这是荒谬的。

（c）绝不是贝克莱的观点，按照我在这里提出的解释。贝克莱几次声称坚持直接感知理论，最突出的是在《三次对话》的结论中

贝克莱的世界：关于三次对话的考察
Berkeley's World : An Examination of the Three Dialogues

(DHP3 262)，这也是作为最简单的感知模型所阐述的。而（c）则将间接感知理论归于贝克莱，因为真实世界由我们从未感知到的上帝心中的观念组成。在讨论创造时，贝克莱确实允许人们可能会谈论上帝心中的原型（DHP3 248），但从未暗示我们的观念代表那些原型。这与他对感知的观点完全不一致。相反，原型应该理解为上帝希望我们感知观念的意图或意志。原型可能是或涉及观念，但我们的观念不是它们的代表，而是它们的结果。

所有以神为中心的观点都有缺陷，但将（a）归于贝克莱至少具有最大化其观点内部一致性的优点。然而，在这样做之前，我们应该探索非以神为中心的替代观点。观点（d）和（e）是现象主义的，因为它们（i）否认上帝对物理世界的感知有任何作用，并且（ii）认为我们应该以有限精神实际感知到的，或者在稍微不同的情况下它们会感知到的来理解物理存在。这似乎正是贝克莱在《人类知识原理》开篇所表达的观点（PHK 3）：

> 我写字的桌子，我说，它存在，也就是说，我看见并感觉到它；如果我不在书房里，我也会说它存在，这意味着如果我在书房里，我可能会感知到它，或者其他某个精神实际上感知到它。

一如既往，文本并未决定哪种解释是正确的。首先，在上下文中显然贝克莱在这里的关注点是通过明确他并不认为未被感知的存在是没有心灵的存在来界定"存在即被感知"的观点。他只是指出，说桌子在他离开书房时存在，并不立即使他承认物质的存在。这句话展示了两种避免该结论的方法，但并未支持其中任何一种。其次，虽然我们可以将这句话中的"或"读作真正的析取，我们也可以将其理解为引入一个释义。贝克莱可能在告诉我们，他理解的条件句"如果我在书房，我可能会感知到它"与"某个其他心灵实际上感知到它"是等价的。

这两种现象主义观点在于是什么使条件句成立上有所不同。还原主义者认为,条件句"如果我在书房,我会感知到桌子"是通过我们实际经验中的某些模式而成立的。粗略地说,我从经验中了解到,如果我在某个时间看到一张桌子,并且没有理由相信有人干扰了它,那么在我选择查看书房的任何后续时间,我都会看到一张桌子。当足够的证据支持这一概括时,反事实条件句也成立:如果我现在在书房,我会看到桌子。在这种观点下,未被感知的存在是我们实际感知的副产品。鉴于上帝以某种方式创造了我们感知的观念,这只会导致如果我在书房,我会看到一张桌子,这就是在没有人感知的情况下书房里有一张桌子的必要条件。

可能主义观点(e)修补了还原主义者的一个问题。我们的经验模式是否必然意味着如果我在书房,我会看到一张桌子,还是对这个结果的支持仅仅是归纳性的?如果是前者,那么桌子在未被观察时自发消失在逻辑上是不可能的。虽然我们非常抗拒物理对象的这种自发创造和消灭,但这似乎是一个逻辑上的可能性:鉴于物理对象之间的因果关系不是先验的,这正是贝克莱完全拒绝它们的原因,没有任何一组实际经验,无论多么庞大和多样,都能蕴含任何关于非实际经验的东西。因此,还原主义者必须认为我们的实际经验至多对未被感知存在的反事实条件提供归纳性或概率性的支持。但如果我们的实际经验不能决定反事实的真理,那么是什么决定了它的真理?如果有一个可能的世界,在这个世界上我们有所有这些经验,但反事实是假的,那么是什么使它在这个世界上成立?可能主义者通过说上帝不仅创造了我们实际感知的观念,还创造了那些如果我们采取不同行动会感知到的观念来回答这个问题。像以神为中心的观点一样,可能主义对贝克莱的解释为上帝找到了一个超越引起我们感知的角色,但与以神为中心的观点不同,这个角色并不要求上帝感知部分或全部物理世界。

他只需要创造它。

贝克莱不太可能持有可能主义观点,因为他在《第三次对话》中明确拒绝了这一观点(DHP3 234):

> 可感知的是什么?不就是观念吗?观念在没有被实际感知的情况下能存在吗?这些问题我们早已达成一致。

贝克莱可能持有还原主义版本的现象主义,因为他没有休谟后来对归纳推理的任何疑虑,因此可能允许从实际经验的概括来决定关于可能经验的反事实主张的真理。然而,还有一个更深层次的问题。物理对象是观念的集合。根据可能主义者的观点,它们是一些实际被感知和一些仅可能被感知的观念的集合。但没有未被感知的观念这种东西,所以这是不正确的。根据还原主义者的观点,物理对象是实际观念和可能观念的集合。因为如果我在书房里有一张未被感知的桌子,这个事实在于如果我在书房,我会感知到一张桌子,那么桌子部分由我在那种情况下可能会有的观念组成。然而,这同样是无望的,因为仅可能的经验如何决定实际的存在,而不是可能的存在?

对将贝克莱解释为持有简单观点的唯一考虑是,它似乎让他无法解释未被感知的存在。这是对解释的反对,只有当(i)对贝克莱来说,拥有这样的解释很重要,并且(ii)简单观点确实与未被感知的物理对象的存在不一致。这两个条件将在第八章中受到挑战,我们将看到,对贝克莱来说,未被感知存在的最佳解释使他非常接近现象主义,但不是我们一直在讨论的任何一种。

5.7 结论

我们现在可以回到5.1节末尾的三个问题,看看它们是如何被回答的。

1. 我们的感知是否以某种方式依赖于上帝，而不仅仅是由他引起的？

是的，它们在本体论上依赖于上帝。

2. 上帝引起的可感事物是否也依赖于被有限心灵感知？

是的，正如在《第一次对话》中所证明的。这种关系取代了唯物主义者关于性质内在于基质的概念。

3. 可感事物与物质事物有何不同，后者如果存在，也同样是由上帝引起的？

可感事物在感知上依赖于我们，在本体论上依赖于上帝。物质事物在本体论上依赖于它们的原因，但在感知上不依赖于任何东西。如果我们感知到它们，我们无法使用独立性论证来推导上帝的存在。

最后，贝克莱最喜欢的圣经引述值得评论："在上帝里我们生活（life）、行动（move）、存在（being）。"（Acts IT 28）对一些评论者来说，这似乎最符合展示观点，但有趣的是，这段引述出现的一个地方正是贝克莱试图将自己与马勒伯朗士的"我们在上帝中看到一切事物"观点区分开来的时候（DHP2 214）。贝克莱并不认为我们感知到的东西以某种方式存在于上帝的心中，而是直接依赖于上帝的意志：除非我们做了违背上帝意愿的事情，否则我们的感觉经验是上帝对我们的直接表达。我否认贝克莱的论证足够强大到引入他所希望的基督教神学中的上帝，但他认为它们确实如此，所以很容易理解为什么他为自己的形而上学使我们在日常经验中与上帝亲密接触而感到自豪。

附录：正式论证与真实论证

玛格丽特·阿瑟顿（Margaret Atherton）在（'Berkeley without

贝克莱的世界：关于三次对话的考察
Berkeley's World : An Examination of the Three Dialogues

God')①中论证说，贝克莱实际上并没有在《三次对话》中使用两个上帝存在的论证。但阿瑟顿未能区分贝克莱所提供的演绎论证与他提到的动机推导最佳解释的考虑。事实上，她甚至称因果论证为最佳解释推导（DHP. 233），这显然是一个错误，因为她接受该论证的一个前提是"观念只能由心灵引起"，这排除了任何替代解释的可能性。效果到原因的概率论证与关于因果关系本质的先验前提的演绎论证之间有很大的区别。

阿瑟顿还指出，在《原理》中，贝克莱在阐述因果论证时提到了自然法则，但关注他的行动理论表明，其目的是将推导上帝作为原因的存在与推导其他有限心灵作为原因的存在区分开来。正如我在第六章中所论证的，上帝并不引起我们所有的观念，因为其他灵魂通过他们的自由行动引起了一些观念，这一事实需要被整合到因果论证中。然而，阿瑟顿给出的贝克莱关于上帝存在的论证与第四章中提出的最佳解释推导非常相似，所以我同意我们有文本依据认为贝克莱会支持这种概率论证作为相信上帝存在的理由。只是在《三次对话》中，他实际上提供了两个相当不同的演绎论证。

这里可能也存在方法上的分歧。如果阿瑟顿是在讨论历史人物贝克莱认为的相信上帝存在的最佳理由，那么她可能是对的。但我在这本书中的关注点是更狭窄的问题，即在特定文本中提出了哪些论证；见注释页。虽然第四章论证说《第二次对话》的最佳重构是作为最佳解释推导，但不可否认，《三次对话》中也包含了两个明确的上帝存在的论证，而本章所解决的正是这些解释性问题。

---

① Atherton, Margaret (1995). Berkeley Without God. In Robert Muehlmann (ed.), Berkeley's Metaphysics: Structural, Interpretive, and Critical Essays. Pennsylvania State University Press.

第三部分

第六章 行动,他人心灵,与自我

6.1 意志理论的行动

一个哲学的行动理论试图说明什么是行动。这一稍显模糊的项目通常通过给出哪些事情在大量事件或事件中是行动,哪些不是来更精确地定义。意志理论的行动是这个问题的一个答案。该理论指出,行动是由人或心灵意志引起的事件或发生的事情。如果某人意志某事发生,我们可以称这种意志行为为"形成意志"。由于有些发生的事情是意志的结果,但仍然不是行动(例如,我可能意志今天下午阳光明媚,即使阳光明媚,使阳光明媚也不是我做的事情),意志理论增加了一个进一步的条件,即意志实际上引起事件的发生。此外,由于我的意志只能通过首先引起我的身体移动来引起任何事情的发生,该理论的正确表述是:行动是由意志行为引起的身体运动,称为意志。因此,当我拿起玻璃杯时,发生了三件事:我形成了一个意志,我的手动了,玻璃杯动了。意志引起我的手动,而手的运动引起玻璃杯的运动。

现在,贝克莱并不完全持有这种行动观有两个原因。首先,他认为所有发生的事情都是行动,因此他不能将行动定义为以某种方式引起的事件。其次,基于第一点,他不认为我的手的移动引起了玻璃杯的移动,因为我的手是由观念组成的,而所有观念都是惰性的。因此,他不能将我们说的我通过移动手来移动玻璃杯分析为:我移动手并引起玻璃杯移动。然而,贝克莱确实认为我们所做的一切,所有的行动,都是由我们的意志引起的。因此,我们发现菲洛诺斯说(DH-PI 196):

159

贝克莱的世界：关于三次对话的考察
Berkeley's World : An Examination of the Three Dialogues

在摘这朵花时，我是主动的，因为我是通过我的手的运动来做的，而手的运动是由我的意志引起的……我在通过鼻子吸空气时也是主动的，因为我这样呼吸而不是那样呼吸，是我意志的结果。

意志理论的行动的独特之处在于它对行动施加的结构。根据意志理论，我们所有的物理行动都有两个组成部分，一个是心理的，另一个是物理的，即意志和身体运动，它们是因果关系的。似乎任何承认心灵与身体二元论的人都必须在行动中找到这样的结构，因为行动跨越了心灵与身体的鸿沟，因此必须在每一方面都有一席之地，并且，由于心灵和身体是不同的，它们只能通过因果关系互动。由于贝克莱确实在心理和物理之间做了非常明确的划分，某种形式的意志理论的行动肯定是适当的，甚至可能是必要的。

意志理论存在众所周知的问题。有人说，我不能仅仅通过意志使我的手移动，就像我不能仅仅通过意志使玻璃杯移动一样。也就是说，如果我只是意志我的手移动，它不会移动。要让它移动，我不仅必须意志它移动，还必须移动它。从现象学上看，这是真的：我可以移动我的手，这与我不能移动玻璃杯的方式不同，这与意志它们移动是不同的。意志某事发生，即使是我可以轻松做到的事情，也不同于实际去做。然而，这并不表明这是一个无法回答的反对意见，因为它并没有表明我们所做的事情中没有一个意志或由意志引起的。它表明的是，这种意志不同于意志玻璃杯或手移动的荒谬活动，这更像是一个愿望。

另一个相关的问题是，我们的许多行动是自动的，似乎不涉及意志。例如，当我在打字时，我会在单词之间按下空格键。虽然我打算打字，但我从未形成按下空格键的意图或意志；这就是我们所说的无意识的行为。同样，当我在开车时，我可能专注于交谈，但仍然会对道路和交通状况做出反应。贝克莱对这个反对意见的最自然的回应是，这些情况要么属于反应的范畴，他可能不想将其归类为行动，要么是复杂行动的一部分，这些行动是有意志的。

还有人认为意志理论会导致无限倒退，因为意志本身是我们做的事情，是心灵的行为，因此必须由另一个意志引起，以此类推。但没有充分的理由认为某人应该持有关于心灵行为的意志理论。首先，这一理论的一个吸引力，特别是对贝克莱来说，是它将物理行动分解为心理和物理组成部分。当我们谈论想象或希望等心理行为时，不需要找到这样的组成结构。如果我们问贝克莱是什么使得物理事件成为行动，他会回答说是由意志引起的。物理世界本身是无活力的，所以这种解释是必要的。然而，关于心理，问题是没有意义的，因为没有其他方式可以将心理事件理解为行动。

最后，意志理论的因果成分被认为面临问题，因为我的意志可能会引起我的行为，但这种行为不一定算作行动。例如，如果我决定射击一个害怕的敌人，我的意志可能会让我非常紧张，导致枪在我手中"意外"走火并杀死他。如果我们接受这种情况下的死亡是意外的，我没有犯谋杀罪，那么我们需要更精确地说明意志如何引起我的行动的效果。这证明是相当困难的。

我在这里并不打算为意志理论辩护，所以我不会对这些非常普遍的反对意见做更多评论。这些问题在关于行动的哲学文献中得到了详细讨论和争论。我也不会过多关注贝克莱支持这一理论的事实或他出版作品里的细节。相反，我们面临的问题比这更深刻，并且是贝克莱特有的，因为他需要区分的不仅是行动与纯粹的事件，而是想象某事和实际去做某事之间的区别。

6.2 行动与想象

最初的区别在于，在想象中我们所改变的只是我们的观念，而在行动中我们做了更多的事情。唯物主义者对我们行动时发生的其他事情有一个明显的解释，这对贝克莱来说是不可用的，即在心灵之外的世界发生了一些变化。贝克莱面临的困难是，物理世界由与想象世界相同类型的实体组成，即观念。在贝克莱的世界中，做某事和仅仅想象它具有相同的结果，因为它们都在我们的观念中产生了变化。

6.2.1 区分行动与想象

一种选择是贝克莱将想象的观念与感知的观念区分开来，认为存在两种不同类型的依赖于心灵的实体。乍一看，这似乎是菲洛诺斯在以下对话中所说的（DHP3 246—247）：

海拉斯：……请问通过一个人的感觉感知到的对象，同样能被在场的其他人感知吗？如果这里有一百个人，他们都会像我一样看到花园、树木和花朵。但是，他们不会以同样的方式受到我在想象中构建的观念的影响。这难道不能说明前者和后者之间的区别吗？

菲洛诺斯：我承认确实如此。我从未否认感觉对象与想象对象之间的区别。但你能从中推断出什么呢？你不能说感觉对象在未被感知时存在，因为它们被许多人感知。

海拉斯的反对意见是，感知的对象是公共的，因此不是依赖于心灵的。回应是承认感觉事物的公共性，但否认它们的公共性与它们依赖于心灵是矛盾的。这个回应可以有两种解释。菲洛诺斯可能在说，一些观念，即感觉性质，是由多个（有限的）心灵感知的。相比之下，想象的观念是个人的，这是它们之间的区别。或者他可能在说，物理对象，如花园、树木和花朵，是公共的，尽管它们所组成的观念对拥有它们的每个人来说都是个人的。第二种解释中，感觉与想象的区别在于，想象的对象完全如我感知的那样，但感知的对象具有比我感知到的更多的性质，因为它不仅由我的观念组成，还由他人的观念组成。(贝克莱还需要区分虚构或幻想,这可能是协作的创造,与想象不同。)

第一种解释更符合文本,因为它不需要在感觉或想象的两种对象之间做细致的区分,即观念和它们结合构成的事物,这种区分在文本中并未得到仔细处理。第一种解释还使贝克莱承诺有两种类型的观念,一种是个人的,另一种是潜在共享的。行动与想象的区别可以是仅影响个人观念和影响另一种公共观念之间的区别。

对这种观点的初步反对意见是,上帝知道我们在想象什么,因为他是全知的。但事实上,上帝并不会对想象观念的隐私性构成问题,因为他与我们的想象观念的关系不需要与我们对它们的关系相同。知道某人在想象什么与自己想象同样的事物是非常不同的。为了区分知道某人想象什么与自己想象它,贝克莱需要区分三种感知或心灵—观念关系。有一种是感觉感知,它是非自愿的;一种是想象,它类似于感知但却是自愿的;还有一种是了解或理解,它在自愿性上类似于想象,但在提供证据和判断依据上类似于感知,但与感知不同的是,它可能会出错。理解中出现错误的可能性源于这样的事实:理解的观念虽然现在实际上被我感知,但有时是相对于其他感知者和时间来理解的。这正是为什么想象的场景可以与现实相符或不符的原因:如果我们想象某物,我们将其想象为被感知的。我们可能会或可能不会将其想象为在特定时间由特定人感知,但如果我们这样做了,那么我们的想象就可能与现实相符。理解的观念必须被理解为在某个时间由某人感知,因此总是与感知的现实相符(或不符)。

要真正理解将感觉观念/想象观念区别为公共/个人区别的错误,我们需要问:想象的观念本质上是个人的,还是仅仅是偶然个人的。假设想象的观念只是偶然个人的,那么似乎它们是"可被在场的其他人感知的",因此区别在于感觉观念与想象观念相比,实际上是被他人感知的。但这排除了完全个人行动的可能性:任何一个人做的事情，如果没有其他人感知到，那么他实际上只是想象了它。

相反，如果我们假设想象的观念必然是个人的，那么我们似乎有两种完全不同类别的观念。这使得贝克莱的立场在结构上类似于唯物主义者的问题。这种立场的问题在于如何解释观念对灵魂的感知依赖性。上一章（5.5节）中论证说，感觉性质是相对于某个主体在某个时间的，因此它们在感知上依赖于该主体。可以将它们相对于多个主体进行相对化——例如，可以谈论"对我们来说现在的草的绿色"——但由于对每个人来说，草并不都显现为绿色，因此需要某种方法来指定谁被包括在"我们"中。这很难做到，因为群体不能被指定为所有有相同经验的人，否则会陷入循环，因为我们试图定义的是经验的相同性。此外，如果一个观念，即感觉性质，可以被多个灵魂感知，那么我们不能将它们对被感知的依赖理解为感知是实体—性质关系，因为一个性质只能存在于一个实体中。最后一点不是规定性的，而是源于为什么性质必须存在于实体中的解释。

因此，我们不应该将感觉对象与想象对象的区别解释为想象观念的隐私性。当然，我们仍然希望尊重两个人想象同一事物和他们看到同一事物之间的直观区别，但这可以在不否认观念隐私性的情况下做到。相反，我们应该遵循上述第二种解释，通过我的想象完全决定了想象对象的（可能是不确定的）特征，并以此来区分感觉对象和想象对象。假设我想象一个橙子，那么无论其他人想象（或感知）什么，都无法揭示我想象的橙子是我不知道的腐烂的或塑料做的。而如果我是感知一个橙子，其他人的感知对于我感知到的橙子的特征是相关的。对贝克莱而言，这是因为一个物理上的橙子是由许多人在不同时刻感觉到的观念所组成的，而这种组成的原则是最大化对未来感觉经验的准确预测。因此，想象的对象在某种意义上是个人的，而感知的对象则不是，但这更多地与我们称之为"所有权"的东西有关，而不是谁感知了什么。不幸的是，这种区分并不能帮助解决区分行动与想象的问题，因为这两种对象都是由一种单一的东西组成的，即观念。

区分行动与想象的关键不是感觉对象与想象对象的区别，而是主体的意志对其他心灵的影响。当我想象某物时，我只影响我自己的观念，但当我做某些物理行为时，我就会影响其他（有限）心灵的观念。我可能以两种方式影响他人的观念。如果他们处于适当的位置，例如在同一个房间里，光线良好，清醒并看着我，那么当我从口袋里拿出笔时，我就会给他们某些感觉经验，我让他们感知到某些类似笔的特质。在这里，我直接影响了其他人的观念，但我也可以间接影响他们。例如，如果我把笔留在桌子上，那么这就改变了每个人可能的经验模式。在我把笔放在桌子上之前，几乎所有人都可以看到，如果他们走进房间，他们会看到一片不间断的棕色表面。但现在，如果他们走进房间，他们会看到棕色表面上的一个红色圆柱体。

对于唯物主义者来说，这两种影响都是间接的，都是我的行动的结果。我通过移动笔给你感觉经验，通过把笔放在桌子上改变可见的事物，因为笔是一个独立于心灵的对象。显然，贝克莱不能这么说，但他也不区分你拥有某些观念和（真实的）笔移动。根据贝克莱的说法，笔部分由你的观念构成，因此笔的移动就是某些人拥有某些观念，进一步说，我移动笔就是我将相关的观念传递给相关的人。如果在没有其他人的房间里把笔放在桌子上是我的一个行动，那么我们必须允许决定论是错误的，至少在理解"如果我没有行动，情况会怎样？"这个问题的程度上是错误的。然后我们可以说，在我行动之前，自然法则（即上帝的意图）包含了关于将被感知的事物的某些条件性声明，而在我行动之后，它们包含了不同的声明。我的行动就是在做出这种改变。

我的想象不会以这些方式影响其他心灵。困难在于，想象某物和实际做某事都改变了行动者拥有的观念。当前的建议是，做某事也会改变其他（有限）心灵的观念，或者至少潜在地改变它们。这比区分

165

两种观念类型（想象的观念和感知的观念）更为令人满意，原因很简单，即行动者可能不会感知到他的行动，但他仍然在行动。

因此，贝克莱的综合行动理论是：

一个主体做X，当且仅当该主体意志X，并且这导致（1）任何适当位置的有限心灵拥有构成X的观念，以及（2）未来经验的过程（这是过去和自然法则的函数）从不包括X的状态变为包括X的状态。

这个理论将在三个反对意见的基础上进一步发展。

6.2.2 三个反对意见

（1）PHK 147的解释

在《原则》一书中，讨论我们对上帝的知识时，贝克莱对人类行为做出了以下声明（PHK 147）：

> 因为显而易见，在影响其他人时，人类的意志没有其他对象，仅仅是身体肢体的运动；但这种运动应伴随或引起另一个心灵中的任何观念，完全取决于造物主的意志。

如果没有"完全地"这个词，我们可能会认为这是在说我们的意志是创造他人心灵中观念的必要但不充分条件；但按原文的意思，这句话的后半部分完全违背了上一节提出的行动分析。我建议忽略这一点，理由是这是贝克莱的一个简单错误，这个错误在他更成熟的作品中没有重复（尽管它也没有从后来的《原理》版本中删除）。

认为这是一个错误的主要原因不是它在给出充分的行动解释方面引起的问题，尽管它确实引起了这样的问题，而是与贝克莱的物理对象形而上学的不一致。在解释哲学观点或文本时，我们应该遵循"解释上的仁慈原则"（principle of charity），即尽量为作者或理论构建一个整体一致的、连贯的立场，而不是刻意挑出矛盾之处。最大的问题是，根据PHK 147，当一个人通过移动手臂行动时，其他人并没有感知到手臂的运动，而只是一些伴随这种运动的观念。这与贝克莱坚持我们直接感知物理世界的观点完全矛盾（合理假设人类身体是物理世界的一部分）。此外，贝克莱对公共、持久对象的解释本质上使用了对象是由不止一个人心灵中的观念组成的主张。结合PHK 147，我们会得出一个不可接受的结论，即我们的身体不是持久的公共对象。贝克莱的考虑意见是，我手臂的运动部分由其他人对我手臂移动的观念组成。这样就不存在意志的"对象"，即"身体肢体的运动"和"在另一个心灵中的伴随观念"之间的区别，贝克莱不能将我们对前者的效力与上帝对后者的效力进行对比。

如果我下面主张的兼容主义是正确的，那么PHK 147的整体只是有点夸大其词，因为实际上我们通过科学揭示的自然规律来认识上帝，但我们通过日常经验更直接地认识他人。尽管他本人可能不赞成，但似乎我们应该以有利于其哲学连贯性的方式解释贝克莱，即使这会牺牲其神学吸引力，因为无论他的哲学在神学上多么有吸引力，如果不连贯，对神学毫无帮助。最后，除非他做出一个不可信的主张，即唯一的坏事是身体的运动，而从不包括这些运动对其他心灵的影响，否则他将面临一个版本的问题，即恶的问题，而他在DHP 237中对恶问题的回应是强调人类的能动性。

（2）心灵控制

第一个纯哲学反对意见来自克里斯托弗·泰勒（Christopher Taylor），他是这一贝克莱行动解释的创始人。他写道：

当然，只有成为上帝才能仅凭意志控制他人的感觉状态。（Action and Inaction in Berkeley', 220）[1]

---

[1] Taylor, C. C. W. (1985). Action and inaction in Berkeley. In John Foster & Howard Robinson (eds.), Essays on Berkeley: a tercentennial celebration. New York: Oxford University Press.

贝克莱的世界：关于三次对话的考察
Berkeley's World : An Examination of the Three Dialogues

这一反对意见试图表明，意志理论与贝克莱的物理行动解释的结合会产生荒谬之处。荒谬之处在于，我应该对你的心灵有某种直接控制，以至于我可以随意影响你的感觉状态，而不需要做任何其他事情。显然，说我可以间接影响你的感觉状态并不荒谬，例如通过大喊或在你眼前挥动笔。泰勒的直觉是，只有通过做一些物理的事情，通过进行某种物理改变，我们（与上帝相对）才能影响他人的感觉状态。

正如我们上面所看到的，对意志理论的一个常见反对意见是，我们不能仅凭意志做任何事情，甚至不能移动我们的手臂。这是对的，但无关紧要，因为意志理论并不认为真正的意志和单纯的念力尝试是相同的精神操作。相反，这种观点认为，如果我形成了一个真正的意志，让你的手臂移动，并且这种意志导致了手臂的移动，那么你的手臂移动将是我做的事情，正如当我形成移动自己手臂的意志并且它移动时，那是我做的事情。形成意志也是一种行动，尽管是一种精神行动，并且不必意味着每当我试图形成意志时我都会成功。因此，我们可以通过我甚至没有形成适当的意志来解释试图直接移动玻璃的怪异行为。贝克莱可以（而且必须，如我在第四章中解释的那样）坚持认为行动的限制都是偶然的：当我们探索世界时，我们发现哪些事情我们可以做，哪些事情我们可以尝试但不能做，哪些事情我们甚至不能尝试做。例如，有些人可以随意扭动耳朵。我不能，我甚至不知道如何尝试，而有些人不能成功地扭动耳朵，但显然在尝试。

因此，贝克莱不应先验地排除有人能够仅凭意志"控制他人的感觉状态"。但泰勒此时会坚持认为你和我不能形成这种意志，我们甚至不知道如何尝试直接控制他人的感觉状态，但我们显然可以执行物理行动。对此正确的回答是：当然，你不能形成那种意志，但你也不需要。泰勒指出的是，在特定理解的感觉状态和物理对象上，贝克莱的提议是荒谬的。然而,这并不是贝克莱对感觉状态或物理对象的解释。

根据最简单的感知模型(SMP),处于感觉状态意味着直接面对一种感觉性质,这与意识到它的心灵是不同的。(当然,贝克莱接着论证这些感觉性质是依赖于心灵的,但这是另一回事。)如果这是感觉状态的正确解释,那么控制他人的感觉状态就是控制他们以这种方式相关的感觉性质。"控制"在这里可能是个过于强烈的词,因为感知关系总是可以通过感知主体的行为打破,所以让我们集中在影响他人的感觉状态上。根据SMP,所有需要做的就是影响感觉性质,使得其他感知者在合作的情况下适当地与自己选择的性质相关联。唯物主义者认为操纵物理世界的部分会导致他人感觉状态的变化,但根据SMP,没有什么需要如此被引起。相反,操纵物理世界的部分,即观念或感觉性质,可以构成他人感觉状态的变化。

泰勒的反对意见背后是一种将物理世界和感觉状态视为不同但因果相关的概念。他试图通过声称"使用我们普通的概念"来激发荒谬性:

> 我可以通过在你的视线范围内移动我的手使你觉得我的手在移动……但我们应该对这样一种说法感到困惑,即我只是凭意志使你觉得我的手在移动。(Action and Inaction in Berkeley', 219) [1]

这段话的关键是区分某人觉得我的手在移动和我的手在移动。问题在于这种关系是因果的还是构成的。假设它是因果的就是对贝克莱的先入为主。

---

[1] Taylor, C. C. W. (1985). Action and inaction in Berkeley. In John Foster & Howard Robinson (eds.), Essays on Berkeley: a tercentennial celebration. New York: Oxford University Press.

贝克莱的世界：关于三次对话的考察
Berkeley's World : An Examination of the Three Dialogues

通过认真对待SMP，贝克莱必须将感觉状态的存在视为心灵与感觉性质之间的纯粹关系，因此如果一个人能控制／影响感觉性质，那么他就能直接控制感觉状态。由于感觉状态是一种关系，改变或以其他方式影响一个关系项就是影响关系。此外，物理行动涉及对物理世界的改变，而对于贝克莱来说，物理世界由感觉性质组成，因此物理行动涉及改变感觉性质。泰勒的反对意见假设我们只能通过影响物理世界来影响感觉状态，因此只能间接地影响。忽略的是，贝克莱认为"影响感觉状态"和"影响物理世界"是对同一过程的两种描述，即操纵观念或感觉性质。大家都同意，如果有人想象一支笔或一个橙子，他们可以直接做到。泰勒的反对意见是，如果有人想让别人感知一支笔，他们不能直接做到，而是必须做一些其他事情来使别人感知一支笔。同样，如果一个人想自己感知一支笔。回应是，只要我能控制笔，比如从口袋里拿出来，我就能控制那些看着我的人的感觉状态。我拿出笔并没有导致他们看到笔，因为他们看到笔的过程包括有笔可见，而我所做的单一行为，可以描述为从口袋里拿出一支笔，也可以描述为使那里有一支笔可见，从而，如果他们合作的话，影响了他们的感觉状态。

贝克莱对此反对意见的回答有三个方面。首先，虽然我可以仅凭意志控制或影响他人的感觉状态，但这种能力有严重但偶然的限制。例如，我不能仅凭意志使你经验到一只粉红色的长颈鹿，就像我不能仅凭意志创造一只粉红色的长颈鹿一样。其次，两种看似矛盾的说法都是正确的：

1. 我仅凭意志使你经验到一支红色的笔。
2. 我通过把笔放在桌子上使你经验到一支红色的笔。

这是因为我把笔放在桌子上的事件（在良好的光线下，在你睁开的眼睛前）与你看到一支红色的笔的事件没有区别。它们是同一件事，根据意志理论，我仅凭意志做了一件事，因此我也仅凭意志做了另一件事。最后，我仅凭意志做某事并不意味着做那件事是我意志的内容。只有相信贝克莱的行动理论的人才能理解地形成直接改变他人感觉状态的意志。正常的主体会形成把笔放在桌子上的意志，知道这会导致他人有某些经验。

对这一反对意见的讨论澄清了想象和做事之间的区别，即在想象中我只创造我感知到的感觉性质，而在做事时我也创造他人感知到的感觉性质。由于我想象中的感觉性质不是真实的事物，而那些被我和他人感知到的感觉性质是真实的事物，因此想象更容易且限制更少也就不足为奇了。创造和改变真实事物的能力不应感到神秘，因为即使是唯物主义者也必须说那只是我的因果力量之一。我打呵欠并发出声音。贝克莱和他的反对者都同意那声音是我根据自然法则使之存在的物理世界中的某物。贝克莱只是补充说，它必然被某人感知到。

（3）感知我自己的行动

第三个反对意见要复杂得多。下面我引用了一段话，其中菲洛诺斯认为感觉对象是公共的，而想象对象是个人的。我们看到这对区分想象某物和实际做某事没有帮助，因为无论是感觉观念还是想象观念，都是个人的。感觉观念所构成的对象是公共的。如果两者都是私有的，那么有什么区别来区分感觉观念和想象观念呢？正如这段话所暗示的，菲洛诺斯指的是早前的一次交流（DHP3 235）：

海拉斯：但是根据你的观点，现实的事物与由想象形成的虚构物或梦中的幻象有什么区别呢，因为它们都同样存在于心灵中？

菲洛诺斯：由想象形成的观念是模糊不清的，并且完全依赖于意志。但通过感觉感知到的观念，即现实的事物，更加生动清晰，并且是由与我们不同的灵魂印刻在心灵上的，不像想象的观念那样依赖于我们的意志。

贝克莱的世界：关于三次对话的考察
Berkeley's World: An Examination of the Three Dialogues

菲洛诺斯在这里断言，一个观念被感知而非想象，并因此成为现实事物的一个必要条件是，它不依赖于我们的意志，而想象的观念则依赖于我们的意志。但现在我们遇到了一个问题，因为当我行动时，我的行动是现实的事物，我有时通过感觉感知到它们。这似乎意味着我们无力改变物理世界：要么我在行动时感知到的观念，即我试图引起的物理变化，实际上是由上帝引起的，而不是由我引起的；要么它们是由我引起的，但不属于现实世界。

这里的问题是对第一个反对意见的回应的一个有趣后果。在那里强调的是，当我行动时，我和其他人感知到的观念不是由我的行动引起的，而是构成了它。但既然这是我做的事情，那么这些观念就在我的直接自愿控制之下，因此它们不能通过它们的不自愿性，即不依赖于我的意志来分类为现实的，而不是想象的。

迈克尔·艾尔斯（Michael Ayers）注意到了这个困难，他写道：

……无法提供一个连贯的解释（自愿想象自己的腿移动与自愿移动自己的腿之间的区别），因为在后一种情况下，构成腿部移动的观念必须既是自愿的，又是"真实的"，即不自愿的。（Introduction to Berkeley, Philosophical Works, xix）[1]

然而，这个反对意见并不像他所说的那么简单，因为如果构成我腿部移动的观念是你的观念，它们可以对我来说是自愿的，而对你来说是不自愿的，因为"自愿"只是意味着"在控制之下"，显然是相对于心灵而言的。区分做和想象本质上涉及他人心灵中的观念。确实，如果贝克莱想在纯粹的第一人称基础上做出这种区分，他会遇到问题；然而，他从未承诺那种方法论上的唯我论。然而，艾尔斯是对

---

[1] Ayers, Michael R. & Conte, Jaimir (2011). George Berkeley.

的，确实存在一个问题，因为我们无可否认地感知到我们自己的行动，而我们在这样做时所拥有的观念在矛盾的方式上既是自愿的又是不自愿的。

有时，在为相信上帝的存在提供理由时，贝克莱谈论好像所有发生的真实事物都是直接由上帝引起的。这将导致我们实际上无能为力，无法在真实的物理世界中使任何事情发生。我们所能做的最好的事就是尝试行动，而上帝是仁慈的，为我们行动，做（大部分）我们尝试做的事情。如果菲洛诺斯被迫得出我们无能为力的结论，那将是一个接近于怀疑或荒谬的哲学主张。在贝克莱的历史背景下，由于马勒伯朗士的影响，这种认为人类无能为力，我们只能通过上帝的合作来改变世界的建议是熟悉的。马勒伯朗士的偶因论教义，即精神和物质领域无法进行因果互动，因此一个领域的变化是由上帝直接在另一个领域的变化的场合引起的，贝克莱在《第二次对话》中批评了这一观点。贝克莱在《第二次对话》中（DHP2 220）认为，上帝需要一个场合来将观念放入我们的心灵中是对上帝的贬低。这一反对意见的反面是，认为我们的意志是上帝行动的场合是傲慢的，因为偶因论几乎在说我们的意志是上帝的命令。除了在神学上难以接受外，这与上帝存在的论证也是不一致的。

海拉斯发现了另一个反对意见（DHP3 236），因为如果我们无能为力，而上帝实际上为我们执行所有"我们的"行动，那么他就要对我们（试图）做的所有可耻的事情负责。既然我们试图做这些事情，我们仍然应该受到责备，但似乎上帝也应该受到责备。这是一个特别严重的恶的问题，因为上帝不仅仅是没有阻止我们，不仅仅是与我们的错误行为勾结，而是他亲自执行了这些不可接受的行动。

不出所料，菲洛诺斯对恶的问题的回应是坚持有限灵魂的自由意志（DHP3 236）：

贝克莱的世界：关于三次对话的考察
Berkeley's World : An Examination of the Three Dialogues

确实，我否认除了灵魂之外还有其他主体：但这允许有理性的思维存在，在产生动作时，使用有限的力量完全一致，这些力量最终确实源自上帝，但直接受他们自己意志的支配，这足以使他们对自己的行为承担全部责任。

菲洛诺斯在这里使用了自由意志来回应恶的问题。不论这种回应的优劣，显然菲洛诺斯已经认识到，这要求我们不仅拥有自由意志，还要有行动的自由，即不仅能够自由地意志某事，还能够做出我们自由意志的事情。将感知的非自愿性作为现实的必要条件，与允许我们的自由意志之间的冲突，不能通过声称我们无力自己影响物理世界来充分解决。这个说法对贝克莱来说在神学上是不可接受的，并且也否认了"人人皆知"的事实，即他们可以做诸如拿起书本和开门这样的日常事情。

乔纳森·丹西（Jonathan Dancy, editor's footnote to PHK 147）提出的一个稍好一点的建议是，我们的行动是合作的努力：只有在上帝的帮助下，我们才能在现实世界中带来变化。相比之下，我们的想象不需要神圣的帮助，因为"由想象形成的观念"完全依赖于意志。这个建议通过说尽管我的行动确实是我做的事情，因此是自愿的，但它们也是、同样是上帝做的事情，因此"由与我们不同的灵魂印刻在心灵上"，使它们成为现实的事物，从而解决了现实问题。

这个建议仍然遭受恶的问题的困扰，并且也影响了对上帝存在的论证的说服力。我们应该从那些最能解释为神意产物的自然现象中推断上帝的存在。为了做到这一点，我们必须对上帝的代理行为有一个连贯的概念，即他如何产生这些现象。这只能通过我们自己的情况推断出来。但现在我们面临一个问题，因为我们只有两个例子可以推断：想象和行动。但如果行动最终是合作的，它不能作为上帝独立行为的模型,而想象也不能,因为(1)它只在想象者的心灵中产生观念,并且(2)它不产生真实的事物。但如果不能基于我们的行动或想象来理解上帝引起自然现象的方式,那么就根本无法理解。这一论点同样可以用来反对我们完全无能为力的说法。

另一种解释"完全依赖于意志"的想象观念的方法是,想象是不受限制的,但物理行动则不是。具体来说,物理行动受到自然法则的限制,而想象则没有这种限制。因此,与其说上帝为我们或与我们一起执行我们的行动,不如说他只是对我们的行动施加了约束。虽然这确实是行动和想象之间的一个区别,但它并不能解决我们当前的问题。首先,想象也受到限制,不是受自然法则限制,而是受先前经验的事实限制。技术的进步给我们提供了许多曾经无法想象的例子,例如与世界另一端的人对话。还有一些事情将永远无法想象,例如死亡的感觉,因为想象总是先前经验的产物。其次,很难看出我不能做某些事情的事实如何能阻止我能做的,并且确实做的事情"完全依赖于意志"。换句话说,当在限制范围内时,我的行动使我对我感知的事物有自愿控制,从而根据菲洛诺斯给出的现实标准使其变得不真实。

关于限制提议的一个变体是,自然法则是物理行动的必要条件,而想象则没有条件。因此,如果自然法则不同,我打字的意志可能会引起完全不同的事件,或者根本没有事件。因此,即使我在感知自己的行动时,决定我感知的不是我的意志,而是自然法则。但这将陷入合作提议,因为根据贝克莱,只有灵魂才能引起任何事情,所以因果法则只是记录了某些灵魂的行为模式和意图,即上帝。因此,如果我的意志只有在因果法则的作用下才产生效果,那么它只能在另一个灵魂的贡献下才产生效果。

这些提议基本上穷尽了通过操控行动的解释来避免感知效果现实性问题的所有方式。由于这些方式都不够充分,我们应该考虑操控现实性标准的方法,以便那些在我直接控制下的观念仍然可以成为感官

贝克莱的世界：关于三次对话的考察
Berkeley's World : An Examination of the Three Dialogues

知觉的对象，从而被视为真实。

非自愿性现实标准背后的想法借鉴了两个非常自然的想法。一个是现实超出了我的控制，另一个是我们很少（如果有的话）在当前是感知还是想象某物上犯错。经过一点哲学反思就会意识到，对世界的行动正是将其置于我的（相当有限的）控制之下，因此第一个想法并不完全正确。正如我们将看到的，问题出在混淆了感知过程中的主体的被动角色和对感知对象的缺乏控制。考虑第二个想法，我们不会将感知和想象混淆。首先，这告诉我们，用生动性和清晰度的标准来区分感知和想象是多么不重要（DHP3 235），因为如果我们依赖这些标准，就很容易被生动的想象和模糊的感知所欺骗。标准也不能是我们能控制我们想象的事物但不能控制我们感知的事物，因为不仅我们对我们感知的事物有相当大的控制，有时我们也无法控制想象。例如，M.R.詹姆斯的恐怖故事很容易让人的想象充满不想要的图像，正是无法控制这些图像导致了不眠之夜。因此，我们能够轻松区分感知和想象的解释必须是它们是非常不同的心理过程，在这些过程中我们扮演不同的角色。

想象一下一个你非常熟悉的人的脸，也许是恋人或亲密的亲戚。这项任务很容易，因为你应该能够做到。但这需要努力，你必须投入相当多的智力资源，不能长时间维持，并且会妨碍你执行其他任务。相比之下，只是看着那个人的脸则不需要努力，是休息和放松的，可以持续很长时间，即使你在思考其他事情。我们可以暂时得出结论，感知作为一种心理现象，其真正的标志是它的轻松无力。在一种完全合理的主动/被动区分的意义上，这将使感知变得被动，而想象变得主动，因此我能够对那些我被动参与的事件和过程进行某种控制也就不足为奇了。这与选择观看哪个视频并没有太大不同！

这通过允许（1）我们有时在引发我们感知的事物时是主动的；但（2）在感知它们时是被动的；以及（3）观念是否在自愿控制下对

于决定它们是否真实并不关键，从而解决了感知行为现实性的问题。我们有时可以引起我们通过感觉感知到的事物，但随后对它的感知是毫不费力的，而想象同样的事物则不是。当然，如果有人处于一种不幸的境地，即只能感知到自己的行为而无法感知到其他任何事物，换句话说，控制了他们所感知到的一切，那么对他们来说，现实将会非常奇怪。最重要的是，他们将无法区分误导性或幻觉经验与可靠或真实经验之间的区别，因为在贝克莱的系统中，这涉及辨别自然法则（即上帝的意志）对我们经验的模式施加的影响。因此，感知不仅是被动的，而且通常是非自愿的，这对于我们理解我们所生活的世界至关重要，尽管只有被动性是现实的标准。

当我行动时，我通常会引起自己和他人产生观念。我在他人中引起的观念对于感知它们的人来说是非自愿的，因此毫无疑问是现实世界的一部分。但我自己引起的观念对于感知它们的人来说是自愿的，然而由于我的行为是现实世界的一部分，因此非自愿性不能成为现实的必要标准。因此，我们需要一个标准来区分我对自己行为的感知和我的想象，这里的关键似乎是，想象中需要努力将一个图像保持在我的脑海中，而在维持感知的"图像"时则不需要类似的努力。认为这是贝克莱试图用他的生动性标准来描述的现象之一并非不合理。

这个解释存在一个潜在的困难。在大多数感知的情况下，我们会注意到某些特定的可感知事物，这种注意力需要努力，因此是主动的，而不是被动的。即使可以有不需要注意力的感知，这也是一个次要问题，因为某些感觉感知涉及注意力，而贝克莱需要声称所有感知都是被动的。

注意力是否对贝克莱提出的立场构成真正的问题取决于一个看似经验性的问题：注意力是否影响感知的内容，影响我们感知到的东西，还是仅仅影响我们对感知的处理方式？用一个现代的类比：注意力是前期制作还是后期制作？如果注意力影响感知的内容，那么看起来感知在所有情况下都不是完全被动或毫不费力的，贝克莱再次陷入没有与他的行动解释一致的现实标准的困境。但如果注意力仅仅影响我们对感知的原始数据的处理方式，那么就没有问题。

6.3 自由意志与对其他心灵的认识

贝克莱的行动解释的第三个相当困难的问题集中在我们对自己行为的感知上。他没有质疑中心论点，即在行动中我们直接和间接地影响他人心中的观念，即影响他人感知的内容。现在我们可以将视角转变为那些作为这些行为的接受者的人。换句话说，我们现在将从第一人称视角转向第三人称视角来审视行动。然后我们应该问，一个行为的观察者如何知道他所感知到的是另一个有限心灵的产物。答案是他在现象中辨别出一个模式，这个模式揭示了另一个智能、主动的存在是这些观念的原因。这一推论必须与他对上帝存在的认识相关联，因为这源于相同的证据来源，这给我们的自由意志带来了困难。具体来说，如果我们通过从感知模式中推断出因果关系来了解其他心灵，无论是有限的还是无限的，我们都面临一个选择。要么揭示有限心灵存在的模式包含在揭示无限心灵存在的全局模式中，要么它们是分开的。在第一种情况下，我们的行为实际上是上帝意图的产物，因此我们根本不自由；在第二种情况下，我们的行为是自由的，但会对自然法则造成例外，因此科学不再是普遍的。

值得暂停一下注意，第一种选择并不会让我们没有任何理由相信其他有限心灵，正如贝内特（Bennett, Locke, Berkeley, Hume, 221）[1]所建议的那样。从我们的经验数据推导出一个心理原因的推论利用了这样一种思想，即心灵有计划和意图，它在行动中寻求实现这些计划

---

[1] Bennett, Jonathan (1971). Locke, Berkeley, Hume; Central Themes. Oxford,: Oxford University Press UK.

和意图。完全有可能我对你行为的感知是导致我相信上帝存在的模式的一部分，但这种行为也展示了一个不同的、更局部的模式，这个模式最好解释为它是另一个有限的、理性的存在的有意行为。整体图景，即每个人的行为加上所有非人类的世界，可能最好解释为上帝的行为，但这并不矛盾于其中一部分行为也揭示了你的意图。然而，鉴于对另一个心灵的推论是对我观念的原因的推论，如果我要推断你的意志导致了我的一些观念，并且这些观念也引导我相信上帝的存在，那么上帝必须是你意志的原因。因此，只要我们允许上帝通过赋予他们的意志因果效力作为他更一般计划的一部分来揭示其他心灵，我们就可以允许贝克莱将我们对其他心灵的认识与所有感知都是直接或间接由上帝引起的思想结合起来。贝克莱对其他心灵的问题不在于它们的存在，而在于它们的自由意志。

  我们可以采取一种立场，使我提出的困境看起来不太成问题：为什么科学必须是普遍的？为什么不认为人类行为不被机械物理学的硬性法则所涵盖是一件好事？当然，最轻微的经验就会教导我们，不能用预测行星规则和不变运动的工具来解释反复无常和不可预测的人类。

  这种回应有一定的道理，贝克莱可能会赞同，但它的实际效果不如表面上看起来那么大。首先，即使我们不想将人类行为简化为物理学，只是让两者兼容，这个问题也会出现。此外，我们必须区分贝克莱完全合理的工具主义与他偶尔玩味的、较不具防御性的观点，即科学完全服务于实际关切。将物理学应用于人类行为可能没有好处，甚至有几个缺点，但这并不能解决物理学是否涵盖我们行为的问题。可以为将科学与人类行为解释视为在不同领域运作的实际利益提出一个很好的案例，但它们之间如何关联的问题不会消失。工具主义是一种解释成功科学理论的方法（它们不是真实的，只是好的推理规则），但它并没有预先规定科学成功的标准。即使最终所有科学都是有用

贝克莱的世界：关于三次对话的考察
Berkeley's World : An Examination of the Three Dialogues

的，科学实践也承认一个独立于有用性的成功标准。工具主义的意义不在于改变科学，而在于表明我们可以理解科学，而无须认为科学理论旨在某种不可观察的、理论上的真理。现在，事实可能表明最好的物理理论是普遍的。贝克莱时代公认的物理学是牛顿力学，它将物理世界描绘成由离散物体组成，这些物体以规则的方式改变其性质。这些变化的规则有两种截然不同的类型。一种类型在假设没有干扰的情况下，根据过去的状态描述未来的状态。另一种类型描述了干扰对物体状态的后果。通常，任何特定物体的生涯中的干扰来自它与另一个物理物体的交叉路径。相互作用及其后果由力学定律描述，相互作用的发生也同样由这些定律涵盖。是否存在其他类型的干扰，来自物理系统之外，这是许多自由意志解释所要求的，取决于是否存在进一步的法律来管理整个物理系统的性质，例如要求系统内能量守恒的法律。这种对额外法律的要求留下了保留有用力学的可能性，同时为行动自由留出空间。但物理学实际上比这更雄心勃勃，更具帝国主义色彩：它试图将任何明显的外部影响纳入其解释框架。这种完整性的一个标志是决定论，即过去加上物理定律逻辑上必然导致未来。但即使是决定论也不是完整性的必要条件。当我们观察量子层面时，物理学可能不是决定性的，但其不确定性是具体且可发现的，因此不确定系统不会做任何令人惊讶的事情：可能无法确定从实验装置中出现的特定粒子是否具有性质P，但它具有P的概率是非常精确的。这不为物理系统之外的干预留有任何空间。如果普遍性和完整性的物理学有任何例外，这些将在物理学本身中显现出来，不应由哲学家预先判断，即使是工具主义者。目前尚无例外显现。因此，我们不能简单地排除人类行为与科学之间冲突的可能性。

另一种解释是一种形式的相容主义：有限灵魂的所有行为确实构成了上帝行为的更大、全球模式中的子模式，但这并不意味着我们在行动时不自由。自由在于我们的行为源于我们的决定，即使它们是由自然法则决定的或以其他方式固定的，也是如此。不论相容主义能否在其他形而上学系统中奏效，有两个原因使得它似乎不是贝克莱的选择。一个是相容主义似乎使我们无法了解其他有限心灵，因为我们经验中的所有模式只会指向上帝。我们必须解释在相容主义下我们如何知道除上帝之外的心灵。另一个是相容主义的唯心主义者必须在两者之间做出选择：要么我们无能为力，实际上是上帝直接实现了我们认为自己所做的事情，以符合他对物理世界的意图；要么上帝通过影响我们的决定间接确保我们的行为符合他的意图。如上所述，无能为力的建议对贝克莱来说并不真正可接受，而另一个建议使他在恶的问题上处境更糟，因为上帝不仅要对我们的坏行为负责，还要对我们的坏意图负责。

物理学的不可避免性与我们显然的自由意志之间的紧张关系并非贝克莱独有，菲洛诺斯合理地坚持认为（DHP3 260）：

> 因此，每当遇到任何困难时，试试看你是否能在唯物主义者的假设下找到解决方法……如果在唯物主义的帮助下你不能更容易地理解它，那么显然它不能作为反对唯心主义的理由。

不幸的是，菲洛诺斯的辩证观点在哲学上并不令人满意。确实，如果唯物主义者也不能给我们一个充分的自由意志解释，我们不能以此为理由来偏爱唯物主义，但我们可能会因此而对两种观点都持保留态度。与其在此止步，我想为贝克莱提出一个解决问题的方法，这结合了上述两种降调回应中的正确之处。

好的观点是：（1）物理定律在行为解释中没有任何作用；（2）自由行为的条件可能不会与物理学冲突。然而，与其从自由意志的解释开始，我将从其他心灵开始讨论。我们已经讨论了贝克莱对上帝存在的三个不同论证：最佳解释推理、因果论证和依赖论证。前两个在策

贝克莱的世界：关于三次对话的考察
Berkeley's World: An Examination of the Three Dialogues

略上相似，因为它们都以某些数据为基础，这些数据被认为指向某种存在，除了我自己和我的观念之外，并且论证它们指向另一个心灵（特别是一种特殊类型的心灵，即无限的心灵）。这个论证中的一个关键步骤是贝克莱的符号理论：我们发现某些经验像符号和所指那样相关。因此，雨打窗户的声音与我出门时脚下的湿滑之间没有自然或本质的联系，但经验揭示了这种联系。由于这种联系不是自然的或本质的，但却是规律的，并且在所有意图和目的上都是不变的，贝克莱认为观念之间的联系就像词语或符号与它们所指之间的任意联系。这种任意联系使我们能够在思想中快速从符号转到所指。在人工或人类语言和符号系统的情况下，符号的意义由"共同习惯"固定，但在这种自然语言的情况下，自然语言的意义必须由其创造者，即上帝固定。

现在贝克莱面临的关于其他有限灵魂的问题可以重新表述：我们通过阅读自然语言了解上帝，但如果有限灵魂所做的一切也是自然的一部分，了解这些事情只会告诉我们更多关于上帝的事情，而不是其他有限灵魂。如果所有观念的意义都来自无限灵魂，那么发现它们的意义不会告诉我们任何关于有限灵魂的事情。我想为贝克莱提供的解决方案是，我们通过他们的语言了解有限灵魂，而人类语言与自然语言非常不同。某些观念具有一种自然意义和一种完全不同的人类意义，这两者之间没有冲突。

有两个重要的点需要注意。首先，即使我们接受自然世界的观念在符号与所指之间的关系，称其为一种语言也是奇怪的，或者说最多是比喻性的。奇怪之处在于这种语言只能进行一种类型的言语行为：一个观念自然能指示的唯一事情是另一个观念的出现，它最多只能说"某某将会发生"。在真正的语言中，人们不仅可以陈述事实，还可以提问、表达情感、发布命令等。贝克莱的神圣语言无法做到这些。

算术是否是一个反例，因为它是一种没有语气的语言？不是，因为算术只有在更广泛的语言背景下才有意义。如果你发现一张写着

182

"2 + 2 = 5"的纸片，你不知道这是一个错误的陈述，一个不寻常的愿望，一个命令（think of Orwell's 1984）还是一个孩子的问题。没有更多的算术部分可以解决这个问题，反而这个算式必须嵌入到其他语言约定中。

因此，如果我们要说我们通过语言的使用了解有限心灵，我们指的是比简单的符号—所指关系复杂得多的东西。我通过看到他们表达愤怒或恐惧，通过听到他们的提问和感受到他们的疑虑来了解有限心灵的存在。将自然视为一个符号系统并不能揭示关于上帝心灵的任何这些信息。因此，当我们试图了解其他有限心灵时，我们有一种完全不同于我们理解自然现象源自神圣意志时所依赖的资源。

当然，《圣经》在某些部分鼓励读者将某些自然现象视为神圣愤怒或喜悦的表达，但（1）这并不意味着所有的洪水都表达了神圣的愤怒，（2）总有其他的沟通来源，如通过先知的警告，以及（3）如果这些事件是奇迹，它们是正常符号—所指关系的假设性中断。因此，我对自然语言和人类语言之间差异的解释在神学上对贝克莱来说是可以接受的。

此外，这是第二点，我们的经验中揭示上帝心灵和其他人心灵的部分或方面是不同的。如果我们试图通过自然现象的意义来了解上帝的心灵，我们必须进行一些科学研究，而在进行科学研究时，我们很快发现我们认为是符号—所指关系的表面规则只是更深层次和不那么明显的规则的症状。我上面举了一个例子，听到窗外的雨声意味着脚下的草地是湿的，但这是一个过于简化的说法。仅举一个隐藏的复杂性例子，我注意到的相关性取决于蒸发速率，而蒸发速率又与温度、压力和风速相关。但是我们会发现，即便像这些关联也依赖于其他因素，如液体的分子结构。因此，虽然贝克莱可以说我们用来组织日常生活的经验法则揭示了无限心灵的仁慈，但我们并不是在这些经验法则中阅读那个无限心灵写下的世界故事的语言。

贝克莱的世界：关于三次对话的考察
Berkeley's World: An Examination of the Three Dialogues

相比之下，我们对有限心灵的知识确实依赖于我们在日常未分析的经验中遇到的材料。当我们在某人的脸上看到喜悦、痛苦或关切的表情时，这种表达能力并没有更基本的意义基础。深入研究面部表情的生理学可能会告诉我们很多关于自然世界如何运作的信息，但它不会告诉我们关于这个人的痛苦和焦虑的更多信息。

因此，我们用来推断其他有限心灵存在的经验方面与我们用来推断上帝存在的方面是不同的。那么，自由意志呢？对贝克莱来说，自由意志的重要性在于它是道德责任的必要条件。其一部分原因是，如果我们要对一个行为负责，我们必须是其原因，这也是为什么偶然主义的行为解释面临恶的问题的一个严重形式。因此，贝克莱必须认为有限心灵的意志是我某些观念的原因。然后问题就来了：如果我们有自由意志，上帝如何确保我们自由引起的观念与他放入自然世界的模式一致？有三种可能的答案。上帝可能引起我们的意图，但这个选项似乎再次威胁到我们的自由意志并引入了恶的问题。或者，上帝可能利用他对我们自由选择的预知来构建自然世界，使我们的行为与之相一致。最后，仔细关注有限心灵究竟是哪些观念的原因，可能会使问题消失。这里我想考虑的是第三个选项。

我们需要记住观念与它们组成的持久物理对象之间的区别，这个区别已经多次提到，并将在第八章中详细讨论。我们通过他脸上的痛苦表情得知某人正在疼痛。如果我们接着将注意力转向通过肌肉收缩和神经活动来解释这种表情，我们可能在考虑同一个公共的、持久的对象，即他的脸，但我们会考虑不同的观念。但正如我上面所说，自然法则，即引导我们走向上帝的规则，是在我们进行这些更深入的调查时定义的。因此，我们可以说，一个单一的物理对象，即人体的行为，可以引导我们走向两个不同的心灵作为原因，即上帝和一个有限的心灵，因为在组成那个身体的集合中，不同的观念引导我们走向这两个心灵。

184

只有当我们假设我们的意志和上帝的意志产物是完全相同的事物时，我们的自由行为才会出现问题。但由于意志的产物是观念，这个问题并不存在，因为完全相同的观念不是由我们和上帝共同引起的。例如，如果有人对我说话，我听到的话语的观念是由他们引起的，但如果我进一步询问言语是如何产生的，那么他们的声带和它产生的声波的观念是由上帝引起的。如果我们考虑人类行为的第一印象，我们的观念是由其他有限心灵引起的。但如果我们将其视为一个自然对象，并以那种方式开始探究，那么我们拥有的观念，仍然是（即组成）那个行为的观念，现在是由上帝引起的。那些观念中的模式构成了自然法则。

6.4 自我

贝克莱推论上帝存在的依据以及他对我们日常认识其他有限心灵的解释都预设了一个前提，即在确立存在其他人之前，我对自己的心灵有一个概念，并认为这种心灵可能不止一个。关于如何形成这样的概念，有两个问题，其中只有一个被菲洛诺斯提及。海拉斯意识到我们无法对自己形成一个观念，因此问道，如果我们可以在没有观念的情况下对自己形成一个概念，为什么不能对物质形成类似的概念。为了回答这个问题，菲洛诺斯必须解释我们对自己的概念的来源，而不依赖于我们对自我的观念。即使他能做到这一点，另一个问题也会因为贝克莱的唯名论而出现。这个提议是，通过某种对自我的熟悉，我们形成了一个灵魂的概念，使我们能够理解其他心灵的可能性。为了实现这一点，我们必须形成一个灵魂的概念，认为它是一种可能有多个例子的事物类型。作为一个唯名论者，贝克莱认为存在的一切都是具体的，因此必须通过与一个具体事物的对抗来使我们能够将其视为一种类型。虽然贝克莱对如何在可感世界中进行一般性思考有一个解释，但将其应用于灵魂时会出现问题，因为我们只与一个灵魂直接相识，即我们自己。他从未解决其他心灵的这个概念性问题。

关于我们是否能够构思灵魂的讨论出现在《第三次对话》231—234页，包含了海拉斯的三次挑战及其回应。后两次挑战和回应是在1734年版中添加的，这表明，首先，贝克莱对这个问题的重视；其次，到那时他已经放弃了《人类知识原理》的第二部分的计划，该部分原本要讨论灵魂。不幸的是，第二和第三个回应主要是对第一个的自我重复。第三个挑战引入了休谟的丛束理论，贝克莱在《哲学评论》中曾玩味过这一理论。值得引用菲洛诺斯的长篇大论（DHP3）：

> 尽管如此，我知道我是一个灵魂或思维实体的存在，就像我知道我的观念存在一样确定。此外，我知道"我"和"自己"这些词的含义；我知道这是直接的或直观的，尽管我不像感知三角形、颜色或声音那样感知它……感知观念、思考和意志的东西显然本身不是观念，也不像观念。（231）

> 然而，我自己的存在，即我的灵魂、心灵或思维原则，我显然通过反思知道……最后，我说我有一个灵魂的概念，尽管严格来说，我没有它的观念。我不是通过观念感知它，而是通过反思知道它。（233）

> 我必须重复多少次，我知道或意识到自己的存在；我自己不是我的观念，而是某种其他的东西，一个思维活跃的原则，感知、知道、意志并操作观念。我知道我，一个同样的自我，感知颜色和声音：颜色不能感知声音，声音也不能感知颜色：因此我是一个独立于颜色和声音的个体原则；同样的理由，我也独立于所有其他可感知的事物和惰性观念。（233—234）

这里似乎有两个不同的思想，它们并不明显兼容。一个是，自我必须存在并且与任何观念不同，因为感知、思考、意志等都需要一个主体，需要某个意志、感知等的东西。因此，我们可以确定自己的存在，因为我们确定存在感知。这看起来非常类似于笛卡尔的"我思故我在"，至少在某些解释上将面临类似的困难。另一个思想是，我以某种方式意识到自己，我对自己有一种直接但非感知的知识，这种知识被各种描述为"直接的""直观的"和"通过反思"。

这两个思想之间的紧张关系来自第一个思想显然将我们的自我知识分类为推论性的，依赖于一个一般前提，即没有灵魂就不能有感知、意志等。相反，第二个思想使我们的自我知识非推论性，类似于但与感知完全不同。然而，我们可能过于仓促地将第一个思想同化为推论。再考虑一下第一个声明：尽管如此，我知道我是一个灵魂或思维实体的存在，就像我知道我的观念存在一样确定。

这可以被解读为关于两种不相关知识的比较确定性的声明，但这样的话，它就无法回答海拉斯的反对。相反，贝克莱打算将他对自己观念存在的知识视为他对自己存在的知识的某种基础。但为什么它必须是一个推论性的基础呢？我们在上一章看到贝克莱如何接受每个性质都必须存在于一个实体中的思想，但拒绝了唯物主义者关于内在性的概念，转而支持可感性质，即观念，通过被感知存在于灵魂实体中的论点。现在，一个持有每个性质都存在于一个实体中的人可以对我们对那个实体的知识采取三种态度。他可以说，当我们感知性质时，我们也感知实体，但这在现象学上是错误的（DHPI 175; also PHK 136）。或者他可以说我们推断出实体的存在。现在，我们已经看到贝克莱认为如果我们试图从性质推断出实体，我们最终会得到灵魂，但任何这样的过程要么预设我们对实体，即灵魂，有一个先验概念，要么只允许我们得出一个我们只有相对概念的实体的存在。或者，第三，他可能认为虽然我们只是感知到性质，但这给了我们对拥有这些

贝克莱的世界：关于三次对话的考察
Berkeley's World : An Examination of the Three Dialogues

性质的实体的直接但非感知的熟悉。在感知观念或性质时，我们意识到这些观念或性质存在于其中的实体，这种意识不是通过所有性质都存在于实体中的一般信念来中介的。这三种情况都可以有唯物主义和唯心主义的版本，取决于一个人对实体—性质关系的概念。第三种建议为唯物主义者，如果他接受《第一次对话》的论点的话，唯心主义者提供了一条从我们的感知经验到自我存在的直接途径。

如果我们将贝克莱解释为在感知可感性质时，我们直接但非感知地熟悉这些性质的实体主体，即我们自己，那么这就调和了我们的自我知识依赖于我们对自己观念的知识和它是"直接的"和"直观的"之间的表面冲突。不幸的是，这种对我们自我知识的解释存在一个主要问题，这不是休谟的问题，即我们没有自我的观念或印象，因为贝克莱明确否认这一点，而是康德的问题，即我们没有自我识别的知识。贝克莱假设第一人称代词指的是一个实质性的项目，一个灵魂。如果是这样，我们需要问我们将观念归于单一自我的依据是什么。具体来说，我们怎么知道我称之为自己的观念实际上不是由两个或更多灵魂拥有的，我们怎么知道你的某些观念不属于与我的相同的主体？也许只有一个有限的灵魂，一个所有观念，无论是你的还是我的，存在于其中的实体。显然，确定观念的主体的最常见依据是意识。贝克莱需要解释为什么所有且只有那些共同意识的观念——即它们可以共同出现在意识中的观念——属于一个主体。他必须避免洛克将主体的同一性定义为共同意识的定义，因为这与将自我视为一个独立于它所感知的观念的实质性项目不兼容。

很难猜测贝克莱会如何处理这个问题。我们知道他计划写《人类知识原理》的第二部分，讨论灵魂，但我们甚至没有手稿。在他给约翰逊的第一封信中，他写道：

至于我关于人类知识原理的论著的第二部分，事实是我在这方面已经取得了相当大的进展；但手稿在大约十四年前（1715年）我在意大利旅行时丢失了，从那以后我再也没有时间去做这么令人不快的事情，即在同一主题上写两次。

或许我们应该对"相当大的进展"持怀疑态度，因为在写《三次对话》时，他已经在同一主题上写了两次，并且取得了很大成功，没有任何厌恶的迹象。他很可能发现自己正处于在选择同样不可接受的两个选项之间。关于自我的实质理论似乎在心理世界中开启了那些他极力排除在物理世界中的怀疑主义的可能性。但如果感官观念仅仅是组成世界的物理特性，那么替代的丛束理论就无法奏效，因为那样他就不得不说，我的心灵是一个包含了咖啡杯的颜色和形状以及我感知到的世界其他部分的丛束。

6.5 结论

本章更多的是启发性而非结论性。我分离出了贝克莱的三个主要困难领域，即行动、自由和自我，试图聚焦于最严重的问题，并在除最后一个问题外，提出了他可能的回应。贝克莱经常因其对感知、观念、物理对象或未被感知的存在的解释而受到批评，但很少因其对行动、自由意志和自我的解释而受到批评。一个原因是他在这些方面写得太少，以至于关注这些问题显得有些苛刻。鉴于本书的积极和建设性质，某些讨论是不可避免的。当我们确实探讨这些主题时，我们发现贝克莱有一些不错的见解，但还有很多工作要做。正是在这里，他的形而上学最有可能失败。

附录：贝克莱是否持有意志理论的观点？

詹妮弗·霍恩斯比（Jennifer Hornsby；Actions, 52）[1]认为，贝克莱实际上并不持有在6.1节中详述的传统意志理论版本，基于DHP2 217：

> 菲洛诺斯：现在我首先想知道，既然运动被认为不是一种行动，你能否想象出除意志之外的任何行动。

霍恩斯比（Hornsby）基于此认为，贝克莱只认为意志是行动，而身体运动不是行动本身，而只是其效果。除了上面引用的《第一次对话》第196页的措辞外，这种解释还有两个问题：一个是我们有一个非常强烈的直觉，即我移动手臂涉及我的手臂移动。如果我移动手臂的行为被认定为我的意志（或者对于霍恩斯比来说，是我试图移动它），那么我的行为和我的手臂的移动是不同的存在，前者可以在没有后者的情况下存在。霍恩斯比通过说如果我们将我的行为描述为"移动我的手臂"，那么这意味着我的手臂移动了，但这只是我们描述行为的方式的一个特征来处理这个问题。虽然这种处理直觉的方式是足够的，但它使用了贝克莱无法使用的逻辑蕴涵概念，作为我们描述世界的方式。因此，他会发现没有身体运动是行为的观点非常违反直觉。其次，霍恩斯比引用的段落可以有多种解释。当菲洛诺斯说运动不是行动时，他是在考虑一个唯物主义假设（DHP2 217）：

> 海拉斯：……我所争辩的是，除了最高主体之外，还有一种有限和低等性质的原因，它在我们观念的产生中起作用，不是通过任何意志行为或精神效能，而是通过属于物质的那种行为，即运动。

---

[1] Hornsby, Jennifer (1991). On Action. Philosophical Quarterly 41 (165): 498—500.

拒绝无思想物质的运动导致我们观念的说法并不意味着贝克莱认为身体运动不是行为。在这种情况下，将某物分类为行为的重要点在于决定它是否可以成为原因。声称没有运动是原因，即它们不是主动的，因此在某种意义上不是行为，与说身体运动是行为完全一致，他的意思是它们是意志的效果。此外，难以想象任何"除了意志之外"的行为，在我看来，是模棱两可的。它可能是难以想象任何不是意志本身的行为，或者难以想象任何没有意志发生的行为。对于菲洛诺斯在那个时刻的辩证目的来说，两者都可以。

第七章 性质与谓词

7.1 定义与背景

到目前为止，我们已经建立了感知对象观念，这些观念是相对于某个时间点的感知者的特定性质实例，例如我现在看到的叶子的绿色。感知者是心灵或灵魂，它们是实质的、持久的、非物质的个体。心灵或灵魂具有行动的能力，即在自己和他人中引发感觉观念，尽管有限的心灵不会引发大多数自己的感觉观念。观念在感知上依赖于感知它们的心灵，在本体上依赖于引发它们的心灵。观念本身在因果上是无效的。

在本章中，我们将讨论关于这些观念及其与其他观念关系的问题。我现在看到的叶子的绿色观念是一个独特的项目，是一个独特的感知对象，与我稍后看到的叶子的绿色观念或你现在看到的叶子的绿色观念不同。要解决的问题是这些观念是否有共同之处，是否共享某种东西，即绿色。我们用同一个词"绿色"来描述它们，因此问题在于是否存在某种进一步的东西，即绿色的性质，它们都是这种性质的实例或它们都体现了这种性质。这是传统的共相问题。

值得注意的是，已经强调的观念相对于某个时间点的感知者的相对性以及我们对此的解释，有助于避免一个不必要的难题。因为贝克莱是一个自认的唯名论者，即认为不存在所谓的性质或性质的人，但他的本体论的基本元素是观念，而他经常将其描述为"可感知的性质"。但我们可以看到，当我们记住唯名论者否认的是作为共相的性质或性质的存在时，这并不矛盾，而可感知的性质或观念不是共相，而是特定的性质实例，例如（对我来说，现在的）这张桌子的颜色。

特异性是本章将要讨论的一个相当难以用更易理解的术语定义的概念。一种方法是使用单一性的概念：悲伤是一种可以有很多的东西，但彼得对他母亲的悲伤是独特的。其他人的悲伤可能相似，甚至无法区分，但它们与彼得的悲伤不是同一个东西。悲伤的性质，如果存在这样一个东西，是非特定的，但彼得对他母亲的特定悲伤实例是特定的。同样，所有物理对象（和心灵）都是特定的：无论彼得与他的双胞胎或分身多么相似，他们在数量上是不同的——他们是两个，不是一个。

在讨论和评估贝克莱的唯名论之前，我们需要澄清我们所说的性质是什么意思以及唯名论者到底在否认什么。一个好的起点是一个不可否认的事实，即当我们描述周围的世界时，我们通常会挑选出对象并说它们具有某些性质或属于某些类型。当然，思想和语言可以做得更多（贝克莱对此非常清楚，e.g. PHK Intro 24），但这种对对象性质的归因可以合理地被认为是我们判断的基础。在这类归因中，存在将性质归因与将种类归因区分开来的区别，这在我们的日常语言中相当清晰，尽管有些词可以同时执行这两种功能。例如，"金"既指一种物质类型，也指一种颜色。在电视喜剧《黑爵士二世》中，一个角色，珀西勋爵，希望通过炼金术将贱金属变成金子。他失败了，但声称成功地制造了一块最纯净的绿色。这个笑话在于他未能理解颜色（如绿色和金色）和种类（如铁和金）之间的区别。

在种类术语中，还存在可数名词和不可数名词之间的区别。你可以合理地问"有多少匹马（或树或……）？"但不能问"有多少水（或金或……）？"虽然我们（几乎）总是将性质归因于某物，但可数名词，或洛克称之为的分类词，与世界中个体、可识别的对象有特别紧密的联系。将分类词应用于某个对象意味着对其身份做出各种声明。因此，如果我说这个对象是一支笔，那么我排除了它与在不同时间和空间位置的对象是同一个东西的可能性，或它不是一个书写工具，或它是用果冻制成的。相比之下，如果我说这个对象是（金做的），那么，尽管我在做出判断时需要识别它，但我对该对象在时间和变化中的身份没有进一步的承诺（除了它现在存在并且现在是金的）。同样，如果我将一个像刚性这样的特质归于对象。然而，不可数的种类在回答"它是什么制成的？"这个问题时与性质不同。事实上，我们可以区分我们对遇到的对象提出的三个问题：它是什么样的？它是什么制成的？它是什么？它们的答案分别是性质、不可数的种类和分类词。

任何特定哲学家对这些区别的重视程度，取决于他如何看待那些我们赋予这些属性的可识别的独立个体在形而上学中的地位。在贝克莱的情况下，我们划定的各种类型的物理对象都只是观念的捆绑。唯一适用于观念而不是物理对象的种类术语是分类词"观念"和"可感知的性质"。这是因为在描述的基本层面上只有两种类型的事物：心灵和观念。因此，尽管物理对象是由观念构成的，但每个适用于物理对象的种类术语都不能应用于观念，每个可以应用于观念的种类术语都不能应用于物理对象。对于性质问题则稍微复杂一些。一些性质，如颜色和可能的形状，是在某一时刻一个心灵中的个别观念或观念集合的性质。其他性质，如刚性或生长，不是某一时刻一个心灵中的观念的性质，而是由多个心灵或多个时间点的观念构成的对象的性质。人们不会感知到一个刚性的观念，或一个生长的观念，因为没有这样的观念：刚性和生长不是个别观念的性质。个别观念的性质，可能还有在某一时刻一个心灵中的观念集合的性质，是贝克莱用"可感知的性质"这个词组想要指出的东西。不是个别观念的性质，而是跨越人际、跨越时间的观念集合的性质仍然是性质而不是种类，但像种类一样，它们总是被断言为比观念更复杂的东西。

一个唯名论者，即否认存在性质的人，并不因此否认某些事物是马，而另一些是树；某些事物是金做的，而另一些是铁做的；某些事物是方形的，而另一些是椭圆形的。表达唯名论的一种方式是说，每一个表面上关于性质的陈述，例如"红色是一种颜色"，都可以被改写为一个不是关于性质而是关于对象的陈述，例如"一切红色的东西都是有颜色的"。在执行这种改写策略的细节时存在一些著名的问题，但有一个更深层次的问题。如果改写要与唯名论一致，而未改写的句子似乎不一致，这必须是因为引用颜色红色以某种方式使我们承诺其存在，而将红色作为对象的性质并不会使我们承诺红色的存在。尽管这是直观的，但为什么会这样却远非显而易见。幸运的是，这个问题不需要困扰我们，因为贝克莱不太可能以这种语言绑定的方式思考唯名论。

传统上，唯名论是与柏拉图主义对立的。柏拉图主义者认为，性质是一种特殊的实体，它们永恒存在于空间和时间之外，而贝克莱显然反对这种观点。然而，并不是所有否认柏拉图主义的人都是唯名论者。柏拉图主义的定义性主张是，性质完全独立于体现它们的对象，而有人可能会否认这一点，同时仍然认为性质是真实的事物。这种观点认为，"所有F的事物之间有某种共同之处"的主张使人们承认性质的存在超越了拥有它们的事物，但又必然依赖于这些事物。我们可以称这种观点为亚里士多德主义。亚里士多德主义者不认为性质存在于与体现它们的物理对象不同的现实中。相反，它们具有空间位置和因果力量。然而，它们仍然与物理对象是不同类型的实体：物理对象可以在同一时间在不同的地方有不同的部分，但它们只能在一个时间点完全存在于一个地方，而性质，根据现实主义者的观点，在对象体现它们的每个地方都完全存在。

为了简化术语，并允许唯名论者说事物确实有性质，我们将说现实主义者接受共相，而唯名论者否认共相。因此，关于共相的所有形式的现实主义的共同点是声称世界上有两种不同类型的实体——共相和个体。不同形式的现实主义在如何描述共相上存在分歧，但这对唯名论者来说并不重要，唯名论者只是认为只有个体。这并不是说没有不同形式的唯名论，因为有些观点认为个体是物理对象，比如苏格拉底或那棵树，而另一些认为它们是特定的性质实例，比如苏格拉底鼻子的形状或这片叶子的颜色，并且对象是由这样的特定性质实例或性质的集合组成的。还有一些可能接受两种类型的个体。

最容易看出唯名论者所否认的是什么的方法是看看接受某种形式的共相的主要理由。这个论点可以追溯到柏拉图，逻辑如下：我们必须接受有时两件事是同类的或共享一个性质。例如，我可以从窗口看到两棵树。那么，是什么使得这两棵树都是树，特别是在它们看起来可能如此不同的情况下？许多哲学家认为，如果不在某个时候说这两棵树有某种共同之处，我们无法回答这个问题。但它们的共同之处不能是另一个个体，因此它必须是某种其他类型的实体。每个人都同意X和Y都是树，因为存在某种性质F，使得X是F且Y是F。对此，一种自然理解是，它是说存在某种第三事物，与X和Y不同，但可以用X和Y来表示。既然不能用任何东西来表述特殊性，那么这第三种事物就不是个体而是共相。唯名论者面临的挑战是解释为什么X和Y都是F，而没有引入非特定实体。

7.2 贝克莱对唯名论的承诺

唯名论是贝克莱哲学的一个工作假设。经验主义和唯名论之间有着紧密的联系，而在这一点上贝克莱显然是追随洛克的。事实上，贝克莱支持的唯名论原则"但这是一个普遍接受的格言，即一切存在的事物都是个别的"（DHP1 192）几乎是洛克的直接引用（Essay, in. iii. i and 6）。但贝克莱在这里应该更加小心，因为不仅他的某些哲学家对手，如笛卡尔和马勒伯朗士，对唯名论提出了质疑，而且这显然也不是常识或普通人的观点。我们确实都在说当我们说它们都是绿色时，几个不同的观念有某种共同之处，这种说法似乎是不可避免的：没有它我们无法理解我们的经验。唯名论者必须要么争辩说这种说法是误导的,要么给出一个与他的唯名论一致的解释。第一个选择将落入贝克莱对怀疑论的定义中(DHP1 173),因为它涉及否认普通人显而易见的"现实和真理"。因此,贝克莱像洛克之前一样,采取了后一种选择,试图表明我们在不同观念之间找到的共同点实际上是(有限的)心灵的工作。

贝克莱的立场在这里相当微妙,因为他想尊重各种观念有共同点这一显而易见的真理,例如都是绿色的,同时也尊重唯名论的命题,即我们从未在我们的感觉经验中遇到过共相。洛克通过他的抽象理论调和了这两种压力,该理论旨在表明我们如何能够仅从个别的经验材料中创造出一般观念,但贝克莱明确地拒绝了抽象。正如我们将看到的,贝克莱解决这种紧张的方法使他走向了一个更为复杂的思维理论。

为了完全明确贝克莱打算成为一个彻底的唯名论者,并且不支持亚里士多德的观点,请考虑如何解释"存在的一切都是个别的"这一主张。只有当它表示共相和个体之间的对比时,这才有意义。假设这种对比不是唯名论者的主张,即个体存在但共相不存在,那么它必须是亚里士多德的主张,即个体有独立存在但共相没有。因此,我们必须问:独立于什么?显然,这种观点认为共相不存在于体现它们的个体之外,因此相应地,它必须被主张个体确实独立于它们体现的共相存在。这相当于说可以存在没有性质的裸个体,这一观点贝克莱无疑会觉得荒谬。

此外,我们应该问这些个体在贝克莱的本体论中出现在哪里。有两种选择:心灵和观念。如果心灵是可能独立存在的个体,而与共相形成对比,那么观念在贝克莱的形而上学中显然不能独立于心灵存在,它们就是共相。这一观点与我在第五章中所提出的贝克莱认为观念是可感知的性质,所有性质必须存在于某种实体中,而在这种情况下是感知它们的心灵这一主张相符。不幸的是,这与《第三次对话》

贝克莱的世界：关于三次对话的考察
Berkeley's World: An Examination of the Three Dialogues

245页关于两个人是否曾经感知到同一个观念的讨论完全矛盾。在那里，菲洛诺斯断言我们经常说他们感知到了，因为他们的观念非常相似，但严格来说，它们从来不是同一个观念。但是，如果观念是亚里士多德的共相，在每次实例化时完全存在，那么两个人可能感知到同一个观念。裸个体也不能是观念，因为观念按定义是可感知的事物，但在《第一次对话》175页，菲洛诺斯非常明确地表示，除了性质之外，什么也没有被感知。最后，在《人类知识原理·导言》第七节，贝克莱写道：

各方都同意，事物的性质或模式从来不会真正独立存在，每个性质或模式都不会与其他性质或模式分离，而是混合在一起，如同在同一个对象中融合在一起。

将这解释为亚里士多德主义的陈述是错误的。亚里士多德主义者声称，性质并不独立于个别事物而存在，而贝克莱在此所写的仅仅是这些性质不独立于所有其他性质而存在。这甚至与柏拉图主义并不矛盾，柏拉图主义可能允许共相以群体或集群的形式存在，但独立于个别事物。

我们现在需要检查一个前提，即我们在感觉经验中并未遇到共相。这直接源自DHP1 174—175中所论证的观点，即感知的对象只是特定的性质实例。该论点依赖于假设SMP（最简单的感知模型）。根据SMP，不可能有感知错误：所有错误都源于我们基于感知所做的判断。假设绿色这个性质是感知的对象，那么在感知一片绿叶和一个绿色瓶子时会有一个共同的组成部分。由于这个共同的组成部分，即绿色性质出现在两种感知经验中，并且根据SMP，事物的外观由感知的内容决定，那么它们对所有感知者（或同一感知者在不同时间）来说应该是相同的。但事实并非如此，并不是所有感知者都经验到所有绿色事物之间的相似性。可能有感知者认为一个绿色瓶子和一片绿叶没有任何共同点,坚称它们在所有方面看起来完全不同。

一种回应是说,由于如此多样的外观都同样是绿色的外观,绿色并不是一种可感知的性质。但问题依然存在。无论你如何具体化在两种不同感知经验中出现的色调,总有人可能在经历这些经验时无法察觉其相同之处。例如,可能有两个大理石,当它们放在一起时无法区分,但当混在一百个其他大理石中时,很少有人会察觉它们颜色相同。根据SMP,感知的内容完全由被感知对象的性质决定(这就是为什么不可能有感知错误)。所以如果对A的感知与对B的感知不同,那么A与B不同。因此,如果可能感知两个色调不相同,那么它们就不相同。由此可见,我们只能感知特定的颜色实例,对其他性质也是如此。

贝克莱的唯名论并不依赖于观念是私有的且不持久的这一主张。两个人的心灵,或同一个人在不同时间,可以感知到同一个特定的性质实例,这与两个不同的感知对象是否有共同点的问题无关。因此,我们可以总结贝克莱同意"普遍接受的格言"——一切存在的事物都是具体的——的理由:只有心灵和被感知的观念存在;心灵是具体的,所有被感知的观念也是具体的。

7.3 反对抽象

贝克莱关于如何存在没有共相的性质的积极解释,最好在他对其主要对手洛克的抽象理论的批评背景下理解。

7.3.1 洛克的理论

洛克的抽象理论在他长篇大论的《人类理解论》的发展过程中出现得相当晚。尽管抽象在这篇文章中首次被呈现为一种显而易见的心

贝克莱的世界：关于三次对话的考察
Berkeley's World : An Examination of the Three Dialogues

灵活动（II. xi. 9）[1]，但在第三卷第三章的讨论中，他将我们具有形成抽象观念的能力归因于我们，这实际上是解决一个由他的唯名论、经验论和语言哲学结合而产生的问题。

[1] 唯名论：存在的一切都是具体的。

[2] 经验论：所有观念都来自（内在或外在的）感觉经验。

[3] 语言哲学：每一个有意义的词语都指示一个观念，这个观念决定其意义。

[4] 事实：我们的语言中有有意义的一般术语。

问题在于，如果存在的一切都是具体的，我们的（内在和外在的）感觉经验只能是具体的，因此感觉经验只能为我们提供具体的观念。但是我们的通用词语表示的是观念，考虑到一般术语的意义，这些观念不能是个体或个体群体的观念（洛克在第111章第3节中小心区分了普遍性和复数性："因为'人'和'人们'将会意味着相同的事物"），因此，这些观念似乎不能来自感觉经验。

如我们将看到的，一个完全合理的对这个难题的回应，也是贝克莱所采用的，是拒绝其中的一个前提 [1][q][2]。然而，洛克在声称我们具有抽象能力，即取具体的观念并将其转变为适合一般术语指示的观念中找到了一个解决方案。不幸的是，关于抽象观念究竟是什么存在一些不明确之处，贝克莱在他的批评中经常被指责不公平地利用了这一点。

洛克给出了两个非常明确的抽象过程的例子。第一个例子出现在洛克将抽象引入为一种"心灵操作"（II. xi. 9）时：

---

[1] Locke, John (1690). An Essay Concerning Human Understanding. Cleveland: Oxford University Press UK. Edited by P. H. Nidditch.

[2] 见5.3章节，140页论证第4条。

因此，今天在粉尘或雪中观察到的与昨天从牛奶中获得的颜色相同的颜色，心灵考虑这一外观，使其成为所有此类事物的代表；并且给它命名为"白色"，通过这个声音指示无论在何处想象或遇到的相同性质；因此，无论是观念还是术语，都是普遍的。

第二个例子出现在"关于一般术语"的章节中，其中抽象被呈现为解决上述难题的方案（III. iii. 7）：

显而易见的是，孩子们交往的人（仅以他们为例）的观念，像他们自己一样，都是具体的。保姆和母亲的观念在他们的心中被很好地构建起来；并且，像他们的照片一样，只代表那些个体。他们最初赋予他们的名字仅限于这些个体；孩子使用的"保姆"和"妈妈"的名字，限定于那些人。后来，随着时间和更广泛的交往使他们观察到，世界上有许多其他事物在形状和其他性质方面与他们的父母和他们习惯的人相似，他们构建了一个观念，发现这些许多具体事物都参与其中；并且与他人一起，他们给它命名为"人"，例如……他们没有创造任何新事物，只是从他们对彼得和詹姆斯、玛丽和简的复杂观念中留下每个人特有的东西，只保留对他们所有人共同的东西。

关于这两个例子的第一点需要注意的是，白色是一种性质，而人是一种类型。通过给出这些例子，洛克明确表示他打算用抽象来涵盖这两者，因此他提供了一个单一的解决方案。然而，仔细观察会发现，形成类型观念的过程预设了已经形成了性质观念。洛克描述的孩子经历的过程涉及比较她对母亲和父亲的复杂观念，例如，注意到它们在某些方面有所不同，但它们具有"形状和其他性质的某些共同点"。然后她形成一个适用于所有这些个体的观念，这些个体也具有原始样本中所有成员共有的性质。所有这些似乎预设了孩子已经有了

贝克莱的世界：关于三次对话的考察
Berkeley's World: An Examination of the Three Dialogues

所有人类"参与"的性质观念，这些观念显然不会是具体的。换句话说，根据洛克的说法，类型术语的通用性依赖于性质术语的通用性，第一个例子给出了没有它就不可能有一般术语的基本抽象过程。

贝克莱很清楚洛克的抽象涵盖了两个不同的过程（PHK Intro 7—10）。他还区分了第三个过程，即分离不能自己分离的性质观念，例如将颜色观念与广延观念分离，尽管没有任何东西是有颜色而没有广延的。贝克莱的类型术语的抽象例子是从洛克那里借来的（PHK Intro 9），但他的抽象例子的性质不同（PHK Intro 8）：

……心灵通过从感觉感知的特定颜色中去除将它们彼此区分开的东西，只保留对所有颜色共同的东西，形成了一个抽象的颜色观念，这既不是红色，也不是蓝色，也不是白色，也不是任何其他确定的颜色。

洛克的抽象性质观念例子是白色，而贝克莱的是颜色。这一差异的意义不在于颜色是可确定的，而白色是确定的，因为尽管白色比颜色更确定，但它本身是几种白色阴影的可确定性。因此，这两个例子都不是完全确定的性质。显著的区别在于，所有可见的东西都以某种方式着色，但不是所有可见的东西都是白色的，因此在前一种情况下，抽象主义的主张甚至更不可信。

洛克对形成抽象性质观念的描述有两种解释，我们可以称之为减法和选择。在减法解释中，抽象过程以一个观念为输入并以另一个观念为输出，即抽象观念，通过减去输入中不属于所有具有该性质的事物的元素。这显然是"人"这种类型术语例子所暗示的模型，但与性质抽象不太吻合，因为正如贝克莱热衷指出的那样，可能无法进行必要的分离。在选择解释中，输入和输出观念是相同的。抽象过程所做的是将思考者的注意力引向输入观念或观念的一个特定特征，这些特征是所有具有该性质或该类型的成员共有的。

尽管关于如何最好地解释洛克在这一点上的观点已经有很多争论，但对于我们的目的来说，这并不重要。只要我们记住洛克的语言理论：

[3] 每一个有意义的词语都指示一个观念，这个观念决定其意义，对观念的某一部分或方面的选择性注意只能解决通用性问题，前提是该部分或方面本身以某种方式是通用的。我们通过将白色观念与其时间和地点（以及广延）环境分离出来而形成白色观念的建议，以及我们选择性地关注白色观念而忽略其环境的建议，具有共同的目标，即隔离白色观念，使其成为一般术语"白色"的意义。

7.3.2 对洛克的批评

对洛克抽象理论的批评不可避免地会集中在两个问题上：我们是否真的具有这种能力，以及洛克描述的抽象过程是否真的能产生适合作为一般术语意义的观念。贝克莱在《原理》的引言中提出了这两点批评。第一个批评的成功取决于我们是否认为内省是判断我们拥有哪种心灵能力的良好指南。虽然在《第三次对话》中对抽象的讨论有限，但它确实出现了，并且在第一次出现时，菲洛诺斯说"毫无疑问你可以判断，是否能够构建这个或那个观念"（DHPI 193），然后声称他无法构建运动或广延的抽象观念。但是，抽象的捍卫者可以辩称，尽管内省表面上看起来如此，我们实际上确实有能力形成抽象观念，因为这是我们如何赋予一般术语意义的唯一解释。

出于修辞上的原因，贝克莱抓住了洛克的一个说法，即抽象是困难的，只是因为熟悉才显得容易。这种试图嘲笑的做法并不是贝克莱最佳表现的例子，但他确实在过程中提出了一些好的观点，其中之一是小孩子就掌握了的一般术语（PHK Intro 14）：

贝克莱的世界：关于三次对话的考察
Berkeley's World: An Examination of the Three Dialogues

难道想象两个孩子在谈论他们的糖果和拨浪鼓以及其他小玩意儿之前，必须先拼凑无数不一致的东西，然后在他们的心中构建抽象的通用观念，并将其附加到他们使用的每个通用名称上，这不是很难吗？

暂时撇开抽象观念是否必然不一致的问题，贝克莱提出了一个非常好的观点，即无论我们如何赋予一般术语意义，孩子们必须能够做到这一点。这个观点并不直接反对抽象，但它警告我们不要对这个过程进行过度智力化的解释。例如，理解"人"这个一般术语似乎比定义它更容易。同样，找到所有三角形的共同点是我们可能给学生布置的任务，但只有在他们理解三角形是什么之后很久才会这样做。正如我们将看到的，贝克莱自己的解释使通用性成为一种实践而非智力成就。

贝克莱的论点的重点必须是抽象过程不能产生适合作为一般术语意义的观念。对此论点的最常见解释首先归因于贝克莱的一个前提，即观念是心灵图像，并且与之相应，某物的观念是该物的图像。现在让我们来考虑一下所谓的关于"人"的抽象概念。要真正一般化，这个观念不能是"白人、黑人、棕色人、直立人、弯曲人、高个子、矮个子或中等身材的人"（PHK Intro 10）。反对意见是，没有任何心灵图像可以适当地不确定，以至于能够成为所有这些不同类型的人的图像。此外，洛克在某处说，我们的抽象三角形概念"既不能是斜角也不能是直角，既不是等边、等腰也不是不等边，而是这些所有和无一"（Essay, iv. vii. 9）。似乎没有任何心理图像能够具备这些描述的属性，因为它们是不一致的。有时，论证还会加入一个最终的转折，即如果某种不确定或不一致的图像可能存在，它也仅仅会是一个不一致或不确定对象的图像。

作为反对抽象的论点,这是薄弱的。首先,洛克或任何其他抽象主义者都认为所有观念都是心灵图像,这一点远非明确。作为经验主义者,洛克必须认为所有(非抽象)观念都是内在或外在感觉经验的可能内容,但这仅在他持有图像理论的情况下才会使他对观念持图像主义观点,而他并没有。其次,事实证明,心灵图像至少在某种程度上是可以不确定的。一个著名的例子是斑点母鸡的心灵图像,它不必是一个具有确定数量斑点的母鸡的图像。再次,抽象观念具有不一致性质这一点似乎并非本质。如果抽象是一种减法或选择,那么它不会从一致的观念中生成不一致的观念。最后,斑点母鸡的例子表明,图像可以是不确定的,而不是不确定对象的图像。事实上,仅凭图像的内在性质无法决定它是什么的图像,因为每个图像都可以有多种解释。

许多批评者得出结论认为贝克莱未能准确指出抽象主义的问题所在。然而,乔纳森·丹西(Jonathan Dancy)(Berkeley, chapter 3)[1],提出了一种不同的解读,这种解读基于贝克莱讨论的两个特点,即他从洛克关于白色的例子转移到颜色,以及他的评论"无论我想象的手或眼睛,它们必须具有某种特定的形状和颜色"(PHK Intro 10)。对洛克的反对是,形成一个抽象的手的观念会涉及将其视为具有某种颜色,因为所有的手都有颜色,但不具有任何特定的颜色,因为没有一种特定的颜色是所有手共有的。这是不可能的:没有什么可以具有可确定的性质(颜色)而不以某种确定的方式具有它。如果我们不记得某种事物的抽象观念必须包含所有手共有的每一个特征而没有任何不共有的特征,这个反对意见看起来就像一个简单的诡辩。具有颜色是所有手共有的,但每一种确定的颜色都不是所有手共有的,因此必须从抽象观念中排除。因此,手的抽象观念必须是某种有颜色但不是红

---

[1] Dancy, Jonathan (1987). Berkeley, an introduction. New York, NY, USA: Blackwell.

贝克莱的世界：关于三次对话的考察
Berkeley's World : An Examination of the Three Dialogues

色、绿色或任何其他特定颜色的观念。而这是一个不可能形成的观念。

如果这是贝克莱的反对意见，那么它是失败的，因为它只适用于种类的抽象观念，而不适用于性质的观念，并且它基于一个逻辑错误。设想某物不是红色和不设想它是红色之间是有区别的，这种区别在一种认为抽象是减法（或选择）的理论中得以保留。抽象主义者需要的是一个手具有某种特定颜色但没有设想手具有任何特定颜色的观念。这是可能的，不像设想手具有某种特定颜色但没有任何特定颜色的观念。彼得·吉奇（Peter Geach）（Mental Acts, §§ 6-II）[1]指出，可确定性确实给抽象主义者带来了特定的问题，因为每当一个人注意到某物的颜色时，他必然会注意到它的特定颜色，因此选择性注意（或减法）本身不能决定一个人的抽象观念是关于颜色还是关于红色。然而，这似乎不是贝克莱所想到的批评。

我认为，我们最好通过观察贝克莱试图建设性地讨论的段落（PHK Intro11）来理解他的反对意见，而不是他试图嘲笑抽象主义者的段落：

但是，似乎一个词语之所以变得通用，并不是因为它成为了一个抽象通用观念的符号，而是因为它成为了几个特定观念的符号，这些观念中的任何一个都能无差别地被唤起。

这一点的核心是，通用词语并不指向某种特殊类型的单一观念，而是适用于多个观念。如果我们记得洛克在"人"和"人们"之间的区别，在通用性和复数性之间的区别，我们可以理解贝克莱的观点，

---

[1] Geach, Peter (1957). Mental Acts: Their Content and Their Objects. London, England: Routledge and Kegan Paul.

即单数词语和它们所适用的观念之间,以及通用词语和它们所适用的观念之间存在不同的关系。单数词语指向单一观念或观念的集合,而通用词语则与多个观念或集合相关,其关系不是复数指称。我们可以在实践中看到这些区别:"内阁部长拒绝评论"涉及单数指称,"内阁部长们拒绝评论"涉及复数指称,而"琼斯是内阁部长"包含一个单数词语("琼斯")和一个似乎没有指称功能的短语("内阁部长")。洛克犯了一个错误,认为"内阁部长"在"琼斯是内阁部长"中指向某物,然后试图找到一个特别的东西来指向它,即通过心灵操作从特定内阁部长的观念中得出的内阁部长的抽象观念。看来贝克莱的反对意见包含了一个重要区分的核心,即指称某物和描述某物之间的区别。他从未使用这些术语,但如果我们仔细观察,我们可以看到他非常小心地区分了直接指示或指称和"无差别"指示或指称。

然而,抽象主义者可以回应说,他可以接受指称和描述之间的区别,但仍然坚持需要一个抽象观念来赋予一般术语的意义。在这里,我们需要稍微帮助贝克莱,尽管这并不难。如果一个单一的抽象观念要赋予一般术语的意义,那么这个观念必须描述或无差别地指称所有适用于该一般术语的具体事物。因此,我们应该问的问题是,无论观念多么抽象,它是否能执行描述功能,洛克和贝克莱都同意观念可以指称,可以是琼斯等具体事物的观念,因此他们必须在某些观念是否可以无差别地指称上存在分歧。在这一点上,贝克莱会说,如果存在抽象观念,它们将仅仅指向柏拉图的共相,这些东西不能存在于时空中,从而无法解决通用性的问题。

这里似乎存在一个更深层次的问题,贝克莱可能已经感觉到了。对于经验主义者来说,所有观念都源自经验,因此只能在经验范围内适用:它们的来源限制了它们的应用范围。对此的解释与观念如何表征有关。休谟对此最为清晰,但他只是阐明了所有经验主义者共同的假设(PHK, i. i. I)。他区分了经验的内容,他称之为印象,与思想和

贝克莱的世界：关于三次对话的考察
Berkeley's World : An Examination of the Three Dialogues

判断中涉及的观念，这使他能够讨论它们之间的关系：

> 我所说的观念是指这些（印象）在思考和推理中的浅浅的影像。……第一个引起我注意的情况是，在每个细节上，我们的印象和观念之间的巨大相似性，除了它们的力量和生动程度。一个似乎是另一个的反映……
>
> 所有我们的简单观念在它们首次出现时都源自印象，这些印象与它们相对应，并且它们准确地表征这些印象。

休谟显然认为观念是印象的影像，但重要的是，他认为它们是影像，意思是副本或摹本。现在，一个副本与原件的关系不仅在于相似程度，还在于因果联系，虽然可以从一个原件制作许多副本，但一个副本只能是某一个东西的副本。这为抽象观念产生了问题。如果一个抽象观念是所适用事物的副本或影像，那么它不能适用于某一类的所有事物，因为它不是从所有这些事物中（因果地）派生出来的。假设按照洛克的说法，我通过从粉笔、雪和牛奶的观念中抽象出白色来形成我的白色观念。我形成的这个观念可能类似于这张纸的颜色，但（假设唯名论）它不能是该颜色的副本或影像，因为它不是从我对纸的观念中派生出来的。尽管这一点容易与假设观念是心灵影像的反对意见混淆，但它实际上只依赖于经验主义观念理论中隐含的因果约束。因果约束是自然的，因为"X的观念"中的"的"被认为是一种指称关系。没有因果约束，我们只能有我们所经历过的事物的观念的说法，充其量只是关于人类心灵的一个偶然的真理。一个副本或影像必然派生自并指向原件，因此虽然它可以实现复数性（指称多个事物），但它不能实现通用性。这是抽象主义面临的一个问题，它具有更广泛的意义，因为它显示了唯名论与因果或派生表征之间的不兼容性，这是唯名论与通过指定其指称来赋予一般术语或概念意义的尝试

208

之间更一般的不兼容性的一个实例。

我们可以通过观察贝克莱如何认为抽象引入错误到哲学中，间接地找到将这种观点归因于贝克莱的证据。例如，人们可能会注意到在《第一次对话》中，运动的抽象观念被认为是不可能构建的（DHPl 193），而在《第二次对话》中，乐器的抽象观念却被认为是连贯的（DHP2 218）。贝克莱在这里并不矛盾。在《第一次对话》中，海拉斯建议物质具有一般的运动但没有特定的运动，而在《第二次对话》中，他建议它是某种特定的乐器，但不知道是什么类型的乐器，因此他将其设想为一种一般的乐器。现在，贝克莱可以允许我们确实有一种一般的乐器观念，因此我们可以将未曾经验过的东西视为一种乐器，而不知道它是什么类型的乐器。但这种一般的观念是通过其用途使得某种特定乐器的观念变得一般化。哲学错误在于首先将这种一般观念视为抽象观念，然后将观念视为其对象的副本或图像，认为可以有某种对应于那个抽象观念但不是更具体的特定观念的东西。

7.3.3 拒绝假设

贝克莱最大的见解是，抽象观念理论是由一种意义理论驱动的，这种理论要求每个词语都代表一个观念（PHK Intro18）：

> 首先，人们认为每个名称都有，或应该有，唯一一个精确和固定的意义，这使人们倾向于认为存在某些抽象、确定的观念，构成每个通用名称的真正和唯一的意义……而事实上，并不存在附属于任何通用名称的一个精确和明确的意义，它们都无差别地表示大量的具体观念。

经验为我提供了一个观念，例如约翰。因此，当我使用"约翰"这个词时，我脑海中有这个观念。这引出了一个问题，当我使用"人"这个词时，我脑海中有什么观念？如果是约翰的观念，那么

贝克莱的世界：关于三次对话的考察
Berkeley's World : An Examination of the Three Dialogues

"约翰"和"人"将意味着相同的东西，对我从经验中获得的每一个其他人的观念也是如此。因此，我们需要一种特殊类型的观念来赋予一般术语的意义。现在，贝克莱在这里拒绝了这种理论，至少对于通用名称而言，基于上述理由，即它们与具体事物的关系不是简单的，而是"无差别的"表示。

贝克莱拒绝观念意义理论的一个要素是简单的描述性观点，即我们经常有意义地使用词语，但脑海中并没有任何观念（PHK Intro 20）：

……我们发现，一旦语言变得熟悉，听到声音或看到字符时，往往会立即伴随着那些最初通过观念的介入而产生的情感，而这些观念现在完全被忽略了。例如，我们是否不能被一个好的承诺所影响，尽管我们没有它是什么的观念？

这里的观点是，言语行为的目的是产生一个反应（愉快的期望和可能的合作），而不是在听众中产生一个观念。虽然这种反应可能通过"观念的介入"来实现，但不一定如此，当词语产生了反应时，它们就达到了目的，无论它们是否也在听众的脑海中产生了观念。

贝克莱没有提出的一个问题是，观念理论在处理意义的公开性方面存在困难。似乎我可以知道你的词语的意思，而不必知道它们在你脑海中唤起了什么观念。当然，有些人确实会给他们的词语附加独特或不寻常的私人意义，并且这种情况很少在使用中显示出来，但他们仍然违反了规则并误用了语言。贝克莱非常清楚意义的公共性质，这在《第二次对话》的这段对话中很明显（DHP2 216）：

菲洛诺斯：告诉我，海拉斯，每个人都有自由改变任何语言中附属于通用名称的当前适当意义吗？……

210

海拉斯：不，我认为这是非常荒谬的。通用习惯是语言中适当性的标准。

如果词语的意义由它在人的脑海中产生的观念决定，那么解释语言规则的公共性质是很难的，甚至是不可能的。

如果我们放弃每个有意义的词语必须代表一个决定其意义的观念的主张，我们可以避免所有抽象观念的问题。我们同样可以通过放弃唯名论或经验论来避免这个问题，但贝克莱没有考虑这些选择。

拒绝抽象主义也对思想的性质产生了影响。洛克假设一个人的思想内容由其脑海中的观念决定。因此，如果我脑海中有玛丽的观念，我就在思考玛丽。因此，抽象观念不仅对通用词语是必要的，对通用思想也是必要的：如果我要思考白色或人类，我必须通过一个决定我的思想是关于白色或人类的观念来进行。我们可以称之为内容假设：思想的内容完全由一个人在思考时所拥有的观念的特征决定。如果没有抽象观念，并且没有源自其他来源的固有通用观念（经验论和唯名论的前提），那么我们不仅必须对通用词语的意义给出不同的解释，还必须解释我们如何产生通用思想。在拒绝抽象主义时，贝克莱也在拒绝内容假设。

在我们继续调查贝克莱可能提出的替代理论之前，值得注意的是，拒绝内容假设涉及削弱或至少限定对经验论的承诺。经验论的本质是所有观念都源自经验。内容假设增加了观念决定我们在思考什么的观点，将两者结合起来，意味着我们只能思考我们所经历的事情。这最后一个主张通常被认为与第一个主张一样是经验论的核心，因为洛克在《人类理解论》第一卷中对理性主义的攻击主要针对某些非常一般的原则（例如，"存在的事物就是存在的"和"不可能同一事物既存在又不存在"或对笛卡尔来说至关重要的"每个事件都有一个原因"）并非在经验之前被掌握。一旦我们放弃内容假设，这就打开了这样一种可能性：虽然所有观念都源自经验，但我们能够思考某些事情，而这种思考能力并不源自经验。当然，放弃内容假设并不意味着思考白色或人类的能力是天生的，并且我们将看到，根据贝克莱的说法，这种能力仍然依赖于经验。然而，正是因为他放弃了内容假设，贝克莱才能回应海拉斯提出的关于我们对上帝的观念的问题，即我们无法思考上帝或灵魂，因为我们没有对它们的经验（DHP3 230）：

> 菲洛诺斯：我承认我没有上帝或任何其他灵魂的观念……尽管如此，我确实知道，我作为一个灵魂或思维实体存在得像我知道我的观念存在一样确定。此外，我知道我所说的"我"和"自己"是什么意思。

如果有假设内容的话，这个回应是不可能的。

7.4 没有共相的性质

到目前为止，我们看到的贝克莱的立场都是否定性的：他拒绝了共相、抽象观念和洛克的意义理论。这仍然使他面临一个艰难的任务，即回答性质实在论者的挑战，解释两件事物如何既相同（例如都为绿色、圆形或沉重），又不同。实在论者的解释是，它们有共同之处，即绿色、圆形或沉重的性质。像贝克莱这样的唯名论者不必否认这一说法的真实性，但不能允许它解释两件事物如何都为绿色，因为说它们共享绿色性质只是说它们都为绿色。根据唯名论者的观点，实在论者将一个琐碎的重新表述误认为是实质性的解释。然而，仍然有一个事实需要解释。

贝克莱在《原理》的引言中提到的解决方案看起来是循环论证（PHK Intro 12）：

一个观念,在其自身被认为是具体的,通过被用来代表或代替所有其他同类具体观念,变得一般化。

这个说法的问题在于,唯名论者试图做的一件事是解释是什么使得不同的具体观念"属于同一类"。然而,在贝克莱的后期作品《阿尔西弗隆》中,有一个显著的回声,带有一个小小的修改,这使得贝克莱意图给出一个相当标准的唯名论解释(Dialogue 7, § 7, 1st and 2nd editions only, p. 334):

尤弗拉诺:但是,词语是否可以通过被用来不加区分地代表所有由于相互相似而属于同一类的具体观念,而不需要任何抽象的通用观念,变得一般化?

这个提议有两个部分:性质的相同性可以简化为相似性,以及表示的一般性是我们赋予词语和观念的功能。

7.4.1 相似性的性质

从某种角度来看,成为唯名论者似乎非常容易。一个谓词或一个通用概念,例如长方形,"不加区分地指示"一组事物,我们可以称这组事物为它的外延。然后,实在论和唯名论之间的选择就是对"谓词如何获得那个外延"的问题的两种答案的选择。实在论者说它指的是一个共相,长方形性,这在外延中的所有项目中共享。唯名论者说我们只是决定将其分配给那个外延而不是其他任何外延。根据奥卡姆剃刀原则,唯名论确实显得具有吸引力。

不幸的是,事情并不像看起来那么简单,因为唯名论者面临一个明显的两难困境。如果赋予一个谓词(例如"长方形")一个特定的外延是一个人为的行为,那么我们必须有某种方式来挑选那个外延。说它是长方形事物的集合是循环论证。如果我们用其他术语定义"长

贝克莱的世界：关于三次对话的考察
Berkeley's World : An Examination of the Three Dialogues

方形"，那么我们要么面临无限倒退，要么在其他谓词中重新出现这个问题。挑选外延的另一种方式是列举其所有元素。但我们不能这样做，因为我们还没有发现所有的长方形事物，这就是说，我们不知道"长方形"的外延中的所有元素，因此不能列举。"长方形"的外延，像我们大多数谓词的外延一样，是潜在无限的。

当然，在我们可以轻松列举外延的情况下，例如谓词"是我房间里2000年1月1日的一张桌子"，那么唯名论者是有很强依据的。认为有一个对应于那个谓词的共相的实在论者将是非常极端的。

因此，唯名论者的挑战是展示我们如何在不知道所有外延元素的情况下，挑选出一个谓词的外延，而不陷入循环或倒退。正如贝克莱指出的那样，这个问题的答案不能过于智力化，因为小孩子对掌握一般术语并理解其使用没有问题。当某人理解"长方形"这样的术语时，他们知道它与一个特定的外延相关联，当面对一个形状时，他们知道如何回答"这是长方形吗？"的问题。

贝克莱诉诸的解决方案是，我们感兴趣的大多数谓词的外延是由相似关系决定的。一个给定的形状由于其与其他长方形项目的相似性而被认为是长方形。要掌握"长方形"的外延，需要一些合适的例子和识别相似性的能力。

我们首先应该注意到，为了避免循环，相似性在这里应被视为主观相似性。两件事物在客观上相似的程度取决于它们拥有的共同性质，在主观上相似的程度取决于某人判断它们相似。唯名论者说，这个形状因为在我们看来与那个长方形相似，所以也被称为长方形。

这种提议的一个著名的问题是，主观相似性不是传递的，但共享性质或归属于同一谓词是传递的。A可以与B（在某种程度上）相似，B可以与C（在某种程度上）相似，但A不能与C（在某种程度上）相似。如果唯名论者声称与每个F类型项目的相似性既是必要的也是充分的条件，那么C既是又不是与A同一类型（F）。有几种方法可以

214

解决这个问题。一种是建议与特定的F或F组的相似性是成为F的必要和充分条件。这将导致必须有一组共同的范例F-ness，否则每个人都会使用谓词"F"来表示略有不同的意思。但在大多数情况下，尽管对范例的看法不同，不同的人可以使用完全相同意义的谓词。他们都会同意对方的范例是F，只是不认为它是范例F。例如，我可能认为黑鸟是鸟的范例，而你来自新西兰，认为几维鸟是。我们都同意对方的范例是鸟，但如果我们用"鸟"这个词的意思是由与范例的相似性决定的，那么我们可能会在一些情况下产生分歧，例如鸸鹋，它更像你的范例而不是我的。相似性—范例理论的问题在于，当我们对一般概念的范例有争议时，这种争议不一定意味着我们对其意义有争议。

还有其他更复杂的尝试来解决传递性问题，但没有一个真正令人满意。原因是它们都试图通过某种自然的主观相似性来捕捉谓词外延的确定，但很少有谓词是那样运作的。我们需要的是一个折中方案，一种将我们最初考虑的立场的吸引力（我们简单地选择一个无限多可能的外延之一分配给谓词，无论是任意地还是基于实用理由）与解释我们如何掌握这些开放式外延的需求相结合的理论。我们可以通过寻找限制或边界情况而不是范例来实现这一点。颜色术语是一个很好的例子，因为颜色的相同性显然是相似性的问题：没有人能掌握颜色概念而不敏感于同色事物之间的相似性和其他颜色事物之间的差异。然而，颜色之间的界限是任意的：当某人学习使用"红色""橙色"和"黄色"这些术语时，他们学习将光谱的一部分划分为三个类别，但我们同样可以有一种语言，将同一部分光谱划分为四个、六个甚至一个类别。理解"红色"一方面需要能够识别红色事物之间的相似性，另一方面需要知道，尽管有相似性，红色和橙色之间有一个区别。红色和橙色之间的区别在一个语言社区内是约定俗成的，并且很可能在不同社区之间有所不同，从而赋予它们不同的颜色词汇。

范例理论的问题在于，我们实际上并不共享范例，语言共同体的成员可以用相同的一般术语表达相同的意思，但对哪些是范例有不同意见。相比之下，如果有人不同意我们在红色和橙色之间划分出一个区别，即使这个区别相当不确定和模糊，那么他就不会使用我们的颜色词汇，他的词语意思会有所不同。

尽管贝克莱从未明确讨论过如何通过相似性来确定性质的相同性，但目前的提议应该对他非常有吸引力，因为它保留了相似性的作用，同时也明确了我们为自己的目的选择一般术语，通过决定在哪里划界来限制相似性的统一效果。

7.4.2 概念即能力

在上一节中，我一直在谈论理解一个一般术语或掌握一个通用概念，将前者视为充分条件，甚至与后者相同。现在，洛克的抽象理论的一个特点是它解释了理解一个一般术语的含义，即拥有一个适当的抽象观念。既然否认了抽象观念的存在，贝克莱需要提供一个不同的解释。事实上，他需要提供一个完全不同的思维理论，因为无论他认为掌握一个通用概念涉及什么，它都不能仅仅包括在心中有一个观念。当他拒绝内容假设时，我们就看到了这一点。

贝克莱所说的很简单，当我们有一个通用的想法时，一个具体的观念被用来代表一类观念（PHK Intro 12）：

正如那个几何学家画的我们感知到的具体线条，通过成为一个符号而变得通用，名称"线条"在绝对意义上是具体的，通过成为一个符号而变得通用。前者的通用性，不是因为它是一个抽象或通用线条的符号，而是因为它是不加区分地代表所有可能存在的具体直线的符号，所以后者的通用性必须被认为是由同样的原因产生的，即它不加区分地指代各种具体线条。

他在PHK引言20页中明确指出，即使拥有一个具体的观念也不是必要的：

在语言的适当使用中，通用名称经常被使用，而说话者并没有打算将它们作为其自身观念的标记，而是希望它们在听者的心中引发观念。

贝克莱在这里所写的与某些版本的用法理论非常相似。例如，希拉里·普特南（Hilary Putnam）在《理性、真理与历史》（18）[①]中的总结：

概念是以某种方式使用的符号；这些符号可以是公共的或私人的，心灵实体或物理实体，但即使这些符号是"心理的"和"私人的"，符号本身（独立于其使用方式）也不是概念。

很难说贝克莱是否真的持有我们想称之为用法理论的东西，部分原因是他可能没有完全意识到通用性对思维的本质。没有某种通用元素，某些断言，我不能认为某些东西可以被评估为真或假。为了说明这一点，想想从超市得到的收据，它列出了你的购物清单。像这样的简单杂货清单只有在我们知道它是你购买的物品清单，或者你需要购买的物品清单，或者其他什么的情况下，才能准确或不准确：仅仅是具体名称的串联本身并不能说明什么，除非添加了一个想法，即清单上的物品都是某种类型的，例如"你今天买的东西"。

如果通用性是所有可以被评估为真或假的思想和判断的一个基本组成部分，那么贝克莱的简短评论就具有特殊意义。而他似乎在说的

[①] Putnam, Hilary (1981). Reason, truth, and history. New York: Cambridge University Press.

贝克莱的世界：关于三次对话的考察
Berkeley's World: An Examination of the Three Dialogues

是，通用性涉及一个符号，无论是一个词、一种符号还是一个观念，具有不加区分地指代一类具体事物的性质。洛克试图通过寻找具有特殊性质的观念来解释某些词语和观念的通用性，这些观念因为其抽象性质而指代一类具体事物。贝克莱的替代方案似乎是，我们以某种方式使具体事物成为通用符号。我们不是通过改变它们的性质来做到这一点的，因为当几何学家用一个具体的三角形代表所有三角形时，他并没有改变那个具体三角形的任何东西。因此，如果将具体事物变成通用符号不涉及对它做些什么，那它必须包括用它做些什么。我的玛丽观念只是玛丽的一个观念和它作为所有孩子的符号之间的区别在于我用它做了什么。对于观念来说，这一点可能有点难以理解，因为所有观念都是具体的，所以以一种使它们变得通用的方式使用的观念具有双重功能。然而，词语本身并不表示任何东西，无论是具体的还是通用的，所以我们很容易将不同的功能分开，指代一个具体的事物和不加区分地指代一类具体事物，并将它们附加到不同的词语上。我使用"玛丽"这个词，使它仅适用于玛丽，但我使用"孩子"这个词，使它适用于任何孩子，即在约定的范围内与玛丽相似的任何东西（无论多么像孩子，18岁的成年人都不是孩子）。

这种对贝克莱关于一般思想的解释特别吸引人的地方在于它与他的整体形而上学立场的一致性。有人认为，由于贝克莱在他的本体论中只承认心灵和观念，他别无选择，只能说所有的思维只是拥有观念。这将迫使他用特殊观念来解释普遍性。但观念是被动的，而心灵是主动的，因此除了心灵面前的事物外，贝克莱在解释普遍性时还可以诉诸心灵的活动。一般思想不是拥有观念的被动状态，而是以某种方式使用观念或词语的主动状态。也就是说，拥有一个概念就是拥有做某事的能力，而用那个概念思考、运用它就是在做那件事。

7.5 结论

贝克莱是一个唯名论者。我所试图明确的是，他的心灵和观念的本体论并没有为他作为唯名论者制造任何特殊问题。像许多其他唯名论者一样，他们大多数是唯物主义者，他可以诉诸相似性来使他的唯名论奏效。他还可以诉诸关于词语使用的公共和私人约定，以及什么算作一种类型而不是另一种类型。由于他强调心灵的主动性，在他的思想理论中，他自然倾向于提出概念是能力，意义在于使用。可能有其他选择，但重要的是，为了使他的唯名论奏效，贝克莱需要某种思想理论。

有一些对唯名论的反对意见是贝克莱必须处理的，但在这方面他并不比其他任何唯名论者更好或更差。那些确信任何形式的唯名论都无法奏效的人因此有了反对贝克莱整个形而上学图景的途径。但这不是一个容易提出的反对意见，因为实在论者要么接受除了共相之外还有特定的性质实例，在这种情况下，关于感性性质依赖于心灵的论点仍然成立；要么他否认有这样的东西，在这种情况下，感性性质是共相。诚然，如果感性性质是共相，它们就不是心灵依赖的，但它们也不是物质的。因此，反对物质的论点仍然可以继续进行。

第八章 对象与身份

8.1 实体的丛束理论

在第五章中,我们得出结论,要成为物理现实的一部分,一个观念必须被感觉感知。感觉知觉是非自愿的,因此不是上帝可以经历的事情。在第六章中,我们看到有理由将贝克莱的感觉知觉标准从非自愿性改为被动性,但上帝本质上是主动的(DHP2 213—214),所以感觉知觉仍然是有限心灵所独有的。因此,一个观念是真实的,而不仅仅是想象出来的,如果且仅如果它实际上是被一个有限灵魂被动地感知到的。正如菲洛诺斯在 DHP3 260 所说:

> 每一样被看到、感觉到、听到或以任何方式被感觉感知到的东西,根据我所接受的原则,都是一个真实存在的东西。

如果我们将此解释为不仅仅是充分性声明,而是必要性声明(菲洛诺斯谨慎的措辞是为了允许灵魂的存在,而我们这里只关心物理存在),那么上帝不能创造一个不被某个灵魂的感觉感知到的真实观念。换句话说,仅仅被想象而从未被感知的东西是没有现实的。这是贝克莱最臭名昭著的论点,对大多数读者来说似乎显然是错误的。在本章中,我们将探讨它是否必然与我们对物理世界的日常看法相冲突。

现在,观念可能是物理世界的基础模块,但贝克莱与常识的观点一致,也承认对普通物理对象的讨论,例如书籍、树木和星星。这些对象与观念的不同之处在于,它们被不同的人在不同的时间感知,即它们是继续存在的、公共的对象,而观念是短暂的、个人的对象。我们讨论的重点将是贝克莱如何认为物理对象是由观念构建的。这将使我们能够回答贝克莱的许多读者认为紧迫的问题：他在他们不被任何有限的精神感知到的间隔期间，他能否解释物理对象的存在？我们已经能够拒绝诺克斯著名打油诗所提供的解释：

有一个年轻人说：
"上帝一定会觉得非常奇怪，
如果他发现这棵树在院子里没有人时依然存在。"

上帝回答道：
"亲爱的先生，
你的惊讶很奇怪；
我一直在院子里。
这就是为什么这棵树会继续存在，
因为它被我观察到了。
您的忠实的，
上帝。"

这不可能是正确的。因为我们已经看到，贝克莱的现实标准要求对现实世界的感知是非自愿的或被动的，而上帝的任何感知都不是这样的。换句话说，虽然上帝感知到的任何观念因此存在，但除非被有限的灵魂感知到，否则它不属于物理世界。

对持久的公共对象的一种解释是，它们是实体，即它们是拥有我们通过其了解的性质的东西。现在，贝克莱并不反对一般的实体概念，因为他同意性质不能脱离拥有它们的东西而独立存在，并且灵魂也是实体。然而，他反对将可感知的对象，即我们感知到的东西，视为实体。我们感知到的所有性质都是被灵魂"拥有"或感知到的，这防止了它们的独立存在。而且我们感知到的只是性质,因此在经验中没有理由认为可感知的事物是与其性质不同的实体(DHP1 175):

菲洛诺斯:因此,似乎如果你去掉所有的可感知性质,就没有什么可感知的东西了。

海拉斯:我同意。

菲洛诺斯:因此,可感知的事物只是许多可感知的性质,或者是可感知性质的组合。

海拉斯:没有别的。

在这里,他与他的理性主义和经验主义前辈的观点有所不同。理性主义者认为,物理对象必须是与其性质不同的实体,以便它们能够在性质变化时持续存在。换句话说,是理性,而不是经验,教会笛卡尔在《第二沉思》中,一块蜡是一个可以在所有可感知性质变化的情况下继续存在的东西,因此其本身是与那些可感知性质不同。因此,他同意菲洛诺斯的第一个主张,但不同意第二个。

经验主义者洛克也认为我们必须否认第二个主张,但不是基于纯理性。他认为我们的经验迫使我们假设性质附属于某个不同的东西,这个东西将它们统一成我们所经验的组合。因此,我们对物理对象的观念包括实体的观念(Essay, II. xxiii. 3):

……我们必须注意到,我们对实体的复杂观念,除了它们由这些简单观念组成外,总是包含某种它们所属并在其中存在的混乱观念。

因此,贝克莱的创新不在于他对经验揭示给我们的描述,而在于他的主张,即要认为物理世界包含公共的、持久的对象,我们不需要将这些对象视为其显现的性质所附属的实体。相反,他提议我们将物理对象视为仅仅是其性质的总和。这在现代被称为对象的丛束理论。

贝克莱对这种对象观念说得很少,所以也许他认为这并不是一个伟大的创新。毕竟,似乎每个人都同意我们感知到的只是可感知的性质,而假设存在任何其他东西将是假设某种不可感知的东西,贝克莱认为这是误导和不可能的。在他看来,物质实体的学说是不寻常的,并且与常识相冲突。因此,他自信地在《原理》一书中以丛束理论开始,并几乎不再提及此事(PHK i):

通过视觉,我得到了光和颜色的观念以及它们的不同程度和变化。通过触觉,我感知到例如硬和软、热和冷、运动和阻力,以及所有这些在数量或程度上的多与少。嗅觉为我提供气味;味觉提供味道,听觉以各种音调和组合将声音传递到心灵中。当这些中的几种被观察到彼此伴随时,它们被标记为一个名称,因此被认为是一个事物。例如,一种特定的颜色、味道、气味、形状和一致性被观察到一起出现时,被认为是一个独特的事物,用"苹果"这个名称来表示;其他观念的集合构成了石头、树木、书籍等可感知的事物;这些事物由于令人愉快或不愉快,激发了爱、恨、喜、悲等情感。

在《三次对话》中,丛束理论被提出了两次,每个发言者各自提出一次,但只有在《第三次对话》中(DHP3 248, 261)才详细阐述了这一理论。菲洛诺斯的陈述明确表示,贝克莱拒绝了将物理事物与我们感知到其性质的实体同一化的主张。他还使用了"聚集"一词而不是"集合"。这是为了强调,在心灵将这些观念聚集在一起并赋予它们一个名称之前,它们没有自然的统一性(DHP3 249):

我看到这个樱桃,我感觉到它,我尝到它;而且我确信没有什么东西不能被看到、感觉到或尝到。因此它是真实的。去掉柔软、湿润、红色、酸涩的感觉,你就去掉了樱桃。因为它不是一个与感觉不同的存在;我说,樱桃只是一堆可感知的印象,或者是通过各种感觉感知到的观念;这些观念被心灵联合成一个事物(或赋予它们一个名称);因为它们被观察到彼此伴随。因此,当味觉受到某种特定味道的影响时,视觉受到红色的影响,触觉受到圆润、柔软等的影响。因此,当我以各种特定方式看到、感觉到和尝到时,我确信樱桃存在,或者是真实的;在我看来,它的现实性并不抽象于那些感觉。但如果你用"樱桃"这个词指代一种与所有这些可感知性质不同的未知本质,并且通过它的存在指代一种与被感知不同的东西;那么确实,我承认,无论是你还是我,或任何其他人都不能确定它的存在。

基于这两段话,我们可以总结出该理论如下。经验由一连串的具体观念构成。当我们将这些观念识别为某些类型,如红色、圆形、柔软或甜美时,我们可以在经验流中辨别出模式。特别是,我们可以发现某些类型的观念经常伴随着其他类型的观念。由于不同心灵在不同时间拥有的观念可以属于同一类型,因此没有理由将这种伴随限制在一个心灵的某一时刻。因此,如果昨天我注意到我看到的红色圆形物体感觉柔软,而今天我看到类似的东西,你尝到了甜味,那么这就是红色和圆形伴随柔软和甜美的证据。当我们在经验中发现这些模式时,我们将彼此伴随的具体观念集合在一起,并将它们视为形成一个统一体,即一个事物。而由于在我们经验的不同点会出现类似的集合,我们为这些类型的事物引入名称,如"樱桃"或"树"或"书"。

值得强调的是,这是一个三阶段的过程。在第一阶段,我们从对具体观念的感知开始,并基于相似性将它们归类为类型,如红色或圆形。第二阶段是当我们注意到某些观念成组出现时。例如,我们可能注意到棕色、硬度、平坦等性质往往一起出现。基于此,我们开始谈论一个具有这些性质的对象。也就是说,我们将这些性质在不同时间和由不同心灵经验的出现视为属于同一个事物。根据贝克莱的说法，这是将它们集合在一起形成一个"聚集体"的问题。另一种说法是在这一阶段我们引入了实体的概念。无论哪种方式，我们的经验中都被施加或发现了一种结构，使得在第一阶段独立的性质被连接成组，并适合用一个单一的标签来表示。在第三阶段，我们注意到相同的集合过程产生了非常相似的性质束，即包含相同类型观念的束，并且我们为这种类型的束引入了一个标签，如"桌子"。实际上，很少有人在第二阶段引入标签，这实际上是给特定观念集合起一个专有名称，而不是在第三阶段引入标签，但这是可以做到的。现在，第一阶段是引入性质术语的过程，第三阶段是引入种类术语的过程，这两个过程我们在第七章中讨论过。第二阶段是重要且决定性的对象丛束理论。而丛束理论面临的第一个反对意见是，第二阶段无法连贯地描述，因为没有办法在不涉及物理对象的情况下描述我们的经验。如果确实没有比涉及物理对象更基本的连贯经验描述，那么将物理对象视为由更基本的东西构成的观点就不可能是正确的。

在讨论这个反对意见之前，我们应该澄清发展心理学与丛束理论的无关性。上面描述的三阶段过程并不是对人类发展中时间阶段的经验描述。相反，阶段之间的关系是逻辑和解释上的优先关系。第一阶段在没有第二阶段的情况下是可能的，第二阶段在没有第三阶段的情况下是可能的，但反之则不然。同样，是第一阶段可用的材料解释了第二阶段如何发生，而第二阶段可用的材料解释了第三阶段的可能性。这一层级完全一致，一个孩子可以同时达到所有三个阶段，或者从没有任何阶段到所有三个阶段，通过一个无法用这些术语描述的不确定中间期。这种阶段的讨论不仅不要求丛束理论者对儿童发展提出任何经验性的主张，而且也不要求他具备剥离我们对经验施加的概念复杂层次的心理可能性。重要的不是我们是否经历过第一和第二阶段，或者我们是否可以回到那些阶段，而是逻辑和解释优先权的描述

贝克莱的世界：关于三次对话的考察
Berkeley's World: An Examination of the Three Dialogues

是否连贯。如果是，那么丛束理论者必须解决进一步的问题，即在第二阶段我们是引入由性质组成的束或聚集体，还是引入性质所附属的实体主体。

回到第二阶段的连贯性问题，这取决于在第一阶段是否存在一种构想世界的方式，为引入对象提供了充分的基础。简单地假设对象在我们的经验中是（逻辑上）次要的，这是错误的，因为完全有可能除了用对象的术语外，没有其他方式可以构想物理世界。贝克莱似乎没有考虑过这个问题，因为他在区分持久的公共对象和观念的讨论时非常粗心。事实上，在许多关键点上，他将被感知的存在（这对于观念的存在来说是充分的）视为足以证明诸如"木头、石头、火、水、肉、铁和类似的东西"的存在（DHP3 230）。但幻觉的可能性表明，我当前的感知经验虽然足以证明棕色和硬度的观念存在，但不足以证明我的桌子存在。一个心灵在某一时刻的观念不能保证由多个心灵在多个时刻组成的公共、持久对象的存在。因此，我们在这里必须比贝克莱更加小心，确保第二阶段的输入不以这些术语描述。我们需要的是斯特劳森所称的特征定位语言。特征定位句子的例子包括（Strawson, Individuals, 202）：

现在正在下雨。
雪花纷飞。
这里有煤炭。
这里有黄金。
这里有水。

英语语法并不是唯一允许构造句子来断言某种特征存在而不将该特征归于任何对象的语言。这些句子中的每一个都可以用一个词来替换："下雨了！""下雪了！"等，但我们应该注意到，与单词句子等效既不是特征放置语言句子的必要条件,也不是充分条件。单词句子"兔子!"表示兔子的存在,而兔子的概念是持续的一般对象的概念。相反,引入作为持续存在的一般对象——兔子,带有其特征句子必须是这样的:"这里有棕色,这里有毛茸茸的……"最终列举我们想要谈论或思考的特定兔子的所有可感知性质。这个列表中的属性不能被归于对象,因此不能包括诸如"动物"这样的类别术语,但它们必须被定位于时间和空间中,并且相对于观察者进行调整。时间和地点的巧合显然在引起我们注意适当的集合方面很重要,但没有先验理由表明我们不能构建一个包含无法同时经验的性质的对象的本体论。

8.2 我们真的可以不需要非精神实体吗?

如我们所注意到的,许多在贝克莱之前的哲学家会接受上述描述的三个阶段,但不会接受他对第二阶段的解释。根据贝克莱的观点,我们从世界的特征描述转向假设持久的、公共的对象,是通过将这些特征收集成无定形的束。这些束是无定形的,因为任何一个束本质上都不比其他束更合适,而是通过试错法教会我们哪些束在谈论和思考时是有用的,哪些是不那么有用的。另一种理论是,在第二阶段我们必须承认(or'suppose', according to Locke, Essay, II. xxiii. i)实体的存在,这些实体与属性是不同的,属性存在于这些实体中。支持实体方法的主要原因有四个,我们需要看看丛束理论家(特别是贝克莱)如何解释每一个原因。

8.2.1 性质不能独立存在

我们在第五章中看到,在贝克莱的时代,哲学中的一个普遍观点是,特殊性质实例,如我看到的颜色或我听到的声音,不能独立存在。如果世界上只有红色(而不是柏拉图式的普遍的红色),那么就必须存在某种其他事物,红色依赖于这种事物而存在。这种观点可以概括为物质是性质的主体,并且这种观点受到语言的鼓励。因为当我

贝克莱的世界：关于三次对话的考察
Berkeley's World : An Examination of the Three Dialogues

们从以特征为中心的语言转向主谓结构时，就会开始使用这种表述方式。谓语对应于性质，因此自然期望主语术语对应于不同的东西，因此假设它指的是具有该性质的物质。

贝克莱对这一哲学学说的态度是复杂的。在《原理》中，他明确拒绝了这一学说（PHK 49）：

> 至于哲学家所说的主体和模式，这似乎非常没有根据且难以理解。例如，在这个命题中，一个骰子是坚硬的、广延的和方形的，他们会认为"骰子"这个词表示一个与硬度、广延性和形状不同的主体或物质，这些性质是它的谓语，并且存在于其中。这我无法理解：对我来说，骰子似乎与那些被称为它的模式或偶然性的东西没有什么不同。而且，说一个骰子是坚硬的、广延的和方形的，并不是将这些性质归于一个与它们不同并支持它们的主体，而只是解释了"骰子"这个词的含义。

然而，正如我们在第五章中注意到的，他似乎确实支持更普遍的观点，即性质不能独立存在，除非与某种物质相关。例如，在第三次对话中，菲洛诺斯说（DHP3 234）：

> 当我断言存在一种精神物质或观念的支持时，我知道我的意思是，一个精神知道并感知观念。但当说一个无感知的物质具有并支持观念或观念的原型时，我不知道这是什么意思。因此，总的来说，精神和物质之间没有相似之处。

这里的要点是，所谓的感性性质与物质之间的关系是难以理解的，但感性性质与精神之间的关系，即感知，是完全可以理解的，这一点可以在不添加精神是观念的"支持"这一额外思想的情况下提

228

出。贝克莱还经常写到观念"存在于"心灵中,这是哲学家用来表示一种依赖或低级存在的术语。这表明对于贝克莱来说,笛卡尔的存在等级(上帝)创造的物质)性质:见5.3)是一种常见观点。他否认的是观念"固有"于精神,并且感性性质是通过固有关系与之相关的物质的模式或偶然性,无论那可能是什么。这使他能够说物理性质的存在依赖于心灵物质,而不必说这些性质是心灵的谓语(DHP3 249—250)。这一思路在DHP3 237中得到了简明总结:

  对我来说,显然除了精神之外,没有其他物质可以让观念存在。而且,各方都同意,直接感知的对象是观念。没有人可以否认,感性性质是直接感知的对象。因此,显然这些性质没有其他基础,只有精神,在其中它们存在,不是作为模式或性质,而是作为在感知它的东西中感知到的东西。

  这种对物质需求的接受和对物质与依赖于它们的性质之间标准关系的拒绝的结合对贝克莱的形而上学至关重要。因为正是这种结合使他能够继续坚持感性性质存在于感知它们的心灵中,然而其中一些性质具有足够的独立性,可以被认为是现实的、物理世界的一部分,而不仅仅是我们的想象。(见第五章)

8.2.2 物理对象实例化或举例说明其性质

  这一点可以看作是对第一个问题所述观点的进一步复杂化,因为我们在那里说感性性质确实存在于或依赖于某种物质,即感知它们的心灵,但这些性质不能被归于该物质。现在我们面对的是性质可以被归于物理对象的事实:桌子是棕色的,兔子是毛茸茸的。这一理论认为,桌子和兔子是物质,而性质是物质的模式或性质,完全解释了我们在做这些归因时的意思,因为我们是在说物质具有性质。贝克莱或任何丛束理论家都无法使用这种解释,因此需要对归因于对象的性质的含义提供另一种解释。

我们可以从上述《原理》中引用的段落中看到贝克莱对这一难题的回答（PHK 49）：

> 并且，说一个骰子是坚硬的、广延的和方形的，并不是将这些性质归于一个与它们不同并支持它们的主体，而只是解释了"骰子"这个词的含义。

这里的想法似乎是，我们引入"骰子"这个词不是为了命名一种物质，而是为了表示一组性质，所以说一个骰子是坚硬的，仅仅是说坚硬是构成骰子的性质之一。系词表示两个事物之间的关系，一个是观念的集合，一个是单个观念，但这种关系不是实例化或举例说明，而是包含：单个观念包含在观念的集合中。由于实例化和举例说明是困扰哲学家数千年的关系，而包含则相对简单，这在贝克莱看来是哲学清晰度上的一大进步。

然而，这一理论存在一些问题。最严重的问题是，它不允许我们区分偶然的和本质的归因。假设我们正在考虑一个坚硬且绿色的骰子。合理的推测是，如果它不是坚硬的，它就不是一个骰子，因为软的物体不会以正确的方式滚动和停下来以确定哪个面朝上。因此，坚硬合理地被认为是"骰子"一词意义的一部分。但这个骰子也是绿色的，而绿色显然不是成为骰子的本质特征，因为有很多非绿色的骰子。因此，绿色不是"骰子"一词意义的一部分，说这个骰子是绿色的不能被视为对该意义的解释。解决办法是贝克莱区分错误的一般性主张"骰子是绿色的"，这错误地解释了"骰子"的意义，和正确的特定主张"这个骰子是绿色的"，他可以说这正确地解释了"这个骰子"的意义。由此得出结论，"这个骰子"必须在分析上等同于一个长描述的形式：绿色的、有点划痕的、约一立方厘米的骰子……等等。描述必须是骰子所有性质的完整列表，分为"本质的"，即由于是骰子而具有的性质，以及"偶然的"，即在不同的骰子之间可能变化的性质。

一些哲学家可能认为这并没有真正解决问题。首先，我们可能希望区分关于种类的偶然性一般陈述，比如"渡渡鸟已经灭绝"，和非偶然性的陈述，比如"渡渡鸟是鸟类"。如果人类历史不同，渡渡鸟可能不会被猎杀至灭绝，那么第一个句子将是错误的，但如果进化没有产生这些大型不会飞的鸟类，而是一些占据相同环境位置的类似哺乳动物，这不会使第二个句子变成错误的。由于贝克莱说灭绝是"渡渡鸟"意义的一部分，他无法做出这种区分，因为两个陈述将同样是分析性的：一个现在没有灭绝的物种将和一个哺乳动物物种一样是不同的物种。然而，贝克莱可以对这两个句子之间的区别做一些论述，因为灭绝是渡渡鸟（这个物种）在历史上的某些时候具有的特性，而不是其他时候，而鸟类则是它们始终具有的特性，这种区分可以反映在定义中。虽然这在一定程度上有所帮助，但它仍然留下了诸如"渡渡鸟现在（2002年）灭绝了"和"渡渡鸟现在（2002年）可能没有灭绝"这样的句子的问题。如果第一个是分析性的，而分析性真理是必然的，那么第二个是错误的，但直觉上我们认为两者都可以（而且）是真的。贝克莱在这里有两个选择。他可以咬紧牙关，接受渡渡鸟现在（2002年）不可能没有灭绝，或者他可以否认分析性真理是必然的。第一个选择看起来完全不可信，所以他必须选择第二个。"渡渡鸟已经灭绝"的分析性意义在于灭绝是"渡渡鸟"意义的一部分。但在它们灭绝之前，并不是这样的，如果它们没有灭绝，灭绝也不会成为意义的一部分。因此，灭绝是"渡渡鸟"意义的一部分是偶然的，因此，渡渡鸟已经灭绝是偶然为真的。对此论点的一个反对意见是，它可能会使一切都变成偶然为真，因为同样偶然的是鸟类是"渡渡鸟"意义的一部分，因为我们可能从未发现渡渡鸟是鸟类（比较：我们可能从未发现鲸鱼是哺乳动物)。这种反对意见只有在我们假设分析性是我们对必然性的唯一理解时才成立。在描述"灭绝"没有成为"渡渡鸟"意义一部分的可能性时，我们提到了渡渡鸟没有灭绝的可能性。然而，在描述"鸟类"不是意义一部分的可能性时，我们没有提到渡渡鸟不是鸟类的可能性，因为没有这种可能性。似乎我们对什么是或不是可能性的理解至少部分独立于我们对哪些句子是分析性的理解。因此，贝克莱可以说分析性不必然意味着必然性，但也不意味着偶然性。贝克莱对语言的蔑视和他对语言经常掩盖事实的担忧（PHK Intro 25）可以扩展到必然性和偶然性的问题。

8.2.3 意义的一致性

一个相关的问题是关于发现可能如何改变我们术语的意义。继续以渡渡鸟为例，当发现它们已经灭绝时，根据贝克莱的说法，我们的"渡渡鸟"这个词改变了它的意义：它现在意味着"灭绝的、大型、不会飞的……鸟类"。假设，一个人在灭绝之前说"渡渡鸟是灰暗的"，另一个人在灭绝之后说"渡渡鸟是色彩鲜艳的"。无论如何，第一个人说的是事实，第二个人说的不是，但我们想进一步补充，他们彼此不同意，他们的主张是先验不一致的。然而，如果术语改变了意义，这些主张只有在术语是共指的情况下才是不一致的，而这不是一个先验的问题。

在处理这个问题之前，值得指出的是，根据贝克莱的说法，错误是可能的，因为一个人头脑中的观念集合并不构成渡渡鸟的存在，因此也不赋予这个词的意义，而是由合作的人类集合起来的观念集合。换句话说，如果有人断言"渡渡鸟是色彩鲜艳的"，他是在声称色彩鲜艳是渡渡鸟集合中的一个性质，但由于他不能单独决定该集合的成员，他可能是错误的。问题仍然是，如果第一个说话者和第二个说话者对"渡渡鸟"的意义理解不同，那么他们并没有互相矛盾。这一论点中的重要主张是意义实际上发生了变化。这一点不明确，贝克莱必须接受这一点。两个说话者在他们认为"渡渡鸟"意味着什么上存在分歧，因为如果第二个说话者认为灰暗是渡渡鸟意义的一部分，他就不会声称它们是色彩鲜艳的。而且，如果错误是可能的，贝克莱不能允许术语的意义与说话者认为它的意义相同。根据贝克莱的说法，第二个说话者的错误在于术语的意义。如果我们补充一个想法，即灭绝这样的性质总是时间相关的集合成员——即，该集合将包括"公元2002年灭绝"的性质——那么我们不需要说第一个说话者对渡渡鸟即将灭绝的无知决定了他所称为"渡渡鸟"的观念集合不包括灭绝。换句话说，看起来像是意义的变化实际上是理解的增加。无论在灭绝之前还是之后，说话者都通过"渡渡鸟"指代相同的观念集合；区别在于他们对该集合的了解。

8.2.4 变化中的持续性

认为从特征放置描述转向个体对象的讨论需要引入物质的一个最有影响力和传统的原因是，说明当某物的性质随着时间变化时，什么持续存在的问题。现在我坐着，但几分钟前我站着。要使这成为一种变化，而不仅仅是差异（如"A坐着但B站着"），必须是同一个人在不同的时间既站着又坐着，而这似乎迫使我们承认存在某种与可变性质不同的东西，即经历变化的东西。解决这一问题的一种方法是说，每个经历变化的事物都有一些在其其他性质的所有变化中保持不变的性质。问题在于找到这样的性质。在某些情况下，这似乎相当简单，例如动物，因为它们在任何变化之前和之后都必须是活着的，才能使变化的是动物。如果变化涉及死亡，那么动物不再存在，只剩下一具尸体。但这并不能完全解决问题，因为还有死亡的变化。当然，死亡不是动物经历的变化，但它是所有变化中的一种变化，一种某物（可能是动物的身体）经历的变化。因此，即使某些种类的事物有不能改变的本质性质，仍然会有需要以某种方式解释的关于该性质的变化。似乎别无选择，只能引入与对象性质不同的某种东西，这种东西

贝克莱的世界：关于三次对话的考察
Berkeley's World : An Examination of the Three Dialogues

可以在这些性质的变化中保持不变。

丛束理论家的回应有一个重要但常常未被表达的前提，即进入或退出存在并不是问题意义上的变化。如果某物在某个时间存在而在另一个时间不存在，那是两个时间点上事物状态的不同，但这看起来不像是任何事物的变化（除了在"事物状态"上的微不足道的变化）。认为我们必须用某个不同事物的性质变化来解释某物的出现是荒谬的。有些情况下确实如此，例如改变一块黏土的形状可以创造出一个碗，但并不是所有的生成都可以这样解释，除非我们承认存在某种确定的、固定数量的永恒存在的物质，整个宇宙都是由这种物质构成的。但如果创造和毁灭不是问题意义上的变化，丛束理论家可以说，一个对象的变化，例如从坐着到站着，是因为它在一个时间由一种类型的观念／性质（＝坐着）构成，而在另一个时间由另一种观念／性质（＝站着）构成。考虑这个类比：当一个新生儿出生或一个祖父母去世时，一个家庭发生了变化。我们经常谈论家庭的成长，这是一个变化的动词，相当于说增加和失去成员构成了家庭的变化。有两种将家庭视为对象的方式，可以通过回答"整个家庭是否可以在一个时间点上存在"这一问题的不同答案来看到。我们可能会说，在婚礼上，例如，整个家庭都在场，我们的意思是所有在世的家庭成员都在场。但我们也可能说整个家庭不在场，因为已故（和未出生）的成员不在场。我们只可能在思考最近去世的成员时才会说后者，但这是一个连贯的选项。每个答案都对应于将家庭视为对象的概念，要么是作为在不同时间完全存在的事物，尽管其构成随时间变化，要么是作为在时间上分布的事物，只有部分在某一时刻存在。第一种通过时间的持续性被称为耐久性，第二种被称为持续性（Lewis, On the Plurality of Worlds, 2024）[①]。将持久视为一种耐力，这需要我们找到一个区别于

[①] Lewis, David K. (1986). On the Plurality of Worlds. Malden, Mass.: Wiley-Blackwell.

变化性质的持久对象。如果我们认真地提出家庭在时间上是耐久的,那么它们不能仅仅是其成员的集合,因为集合是持续的,而不是耐久的。如果我们将家庭视为其成员的集合,由血缘和婚姻关系联系在一起,那么家庭可以通过在不同时间拥有不同的成员而发生变化。

一个物理对象,如树或椅子,随着时间的推移改变其性质。如果物理对象只是一个性质的集合,那么它不会通过变化而耐久,而是持续,并且持续意味着在任何一个时间点上只有它的一部分元素存在。因此,对于一个持续的对象来说,变化包括在不同时间存在的不同元素。随着构成它的性质的产生和消失,对象改变其性质。这一简洁的提议对贝克莱有效,因为我们谈论的性质是观念,而且,像家庭成员一样,观念是特定的、有日期的事物,它们会存在和消失。

8.3 观念的集合

现在我们需要解决两个问题。一个是确定一个给定的观念是否是特定观念集合的成员。另一个是第一个问题的答案是否允许贝克莱为观念集合提供与它们所对应的物理对象相同的同一性和差异性标准。我们关于物理对象的常识性信念包括它们可以被单独一个人感知,或者被几个人同时感知,或者被不同的人在不同时间感知,在所有这些情况下,被感知的是同一个物体。它们可以在时间中持续存在,无论是改变的还是不变的,但它们不会经历所有的变化。同一类型的两个对象不能在同一时间出现在同一地点。如果两个对象实际上不是不同的而是相同的,那么它们必须在所有时间都在同一地点。即使没有人感知它们,它们也可以继续存在。对贝克莱的不可避免的反对意见是,回答第一个问题的唯一方法是说决定一个性质是否是给定束的一部分的是哪个对象具有该性质。一个性质束具有与对象相同的同一性标准,只是因为束的同一性由具有这些性质的对象决定。因此,对象必须与束不同,所以不仅有性质,还有物质。我们只能通过详细阐述贝克莱的论点，即对象只是观念的集合，来应对这一反对意见。

8.3.1 人类的选择

贝克莱对第一个问题的回答非常简单：是我们的决定决定了哪个观念属于哪个集合。观念的集合，相对于其中收集的观念来说，并没有真实存在，因为它们依赖于我们的意志。对于贝克莱来说，真实的世界由观念组成，这些观念是特定的性质实例。为了自身的局部目的，人类在这个世界上施加了一个结构（DHP3 247—248）：

> 让我们假设有几个人在一起，所有人都具有相同的能力，因此由他们的感觉以类似的方式影响，并且他们从未知道语言的使用；毫无疑问，他们会在他们的感知中达成一致。虽然也许，当他们开始使用语言时，有些人会考虑到所感知事物的一致性，可能会称其为同一事物；而另一些人，特别是考虑到感知者的多样性，可能会选择不同事物的名称。但谁看不到所有的争论都只是关于一个词？

首先，我们根据相似性将观念分组，这引入了性质或共性。然后我们根据经验将观念分组成集合，基于我们对哪些观念一起出现的经验，其中"一起出现"旨在成为一个我们可以基于其进行预测的可投射特征。这些预测分为两类：一类是依赖于对特定集合的经验，例如预测这朵郁金香会开出黄色的花；另一类是依赖于对几个类似集合的经验，例如预测这个球茎会长成郁金香，而这个球茎会长成水仙花。第二种预测取决于特定集合是某种类型的实例，所有这些类型都有共同的性质。

我们可以用著名的水中的桨的例子来说明这一点（DHP3 238）。部分浸入水中的桨看起来是弯曲的。我们上面看到的问题"它真的弯曲了吗？"的意思是"弯曲是'那支桨'的意义的一部分吗？"现在我们有两种经验可以借鉴。首先，我们可以说其他桨在放入水中时不会弯曲或断裂，所以作为一支桨，我们可以期待这个东西不会这样做。换句话说，当在水中看起来弯曲时，触摸时是直的是"桨"的意义的一部分。如果我们面对的这个东西没有这些性质，如果它在水中是弯曲的，那么根据定义，它就不是一支桨。这引导我们进入第二个经验领域，因为现在我们需要确定这个东西是否具有成为桨的正确性质，其中之一是不在水中弯曲。在这里，我们可以诉诸于它在浸入水中时触摸起来是直的，拿出水时看起来是直的，我们将手放在刀片看起来所在的位置时没有触摸到刀片，等等。在这些证据的基础上，如果我们认为弯曲是一种错觉，即视觉上的弯曲感并不属于构成船桨的集合体的一部分，因为它具有误导性，那么，在这种情况下，我们在世界上似乎能够相处得最好，能够做出最有用的预测。

因此，我们关于哪些观念属于哪个束的选择并不是完全不受限制的，因为它们是基于经验并旨在实现有用的预测，但评估它们的标准完全是务实的。我们所能问的只是：它们是否有效？如果我们在生活中有不同的实际目的，我们的预测目标将会不同。我们可以在局部范围内通过我们的颜色词汇看到这一点，因为室内装饰师对某些织物是否是绿色的决定可能与我们大多数人的决定不同，仅仅因为室内装饰师只关心这些织物在使用时的外观，例如，用于装饰椅子。室内装饰师关心的是一组有限的外观，因此做出了不同的选择。现在贝克莱认为，我们生活中的基本或核心关注点是相当普遍的，而且上帝创造了这个世界，以便这些关注点能够得到满足（DHP3 258）：

菲洛诺斯：我们……将事物的现实置于观念中，这些观念确实是短暂且变化的；然而，它们并不是随机变化的，而是根据自然的固定秩序变化的。因为事物的恒常性和真实性就在于此，这保障了生活的所有关心的事物。

无论我们是否认同他的信念，最多它只能告诉他，我们可以通过实用标准来成功决定将哪些观念收集在一起。它并没有告诉我们，这些实用上成功的观念集合对应于独立于我们的世界特征，因为（DHP3 246）：

词语是由普通人为了方便和迅速处理日常生活中的事务而构造的，完全不考虑推理。

8.3.2 同一性

贝克莱生活在一个许多哲学家对同一性感到困惑的时代，导致了许多奇怪且不可信的定义和区分，他对他们的争论理所应当地表示轻蔑（DHP3 247）：

但如果"相同"一词在哲学家们的接受中使用，他们假装对同一性有一种抽象的概念，那么，根据他们对这一概念的各种定义（因为尚未达成一致的哲学同一性是什么），不同的人可能或不可能感知到相同的事物。但无论哲学家们是否认为某物是相同的，我认为这都无关紧要。

导致混乱的是未能正确理解"相同"一词的两种用法之间的区别。有时我们使用这个词来表示类型的相同或质的同一性，比如当我们说"钉子pin"和"一小口nip"这两个词包含相同的字母但顺序不同。而在其他时候，我们用它来表示标记的相同或数的同一性，比如在儿童游戏中，一个人有三个纸板剪下的字母，必须重新排列相同的字母以组成两个不同的词。混乱之处在于，在第一种意义上，不仅相同的字母在不同的地方，而且它们在某一时刻的性质可能（非常轻微地）不同，而在第二种意义上，如果字母要相同，它们必须在同一时刻在同一地方，并且在某一时刻共享它们的所有性质。这导致一些哲学家认为后者是严格的同一性，而前者根本不是同一性，只是普通的混淆。此外，质的同一性似乎依赖于我们在考虑哪种类型的事物：例如，"cheese"和"CHEESE"是否相同，取决于我们是在问（质的）词的同一性还是形状的同一性。因此，一些哲学家坚持认为严格的同一性是绝对的，必须独立于我们如何描述对象。贝克莱看到这种结果的立场是错误的，因为对计数问题的答案取决于对数的同一性问题的答案，但它们也取决于一个人如何描述所计数的对象（PHK 12）：

即使其他性质被允许存在于外部，数字完全是心灵的创造，这一点将显而易见，任何考虑过的人都会明白，同一事物在心灵以不同的方式看待时，具有不同的数字名称。因此，同一个延伸在心灵以码、英尺或英寸为参考时，是一、三或三十六。数字是如此明显地相对，并依赖于人的理解，认为任何人会赋予它一种独立于心灵的绝对存在是奇怪的。我们说一本书、一页、一行；所有这些都是单位，尽管有些包含了其他几个。在每种情况下，很明显，这个单位与某个由心灵随意组合的特定观念集合有关。

贝克莱完全正确，数的同一性和质的同一性一样，取决于我们如何描述对象。在没有先决定我们处理的是哪种事物的情况下，根本无法说这是不是那个（对象以不同方式被挑选出来）。假设有人给我们看一个杯子，然后把它砸成碎片并捡起这些碎片，如果他问现在他手里的东西是否和几分钟前手里的东西相同，尽管我们看到了整个过程，但我们不知道该如何回答。这不是同一个杯子，因为他手里已经没有杯子了，但它是相同的物质（撇开一些碎片不谈）。在没有描述来相对化同一性问题的情况下，我们无法回答。这不是我们的缺点，因为没有确定的答案。严格的、绝对的同一性概念是自相矛盾的。

贝克莱的世界：关于三次对话的考察
Berkeley's World : An Examination of the Three Dialogues

贝克莱有时会写一些暗示我们可以对观念使用严格的、绝对的同一性概念的内容，而休谟当然认为我们可以。这必须是因为观念不像物理对象那样，它们是什么就显现什么，显现什么就是什么。因此，当你问两个观念"这是那个吗？"时，要么你以相同的方式挑选它们，在这种情况下，答案显然是"是"，要么你没有，在这种情况下，答案同样显然是"否"。这有时被描述为观念同一性的透明性。然而，尽管表面上看起来如此，它并没有复活严格的同一性，因为要知道否定的答案是正确的，必须知道挑选出来的两个东西都是观念：换句话说，答案之所以显而易见，是因为假设问题"它们都是观念吗？"已经得到了回答。当然，这个问题很容易回答，以至于很容易被忽视，但它仍然需要回答，使同一性再次相对于描述。

贝克莱还看到，如果数的同一性问题是相对于描述的，那一定是因为描述中内含了同一性标准。当我们称某物为书或杯子时，我们是在提供关于如何确定同一性问题的指示。并非所有描述都有这个特征，因为当我说某物是红色的，这并没有告诉你如何判断某个候选物是否与它相同。在7.1节中，我们称第一种描述性词语为"分类词"，因为它们告诉我们我们在处理什么类型的事物。现在，如果分类词包含同一性标准作为其意义的一部分，贝克莱认为，两个人在"同意他们的感知"的情况下关于同一性的争论必然归结为语言上的争论（DHP3 248）：

或者假设一座房子，其墙壁或外壳保持不变，但内部的房间都被拆除，并在其位置上建造了新的房间；如果你说这是同一座房子，而我说这不是同一座房子：我们对房子的看法是否完全一致？所有的差异是否仅在于一个词？……海拉斯，为什么这么沉默？你还不明白吗，人们可以在没有任何真实思想和观点差异的情况下争论同一性和多样性，只是抽象于名称？

我们可以通过使用一个扩展的隐喻来最好地理解贝克莱的观点。我们感知的世界，真实的世界，由一个二维的观念数组成，这两个维度是感知者和感知的时间（每个感知者都有一个主观的时间尺度，但交流使我们能够将它们联系起来）。语言和随之而来的概念化过程涉及在数组上画线，形成封闭的空间，并给这些封闭空间中的所有观念一个单一的名称。显然，有很多不同的方式来做到这一点，特别是因为数组的大部分，未来，对我们来说仍然是未知的。语言和交流的实用性本身对我们如何做这件事施加了一套约束，因为我们希望词语既少又容易学习。整个操作的目的是使我们能够过上日常生活。如果我今天吃面包，它养活了我，我需要知道明天在食品柜中面对的哪些东西也会养活我。因此，我们引入了一个词"面包"，具有随时间变化的同一性标准，事实证明它是有用的，因为如果今天的面包好吃，它明天可能也好吃，但下周就不行了。其他具有不同同一性标准的词语，我可能引入的词语不会那么有用。例如，一个词"schmoaf"，它仅适用于今天在食品柜中与面包在同一位置的所有东西，可能会导致食物中毒。这些不同的词语不会改变世界，因为所有词语所做的只是围绕构成世界的观念画线，但它们可能会使生活在这个世界中变得不那么容易。

8.3.3 自然种类

贝克莱的思想在这里可能存在一种矛盾。一方面，他告诉我们"词语是任意设定的"（DHP3 247），人们"可能选择不同事物的名称"（DHP3 248），以及"几种不同的观念被心灵联合成一个事物"（DHP3 246）；另一方面，他说"人们将几种观念结合在一起……观察到……在自然界中有某种联系"，并且"一个人对观念的联系了解得越多，他就越被认为了解事物的本质"（DHP3 245）。关于任意性和选择的讨论，甚至是"集合"一词，表明只有关于我们的事实对我

贝克莱的世界：关于三次对话的考察
Berkeley's World : An Examination of the Three Dialogues

们的语言施加了任何约束。如果我们考虑观念本身，没有理由以一种方式而不是另一种方式将它们分组。相比之下，关于自然界中的联系和事物本质的讨论表明，关于观念本身有一些事实确实或应该约束我们的语言。这里的含义是，虽然我们可以随意在观念的数组上画出形状，但其中一些形状是正确的，而另一些则不是。这是自然本身具有结构的形象，柏拉图在谈到语言旨在"在关节处"雕刻自然时总结了这一点（Phaedrus，265 E）。

这个问题与我们基于观念的相似性来确定一般词语是主观的还是客观的非常相似。实际上，这只是该问题的一个实例。在讨论这个问题时，我们注意到，在贝克莱的有神论形而上学中，世界是为我们而造的，或者更确切地说，是考虑到我们而造的。起初，这似乎消除了主观和客观之间的区别，因为上帝知道我们会经历哪些相似性，并创造了世界，以便我们能够利用这些相似性。然而，仔细观察就会发现，上帝面临着一个选择。他可以创造客观上相似的观念，并赋予我们辨别这些相似性的能力，或者他可以创造我们具有某些主观反应，并创造世界使这些反应有用。考虑到贝克莱认为存在客观相似性的方式是让不同的个体实例化一个单一的共性，而不存在共性，他必须承认上帝选择了第二种选择。同样，如果我们有一个没有上帝的贝克莱式形而上学，共性不存在仍然会导致客观相似性的不可能性。

关于自然种类的情况略有不同，因为这里我们关心的不是观念之间的相似性，而是观念之间的联系。贝克莱所指的联系要么是共现（桌子看起来是棕色的，摸起来是硬的），要么是顺序（笔在纸上移动，出现一条黑线）。对于贝克莱来说，由于上帝通过感觉引起我们感知的所有观念，我们观察到的这些联系和顺序是由上帝的意图决定的。因此，正确理解的概念和错误理解的概念之间不仅仅是实用上的区别，因为只有前者正确地捕捉到了上帝意图的联系和顺序。换句话说，我们在其上绘制概念的观念数组实际上是由上帝的意图构建

第三部分

的——存在一个变化的第三维度，使一些观念自然地聚集在一起。因为两个观念是否共现，或者一个观念的顺序是否发生，是一个独立于我们任何判断或决定的客观事实，这是上帝可以用来在世界上创造自然种类的东西。这种关于自然种类的实在论允许存在多种替代语言或概念框架，并且我们选择语言在很大程度上受限于实际考虑。然而，仍然有一种明确的意义，就是其中一种语言比其他语言更优，因为它的类别与上帝意图我们在世界中发现的事物种类相对应。它按照自然的本质进行分类。

然而，我们应该对这种关于性质的唯名论与关于种类的现实主义的结合感到不安。以我的桌子展示的硬度和棕色的共现为例。关于种类的现实主义者说，这两种性质的共现不是我的选择问题。我可以选择忽略它，但如果我这样做，我的概念体系将无法与自然中的模式匹配。但这忽略了"性质"一词的歧义。对于贝克莱来说，上帝引起共现或按顺序发生的性质是相对于某个时间的特定观念。所以上帝意图棕色—对我—现在与硬度—对我—现在共现。但使世界自然分为桌子和非桌子的共现将是棕色（一般）和硬度（一般）。为了让上帝引起这一点，他必须让一种类型的观念（棕色）与另一种类型的观念（硬度）一起出现。当然，上帝可以做到这一点，因为他知道两种观念是否属于同一类型，但这是因为他了解我们，了解我们如何分类观念。两个感觉观念是否都是棕色的，取决于人类是否发现它们适当相似。上帝不能使棕色观念与硬度观念共现成为一个客观事实，即独立于人类本性的事实，因为观念是否是棕色或硬度并不是客观的。这并没有使上帝无能为力，因为他知道我们会发现什么相似，我们会如何选择分组观念，因此他可以固定我们拥有的观念，以便我们确实构建一个简单且方便的概念体系，但这仍然是我们在一个未被阐明的自然上施加的概念体系。

值得稍作停顿，考虑一下4.5节中的无神论贝克莱主义者在这里

243

贝克莱的世界：关于三次对话的考察
Berkeley's World : An Examination of the Three Dialogues

能说些什么。对于这样的哲学家来说，我们在何时何地拥有的观念只是一个无法解释的基本事实。他会同意贝克莱的观点，即不存在自然种类，即将某物视为树木并不是试图反映某种独立的区别，而只是为了帮助我们在日常生活中生存。他与贝克莱的不同之处在于，他不期望有一个概念体系能够使我们进行预测并提供生活的所有必需品。对于无神论者来说，完全有可能我们引入的每个概念最终都被证明是不成功的，阻碍而不是帮助我们。贝克莱承认我们永远无法确定任何给定概念能否经受住时间的考验，即它不会被未来的经验证明是误导的，但上帝的存在给了他信心，相信有一些概念可以找到并且会奏效，因为世界是仁慈的。相比之下，无神论者不仅缺乏对任何给定概念会奏效的信心，而且对尝试概念化经验世界的整个项目是否有意义也缺乏信心。世界是否无法概念化仍然是一个开放的可能性。无论是有神论者还是无神论者都可以同意，在感知中我们对世界有完美的了解，因为世界是由观念组成的，观念依赖于被我们感知，所以在我们感知时没有我们不知道的观念内容（DHP1 ao6）：

菲洛诺斯：……你不完全了解自己的观念吗？
海拉斯：我完全了解它们；因为我没有感知或了解的东西，不能成为我观念的一部分。

但当我们从考虑感知转向概念和判断时，差异就出现了。在这里，目标不是知识，而是生活中的实际成功。根据有神论者的说法，通过上帝的预知和仁慈的意图，观念世界与我们心灵运作的方式有足够的相关性，以确保我们能够构建一个概念体系，使我们能够进行日常生活的事务。然而，无神论者没有这样的保证：世界的变化无常可能没有任何概念体系能够满足。

8.3.4 直接感知

根据常识，我们可以直接感知物理对象，即普通的东西，如桌子和树木是我们看到、听到、感觉到、触摸到和品尝到的事物之一。但是，如果物理对象只是分散在不同感知者和时间上的观念集合，这怎么可能呢？我们只能感知在感知时刻存在的事物，而观念集合，作为持久存在的对象，在感知时刻并不是完全存在的。此外，构成一个对象的一些观念是其他人的观念，由于观念是私人的，我无法感知它们。然而，贝克莱支持常识观点，即我们确实直接感知物理对象，这既是通过谈论物理对象作为被感知的事物间接表达的，也是明确表达的，例如（DHP3 230）：

木头、石头、火、水、肉、铁和类似的东西，我命名和讨论的东西都是我知道的东西。如果不是通过感觉感知它们，我就不会知道它们；而通过感觉感知的东西是直接感知的……

他还认为，普通的、非哲学的对象概念是可感知性质的集合（PHK 37；DHP3 237, 261）。因此，如果贝克莱不能既声称物理对象是集合，又声称我们通过感觉感知它们，那么我们的常识概念也将是不一致的。

贝克莱用直接感知来定义感觉感知。因此，问题变成了物理对象是否可以被直接感知。对话开头关于感知的重要段落介绍了间接感知和直接感知之间的区别（DHP1 174）：

菲洛诺斯：原谅我，海拉斯，如果我渴望清楚地理解你的概念，因为这可能会大大缩短我们的探讨。那么请允许我再问你一个问题。只有那些直接被感觉感知的事物才被感知吗？或者那些间接被感知的事物，或者没有其他事物介入的事物，是否也可以被认为是可感

245

贝克莱的世界：关于三次对话的考察
Berkeley's World : An Examination of the Three Dialogues

知的？

现在，菲洛诺斯的目标是建立一个感觉感知的定义，以便他可以排除某些我们可能基于感觉经验拥有的观念不被感觉感知，因此不需要被视为可感知世界的一部分。为此，他区分了两种感知方式，并声称一个观念要被感觉感知，必须是直接感知的。间接／直接感知的区别似乎是：

如果一个观念X是间接感知的，那么（1）它被感知，并且（2）它的被感知依赖于主体也感知到一些不同的观念Y。

假设每当我有过熟卷心菜的（嗅觉）观念时，我也有我学校餐厅的（视觉）观念。无论第一个观念是否是感觉观念，第二个观念都不是，因为如果我没有第一个观念，我就不会有第二个观念；它依赖于第一个观念，因此是间接感知的。通常我们会称第二个观念为记忆观念，但同意它不是感觉观念就足以满足贝克莱的目的，因为它不符合感觉感知的必要条件（DHP1 175）：

菲洛诺斯：那么，我们在这一点上达成一致，即可感知的事物只有那些被感觉直接感知的事物。

显然，我们需要对这个定义进行一些修改，以适应一些困难的情况，例如成组感知的观念，但基本点是明确的：直接感知独立于所有其他感知。对于目前的目的，贝克莱认为依赖关系是什么并不重要，除了它必须是某种在自愿控制下的东西，并且我们是主动的，因为只有这样他才能将现实的内容限制在直接感知的范围内。他谈到了被间接感知的观念是"被暗示的"（DHP1 204），这显然包括记忆、主观

第三部分

联想和一些推理。

贝克莱的间接和直接感知的区别与通常的直接和间接感知的区别有显著不同。假设我通过闭路电视间接感知某人。这只有在我直接感知到其他东西，即电视屏幕的情况下才有可能，因此感知这个人似乎是间接感知的一个例子。然而，贝克莱会否认这一点，因为他会否认我感知到那个人。如果我面前的唯一观念是电视屏幕上的图像观念，那么我感知到的只是电视屏幕上的图像，因为感知仅仅是头脑中有观念，感知的内容，即一个人感知到的东西，完全由一个人头脑中有什么观念决定。感觉感知、直接感知和间接感知在这个意义上都是感知，因为它们都是头脑中有观念。我不能在没有进一步观念的情况下感知到电视屏幕以外的东西（DHP1 203）。如果我们再加上看到闭路电视图像让我想起昨天看到的那个人，那么我确实感知到他，因为我头脑中有他的观念。这种（记忆）感知是由当前的感觉感知暗示的，因此是间接感知而不是感觉感知。贝克莱会坚持认为，所有所谓的间接感知案例要么是涉及暗示的间接感知，要么根本不是感知。无论哪种情况，都没有间接的感觉感知。

正如我们已经注意到的，常识认为物理对象可以是感觉经验的直接对象。看来，如果贝克莱在这一点上不违背常识，他必须说物理对象，即观念的集合，可以被直接感知。然而，在讨论了一个类似于闭路电视的例子，即凯撒的肖像之后，菲洛诺斯似乎声称，尽管我们经常说一个物理对象，如马车是直接感知的，但它并不是直接感知的（DHP1 204）：

尽管我承认，我们可以在某种意义上说通过感觉间接感知到可感知的事物：也就是说，当从经常感知到的连接中，通过一种感觉对观念的直接感知暗示给心灵其他可能属于另一种感觉的观念时，这些观念通常与它们相连接。例如，当我听到马车在街上行驶时，我直接感

247

贝克莱的世界：关于三次对话的考察
Berkeley's World : An Examination of the Three Dialogues

知到的只是声音；但由于我有过这种声音与马车相连接的经验，我被认为听到了马车。然而，显然，严格来说，实际上只能听到声音：马车并不是通过感觉正确感知到的，而是通过经验暗示的。同样，当我们被认为看到一根烧红的铁棒时；铁的坚固性和热度并不是视力的对象，而是通过颜色和形状暗示给想象的，这些颜色和形状是通过视力正确感知到的。简而言之，任何感觉实际和严格感知到的事物，都是在同样的感觉第一次赋予我们时会被感知到的事物。至于其他事物，很明显，它们只是通过基于以前感知的经验暗示给心灵的。

贝克莱在这里的思路是，任何其感知依赖于某些先前经验的事物都是间接感知的，因此不是通过感觉感知的。因此，通过感觉感知的任何事物也可以被没有任何先前经验的人感知。因此，一个对马车没有知识或经验的人在马车从街上经过时会立即感知到与菲洛诺斯相同的事物。而且不能说这个人感知到了马车，所以可以推断菲洛诺斯也没有直接感知到马车。

这个论点包含一个错误，当这个错误被消除后，贝克莱就可以很好地说我们确实通过感觉感知物理对象。错误在于声称没有先前经验的人根本不能被认为是感知到马车。事实是，那个人听到的声音并没有向他的脑海中暗示马车的其他特征，而这些特征对菲洛诺斯来说是显而易见的。但这只有在感知马车必然涉及将那些其他观念暗示到脑海中时才成立。贝克莱相信这一点，这从他评论"根据我的经验，这种声音与马车有关，我被认为听到了马车"中可以看出。然而，假设在与菲洛诺斯一起在房间里待了一段时间后，这个没有经验的人看到了一辆马车，并评论说他从未听过那样的声音。菲洛诺斯完全可以说："是的，你听过，那次你和我在书房里。"换句话说，当时说那个人能听到马车可能会误导，因为这暗示他知道他听到的是马车。但当我们进入一个这种暗示已经被取消的情境时，说他确实听到了马车是完全合理的。贝克莱的"严格意义"根本不是"听到"这个词的适当意义。贝克莱的错误之一可能在于认为听到马车的人必须比仅仅听到声音的人有更多的经验。但一般原则,即如果一个人通过感觉感知某物而另一个人没有,那么第一个人意识到的某些可感知性质(观念)必须是第二个人没有意识到的,是不正确的。考虑一个荒岛上的海滩。一个箱子的盖子刚好露出沙子。在情境一中,盖子没有连接任何东西;在情境二中,它连接着一个宝箱。现在我们可以公平地说,情境二中的人可以看到宝箱,因为我们几乎总是通过只看到一部分来看到事物。但在情境一中,没有宝箱可见,只有部分箱子,所以在那种情况下,一个人只能看到部分箱子。说这个并不意味着我们要说情境二中的人的经验内容有额外的东西。他们都看到一个盖子,而且都没有看到比那更多的箱子,但一个人看到宝箱而另一个人没有。

最后的论点呼应了常识,即有时你可以通过只看到一部分来看到整个东西。事实上,我们几乎从未一次性感知到某物的全部。这个原则与贝克莱需要说的任何内容都不冲突,因此他可以用它来尝试将他的观点与常识调和。如果我们可以说那个听到马车声音的没有经验的人听到了马车的一部分,那么我们可以说他听到了马车,就像菲洛诺斯一样,尽管他不知道。要知道他听到了马车,他还需要将其他观念暗示到脑海中。贝克莱可以允许我们通过直接感知物理对象的部分,来立即感知作为观念集合的物理对象。

不幸的是,对于贝克莱来说,他不太可能说服常识的代言人,认为马车的声音是整个马车的一部分,就像箱子的盖子是整个箱子的一部分一样。观念是集合的一部分,但并不是所有的都是空间部分(例如颜色),而常识似乎只允许一个人通过感知空间部分来感知一个对象。

由于贝克莱认为我们对对象的普通概念只不过是可感知性质的集合,他确实可以说,如果常识声称我们可以感知物理对象,那么当我

贝克莱的世界：关于三次对话的考察
Berkeley's World : An Examination of the Three Dialogues

们感知形成该对象空间部分的观念或观念群时，它是正确的，但在其他情况下则是被自身的光芒误导了。不幸的是，由于物理对象的空间部分本身是一个公共的、持久的对象，是否我们通过感觉感知到对象的部分，这个问题仍然存在。这不能通过诉诸它们的部分来回答，否则会导致无限回归，所以贝克莱将不得不承认（如他在马车段落中所做的那样），无论是他的理论还是常识都不能允许物理对象是感知的对象之一。然而，既然常识显然允许这一点，那么合理的回应将是把贝克莱在这里的困难视为证据，表明我们对对象的普通概念是某种超越可感知性质集合的东西。如果情况真是如此，菲洛诺斯将会在与海拉斯的争论中失败，因为他将否认可感知事物的现实。

因此，贝克莱确实需要一个说明，通过感知集合中的几个成员，我们可以被认为是感知了整个集合的解释，而且这个解释必须与我们通常对感觉感知的说法一致。理想情况下，我们会从我们的常识直觉中提取出一个与声称可以通过看到物体的一部分来看到物体相似的原则，但该原则适用于通过听到马车的声音来听到马车及其他所有情况。因此，考虑一下你可能会说你听到另一个房间里小提琴的情况。你可能听到它在演奏，或者在调音。例如，但如果你听到小提琴掉在地上，或者被斧头砸碎，你通常不会说你听到了小提琴。我们可以为任何具有典型声音的对象构建类似的例子，无论是猫还是汽车。重点似乎是，当我们听到的声音是某种类型的对象通常发出的典型声音时，我们会说我们听到了该对象。这个观点也适用于视觉，尽管通常我们看到的是物体的空间部分。所以，当你看到典型的马车外观时，你可以说你看到了马车，但当你看到的不是马车的典型外观（或其任何部分）时，你就不会这么说。举一个夸张的例子，假设灰姑娘的马车变回南瓜形状以便于停车。如果你看到南瓜外观，你通常不会被认为是看到了马车，因为那不是马车的典型外观。这提示了以下原则：

当一个人立即感知到某个X的典型可感知性质时，他通过感觉感知到X。("X"是一个适用于物理对象的种类概念的占位符。)现在,是否听到马车的声音构成听到马车的问题取决于你说的是什么声音。如果它是一个典型声音,例如金属带马车轮在鹅卵石街道上发出的嘎嘎声,那么即使你不知道,也可以说你听到了马车。如果它不是典型声音(例如马车在风中被吹倒的声音),那么即使这个声音暗示了马车给你,你也没有感受到马车的感觉经验。

最后要澄清的一点是哪些可感知性质算作典型性质。一个方法是说典型性质是那些从种类的本质中得出的性质。鉴于贝克莱的概念论,哪些可感知性质从种类的本质中得出,不是一个客观的、独立于判断的事实,而是基于经验我们人类引入的概念的特征。因此,任何诉诸种类本质的做法最终都是诉诸某些人的经验以及这些经验如何影响他们的判断。实际上,如果感知某种可感知性质会使完全掌握该概念的人认为存在该种类的对象,那么某种东西就从该种类的本质中得出。因此:

如果并且仅如果感知某种可感知性质会在正常条件下使具有X概念的感知者想到X的观念(即X的其他可感知性质),那么该可感知性质就是X的典型性质。

如果我们接受这个提议,那么我们就会看到贝克莱关于马车的臭名昭著的段落正确地将感知物理对象的概念与暗示(即间接感知)联系起来,但得出了错误的结论,即我们没有物理对象的感觉经验。错误在于认为物理对象的感知是由间接感知构成的。相反,在某些合适的观察者的正常条件下发生的间接感知决定了观念的直接感知是否构成对物理对象的(直接)感知。

8.4 未被感知的存在

8.4.1 问题的结构

阅读贝克莱哲学的读者常常对他在没有人感知时物理世界会发生

贝克莱的世界：关于三次对话的考察
Berkeley's World : An Examination of the Three Dialogues

什么这一问题上所说的内容感到沮丧。他似乎给出了三种可能的答案：它停止存在；上帝始终感知它；它仅具有源自感知可能性的假设存在。（这些对应于5.6节中的简单观点、析取观点和还原观点。）由于第一种选择被认为违背常识，通常认为贝克莱必须持有第二种或第三种观点。我在本章开头反对了第二种观点，所以似乎我们别无选择只能接受第三种观点。然而，在进一步展开这一观点之前，值得稍作停顿来考虑第一种选择。如果贝克莱认为，对于物理世界来说，存在即被感知，那么一个明显的结果是，没有任何东西可以在未被感知的情况下存在。贝克莱不认为这一主张本身是怀疑论的或与常识相冲突。这有两种可能的解释，即（1）贝克莱不认为常识承诺物理世界在未被我们感知时继续存在，或者（2）他认为他可以在保持对可感知事物来说，存在即被感知的同时，支持常识信念。

当海拉斯试图指出贝克莱哲学中许多读者发现的与常识的冲突时，贝克莱通过让菲洛诺斯给出一个圆滑而不令人满意的回答来回避这个问题（DHP3 234）：

海拉斯：……问你遇到的第一个人，他会告诉你，被感知是一回事，存在是另一回事。

菲洛诺斯：我愿意，海拉斯，为了我的观点的真实性向世界的常识提出上诉。问园丁，为什么他认为那边的樱桃树在花园里存在，他会告诉你，因为他看到了并感觉到了它；总之，因为他通过感觉感知到了它。问他，为什么他认为橘子树不在那里，他会告诉你，因为他没有感知到它。

由于被感知的东西必须存在，海拉斯实际上是在指出通常我们认为存在的东西可以在未被感知的情况下存在。菲洛诺斯似乎同时回答了必要性和充分性的问题，但有一个微妙的模棱两可问题"你为什么认为那棵树存在?"可能是在问树存在的充分条件,或者是在问某个人认为树存在的证据。鉴于被感知是存在的充分条件,同时也提供了证据,假设的答案是对两个问题的回答。但当园丁被问及为什么他认为橘子树不存在时,他的回答只涉及证据问题。因为橘子树完全可能存在而不被园丁感知。甚至不是贝克莱的立场,更不是常识的一部分,认为某个特定个体的感知是树等对象存在的必要条件。菲洛诺斯根本没有说出与反对意见相关的任何内容。

看起来贝克莱正在回避常识是否承诺物理对象在未被感知的情况下存在的问题,许多批评家认为这是他没有足够好的答案的标志。然而,值得注意的是,当他最终被迫在这个问题上说点什么时,并不是因为与常识的冲突,而是与《圣经》的冲突。《圣经·创世纪》记载说,物理世界在人类之前就被创造了,而且在任何有感知的生物之前。尽管问题是在摩西的《创世纪》(即摩西在《创世纪》中所讲述的)中提出并回答的,地质和化石证据也提供了一个理由相信物理世界在有任何有限生物感知它之前就已经存在。

因此,贝克莱为什么要等到《圣经》的反对意见才给出未被感知的存在的解释的一个解释是,他不认为常识明确承诺这一点。将贝克莱的观点解释成这样的问题在于,这种解释似乎非常明显是错误的。以下是三个显而易见的与伯克利观点不一致的常识性主张:

[1] 我们提到并描述从未被感知过的对象,并认为这些描述中的一些是真实的,而另一些则不是。

[2] 我们不认为当房间里的每个人闭上眼睛时可见对象会消失,或者我们每天早上进入房间时它们会重新被创造。

[3] 我们认为对象在未被观察时经历的变化过程与被观察时相同。

贝克莱从未讨论过第一个主张。这可能是因为关于未被观察对象的真相对我们没有实际意义,除非它们暗示了未来的经验。假设有一

贝克莱的世界：关于三次对话的考察
Berkeley's World : An Examination of the Three Dialogues

颗从未有人见过也不会有人见到的祖母绿，关于它是否是绿色的问题毫无意义；在至少一种意义上，它是无意义的。但如果我在开采祖母绿，未被观察到的祖母绿的颜色很重要，因为它会影响我能卖多少钱，从而影响我投入开采的努力。

第三点从未被直接讨论，但贝克莱说的很多东西都与其有关。贝克莱认为，常识承诺可感知世界仅由感知对象组成。而感知对象，无论被称为观念还是可感知性质，显然是惰性的。它们没有因果力量（例如DHP3 236），因此可感知世界经历的任何变化过程都是由某个心灵外部引起的。可感知世界的当前状态仅通过某个代理人的干预依赖于先前的状态。因此，贝克莱所需要的只是上帝的适当意图。一杯放在阳光下的水无论是否被持续观察都会蒸发。这不过是说，无论我们是否经历了玻璃逐渐变空的中间经验，导致我们有满杯和空杯观念的那个谁都会这样做。而且贝克莱实际上并不需要引入上帝，因为如果我们的经验模式只是简单但偶然的，那么它们完全可能是这样的：我们不需要中间的经验就能有蒸发过程开始和结束的经验。如果唯物主义者坚持认为这个事实不能简单的而需要进一步解释，那么他就重新提出了我们在第四章详细讨论过的解释问题。

贝克莱确实在《原理》中明确讨论了常识的第二个主张（PHK 45—48），但讨论非常不令人满意。在第45节中，他重申了感知与存在之间的联系，但正如我们在上面看到的，这并没有解决问题。在第46节中，他指出所有认为感知对象是观念的人同样承诺，当我们闭上眼睛时，感知对象被消灭，许多"学者"，这里包括笛卡尔和马勒伯朗士，认为一切都在不断被重建，否则它们无法从时间到时间继续存在。在第47节中，他给出了一个引人入胜的论点，认为相信物质无限可分的唯物主义者必须认为特定对象之间的区别基于观念，因此在未被感知的情况下不能存在。最后在第48节中，他给出了一个直接的回答，即如果一个人停止感知某物，其他人可能仍然感知到它，这足以保持它的存在。不幸的是，这没有用，因为我们很容易进入一种情况下，我们是唯一意识到某个桌子的有限生物，然后闭上眼睛。常识说桌子继续存在，所以贝克莱的这个回答要么是不充分的，要么他默默地在调用上帝是无所不在的观察者的思想。但我们已经看到，上帝的感知不足以使某物作为物理世界的一部分存在。看来贝克莱确实有比他承认的更多的问题，所以我们必须转向他对创世的讨论寻找解决方案。

8.4.2 珀西瓦尔夫人的反对

《第三次对话》中关于摩西《创世纪》的讨论在《原理》中没有回响。由于对话谨慎地保持了戏剧性的虚构，无法承认这一点，但我们从信件中知道，是贝克莱的朋友约翰·珀西瓦尔爵士的妻子首先提出了物理世界在有任何有限心灵感知它之前就已经存在的反对意见。无论是由《圣经》、地质和化石记录还是由宇宙学确立这一点，都很难否认。

在海拉斯和菲洛诺斯之间的讨论（DHP3 250—254）中，海拉斯努力将一种直观的矛盾感转化为一个坚实的反对意见。其效果是让我们有点分散注意力，忽略了海拉斯并没有非常深入地测试新理论这一事实。针对所有在上帝心中存在的事物都是永恒存在的这一观点，因此创造必须包括除观念创造之外的内容，菲洛诺斯声称作为物理事物存在就是变得可感知（DHP3 251—252）：

> 当事物被认为开始或结束它们的存在时，我们并不是指上帝，而是指他的生物……当以前对生物不可感知的事物，被上帝的法令使它们变得可感知时，它们就被认为相对于被造的心灵开始了相对的存在。因此，在阅读摩西的创世记述时，我理解为世界的各个部分逐渐变得对具有适当能力的有限灵魂可感知；因此，无论这些灵魂是否在场，它们实际上都被这些灵魂感知到了。

贝克莱的世界：关于三次对话的考察
Berkeley's World : An Examination of the Three Dialogues

现在还不清楚这是否应该被解读为一种现象主义。对"可感知"的自然解读是，如果附近没有人可以感知它，那么某物是不可感知的，而关于"无论谁在场"的最终声明仅指那些实际在场的人，而不是那些可能在场的人。海拉斯试图通过区分"相对或假设存在"和"绝对存在的现实性"来强调这一点，并争辩说菲洛诺斯不能允许物理世界在有生命的生物存在之前具有后者那种存在。这是一种不幸的表述方式，因为相对和假设的混淆使得菲洛诺斯能够回答一个指控而忽略另一个。他挑战海拉斯去理解非相对存在，这实际上就是心灵独立存在的意思。为了避免重新讨论整个论点，海拉斯放弃了这一点，开始寻找另一个论点。但这是一个错误，因为即使我们否认绝对、心灵独立存在的可能性，仍然需要区分因上帝使某物对某人可感知而存在的事物与因实际上被感知而存在的事物。

创造的挑战似乎迫使贝克莱说，仅仅因为某物对某人来说是可感知的，即使没有人实际上感知它，这也是足够的。如果物理世界在有感知能力的生物存在之前就存在，那么它的存在是因为感知的可能性，我们同样可以说当我闭上眼睛时，我的桌子存在是因为我仍然睁着眼睛并会感知它。菲洛诺斯总结了这一观点（DHP3 253）：

> 我们能否理解[创造]完全是相对于有限灵魂的；因此，事物对于我们来说，可以适当地说是开始存在，或被创造，当上帝决定它们应变得对智能生物可感知时，以他当时建立的顺序和方式，我们现在称之为自然法则。如果你愿意的话可以称之为相对或假设存在。

这里我们必须将"对智能生物可感知"解读为"如果有智能生物在场，它们会感知到"，并将"相对或假设存在"解读为"相对且假设存在"。只有这样，贝克莱才能允许世界在我们存在之前就存在。

8.4.3 反对现象主义

正如我们在5.6节中所看到的，这种对贝克莱的解读的问题在于他提出了一个反对这一立场的论点。在DHP3 234中，海拉斯试图通过暗示可感知性是足够的来维护被感知对于物理存在不是必要的这一观点。菲洛诺斯简短地回答道：

> 什么是可感知的，不就是一个观念吗？观念能在没有被实际感知的情况下存在吗？这些问题早已在我们之间达成一致。

贝克莱是对的，暗示存在一些未被实际感知的观念这一建议是不连贯的。如果一个观念只是某人在特定时间如何感知事物的方式，那么观念不可能在没有被感知的情况下存在。但这个反对意见可以通过说那些未被感知的观念不是实际观念，而是可能的观念来解决。对于"如果发生了某事，某人会感知到什么？"这个问题是有答案的，这个答案是一个可能但非实际的观念。

导致贝克莱将海拉斯的现象主义尝试解释得如此不连贯的错误并非简单的错误，因为对于贝克莱来说，替代方案似乎根本无法解决问题，甚至连一个不连贯的解决方案都没有。贝克莱考虑的是本体论问题，他关心的是确定什么样的事物存在。贝克莱和现象主义者都同意某人实际感知到的观念存在。现象主义者想在这个本体论上添加一些东西。就贝克莱看来，这种添加要么是实际存在但仅可能被感知的观念，这是不可能的，要么是仅可能的观念。但除了我们感知到的观念外，还有一些非实际的观念，这对实际世界的本体论有何帮助？

调和贝克莱对现象主义的明显承诺与这一毁灭性反对意见的方法是区分普通对象与构成它们的观念。我们可以看到，现象主义有两个不同的方面，我们可以称之为本体论和形而上学。本体论方面是指物

贝克莱的世界：关于三次对话的考察
Berkeley's World: An Examination of the Three Dialogues

理对象由实际和可能的观念或经验组成。这是反对意见所针对的观点。形而上学方面是指断言关于物理对象的某些陈述，例如它们在未被感知时存在或具有某些性质，并不意味着除了可能但非实际的经验之外的任何东西。例如，如果我声称未见的草是绿色的，我所承诺的无非是一个条件，即如果有人看，草会对他们显得是绿色的。为了回答创造的反对意见，并处理常识对未被感知对象的看法，贝克莱只需要现象主义的形而上学方面。因此，他面临的实质性问题是是否有可能拥有形而上学而没有本体论。特别是，如果贝克莱认为对象是由观念组成的，他能否避免得出未被感知的对象（部分）由可能的观念组成的结论？

如果我们回到关于创造的讨论，我们会看到菲洛诺斯说（DHP3 253）：

我们能否理解［创造］完全是相对于有限灵魂的；因此，对于我们来说，当上帝命令它们变得可感知时，事物可以被正确地说成开始存在或被创造，以他当时确立的秩序和方式，我们现在称之为自然法则？

显然，贝克莱将创造的问题视为未被感知的存在问题的一个实例，即存在某些需要解释的真理，例如"这个星球在上面有任何有感知生命之前就已经存在"。是上帝的法令解释了这些真理。要使"这个星球在上面有任何有感知生命之前就已经存在"这一说法为真，除了上帝的法令外，不需要其他任何东西存在。

这使得贝克莱处于这样一种立场，即地球（或任何其他物理对象）是有限灵魂拥有的实际观念的集合，并且在某个时间点地球已经被创造出来，但该集合的成员不存在。至少从贝克莱的角度来看，这种观点与现象主义有根本的不同，因为它保持了物理世界是由有限心

258

灵实际感知的观念组成的中心思想。然而，它可以允许在某些情况下，"某某对象存在"，即使在其组成的观念不存在的情况下也为真。

现在，说一个集合在其成员不存在时可以存在似乎是荒谬的，但我们可以为其他类似集合的实体（如俱乐部）构建类似的情境。假设一位大学捐助者决定每年颁发一个最佳哲学论文奖。她还可能决定应该有一个俱乐部，其成员仅限于获奖者。说这个俱乐部在首次颁奖前存在并不荒谬，同样，在未来可能会有一段时间没有在世的成员（由于战争、自然灾害或反智主义），但俱乐部仍然存在。俱乐部只是一个由成员规则统一的人群集合，但俱乐部在某些条件下可以在没有成员的情况下存在。同样，我们可能会说，有人决定收集邮票，她可能会去买她的第一张邮票，在路上她就是一个没有邮票在其收藏中的集邮者。

大多数哲学家会注意到，这些案例的关键在于是否允许俱乐部或邮票收藏在没有任何成员的情况下存在是一个约定问题。可能有一些实际原因更倾向于某种约定，但没有更深层次的事实。然而，这并不是对贝克莱将现象主义的形而上学方面与本体论唯心主义相结合的反对意见，因为他认为我们对物理对象所说的也只是由一些实际目标支配的约定问题，而不受任何更深层次事实的约束。这就是他在未被感知的存在问题上既吃蛋糕又保有蛋糕的方式。

第九章 结论

我们在第三章中看到，贝克莱哲学中最重要的前提是最简单的感知模型（SMP）（第54页）：

"S 感知 O（通过感觉）"描述了心灵与可感知事物／性质之间的二元关系。感知或意识到的关系是一种纯粹的关系，很像空间关系（因此"在心灵之前"），因为它既不完全也不部分地由其中一个关系体的任何同时发生的事件或状态构成……两种感知之间唯一可能的区别在于主体或对象的身份（五种感觉通过它们的对象来区分）……

由于对贝克莱最自然和最常见的回应是他在感知的解释上出了问题，我预计，本书的大多数读者会倾向于通过拒绝 SMP 来使自己免受非物质论的影响。但我们不能忘记这种免疫计划的潜在副作用。SMP 对贝克莱如此有吸引力，因为它抓住了我们认为感知是对世界的简单开放这一非常直观的感觉。当我看着我的手时，在那种经验中似乎没有任何一点可以说我的经验与我的手的真实状态之间存在潜在的不匹配。我的经验中没有任何部分可以是对我的手的感知或对我的手的表征，因为手本身完全耗尽了这种经验。如果我们以一个错觉的例子来说明，这一点可能最清楚，比如缪勒—莱尔错觉（见下图）。

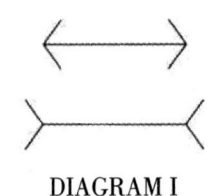

DIAGRAM I

这两条水平线实际上是相同长度的,但下方的那条看起来更长。现在,如果一个人专注于那两条线并问自己"在我的经验中有什么与真实的线条不匹配?",他找不到答案。唯一的选择似乎是将我看到的线条(不同长度)与我测量的线条(相同长度)进行对比。但如果只有后者是真实的线条,那么我们就失去了感知的直接现实元素。这完全不同于想象某物,比如一个瀑布,因为那时无可争议地存在某物,即想象的瀑布,它可能对应也可能不对应于世界上的任何瀑布。如果一个表征是正确的或不正确的,它首先必须是一个表征。但在感知的情况下,没有任何我们经验的东西可能或不可能与世界相对应,因为我们的经验呈现为对世界本身的经验。感知经验似乎并不是向我们表征世界,而只是呈现世界。如果一个人坚持误感知的可能性,那么似乎只有两种选择。要么外部世界不是感知的对象,所以我看到的手不是我的真实手,而只是一些感觉数据的集合;要么感知不是对世界的感知,没有世界作为其对象,而是一种关于世界的心灵状态或经验,就像白日梦或思考是关于世界的一样(见3.3.2节)。折中的立场是说,SMP对真实经验是正确的,而其他替代方案适用于错觉。这被称为感知的析取解释,因为它提供了对我们有感知经验时发生的事情的两种替代解释,只有其中一种适用于每次。然而,析取解释由于两个原因是不吸引人的。首先,切换析取的方式非常神秘。假设我在正常条件下坐着读书。那么我在感知上是向世界开放的。当我坐在那里时,你慢慢改变我的眼镜镜片的特性,直到它们扭曲了我面前的页面。然后我不再向世界开放,而是有了幻觉经验。你对镜片的摆弄怎么会对我产生如此剧烈的影响?它是如何让我从直接接触环境变为失去接触的?当然,你所做的只是改变了世界中的某些东西?其次,关于真实性的概念存在问题。是否有保证我们的一些感知经验是真实的,即是对一个独立于心灵的现实的感知?如果,正如看起来合理的

贝克莱的世界：关于三次对话的考察
Berkeley's World : An Examination of the Three Dialogues

那样，没有保证，那么是否有任何是真实的将不得不根据某些外部标准进行评估，如果该标准是对世界的科学描述，那么可能会发现没有一个是真实的，SMP 的所有吸引力都消失了。

由于 SMP（最简单的感知模型）具有相当大的吸引力，而且关于任何替代方案的可行性，陪审团仍未做出决定，我们应该认为贝克莱关于可感知性质的心灵依赖性的论点是相当有说服力的。他需要做的下一个重要步骤是关于科学理论中不可观察部分的工具主义。如果没有这种工具主义，科学将证实有关物质的讨论，而贝克莱将陷入某种形式的怀疑论，即否认普通人所认为的真实世界的真实性和现实性，即他所感知到的世界。尽管对工具主义有许多反对意见，但对于任何能够明确区分观察到的事物和基于这些观察的理论的人来说，这仍然是一种可行的哲学立场。在 SMP 的帮助下，贝克莱能够做出这种区分，但代价是他必须在性质和对象上坚持概念主义。凭借 SMP 和工具主义，贝克莱对物质主义有一些非常强有力的论据。

贝克莱在反对怀疑论的目标上是明确而坚定的，所以仅仅反对物质主义是不够的：他还必须提供一个充分且连贯的替代方案。贝克莱哲学的这一方面要困难得多，不幸的是，他在这方面花费的时间要少得多。从他的信件中我们知道，贝克莱非常关心他的作品的接受情况，而它们始终面临的障碍是对否认物质的难以置信。因此，他集中精力在这方面进行努力，而忽略了更微妙的反对意见也就不足为奇了；但如果我们要理解他对哲学的贡献，我们必须在这些问题上推动他，并在必要时运用我们的想象力来深入研究非物质论的细节。

首先要解决的重要问题是观念的现实标准。我们拥有的所有观念并不都是现实的事物，因为有些是想象的产物。有三种可能的方法来做出这样的区分：通过观念的某些性质（例如生动性），通过观念之间的某种关系（例如一致性），或通过观念与其他事物之间的某种关系（例如对应性）。仅使用前两种标准存在众所周知的问题，但第三种标准对非物质论者来说似乎是不可用的。然而，贝克莱足够聪明，使用了一种不同类型的外部关系，不是对应性，而是因果关系。想象与感知之间的区别在于我们引起了我们的想象，但没有引起我们的感知。通常认为这不足以提供现实标准，因为感知错觉是外部引起的感知。贝克莱通过将错觉经验解释为可能误导我们关于未来经验的经验，而不是非真实世界的经验来克服这个问题。缪勒—莱尔错觉的视觉经验本身并没有错误，因为底线在视觉上确实更长。将其标记为错觉的原因是，如果我基于该视觉经验预测尺子会测量出它们的长度不同，我将被误导。这种方法的好处在于，它很好地解释了为什么即使我们知道它们是错觉，感知错觉仍然存在：世界看起来就是它的样子，即使在错觉中也是如此。

在贝克莱的现实标准的表面一致性背后，隐藏着一个更深层次的问题。他似乎承认说，感知既依赖于感知者的心灵，因为它是一种感觉或观念，同时又独立于它，因为它是现实的。为了解决这个问题，贝克莱必须区分观念和心灵之间的两种不同的依赖关系。第一种关系是感知，即性质对实质的依赖，不能在心灵与物质之间存在。第二种关系是本体论依赖，即某物的存在依赖于其创造者的存在。我们拥有的那些不依赖我们存在的观念构成了对真实世界的感知。贝克莱在这里实现了连贯性，但代价是一个复杂得多的理论。当我们讨论精神行动的问题时，理论变得更加复杂：我的行动在本体论上依赖于我，但它们是发生在现实世界中的事情。虽然我为贝克莱提供了这个问题的解决方案的草图，即区分自愿/非自愿区别与主动/被动区别的方法，但在这个问题上要说出令人满意的内容之前，还需要做更多的工作。此外，这似乎还依赖于关于注意力性质的一个经验问题。

关于性质，我们看到贝克莱的情况并不比任何其他唯名论者更糟。对象则更难。第一个困难是对象与观念不同，它们在时间上持续存在并改变其性质。观念的集合也可以在时间上持续存在，但它们与

贝克莱的世界：关于三次对话的考察
Berkeley's World : An Examination of the Three Dialogues

我们对对象的普通概念不同，因为它们有时间部分，并且它们不会改变其性质，而是改变其成员。在这个框架内，贝克莱可以拯救我们关于物理对象的大多数普通信念，但这并不容易，而且远非没有争议。最后，他需要引入一种现象主义版本来应对未被感知的存在，这种版本的结果是，在其成员不存在的情况下，一个集合可以存在并具有性质。我试图给出一些例子使这一点更为可信，但许多人可能会觉得这涉及对物理对象的反现实主义程度，足以将贝克莱视为怀疑论者，即"否认事物的现实性和真实性的人"（DHPI 173）。

这是贝克莱面临的最大问题。他决心保留常识观点，即感知的对象是现实的，但代价是对普通话语的本体论反现实主义解释。确实，我看到我的手，也看到几个观念，而且我的手和这些观念都存在。然而，两者之间有显著差异，因为我的手的存在依赖于人类如何选择概念化他们感知世界的偶然事实。如果我们有不同的心灵，我仍然会感知这些观念，它们仍然存在，但我的手不会存在。现在，这里有一些非常微妙的问题需要解决，涉及贝克莱的概念主义究竟承诺了哪种反现实主义。特别是，贝克莱很可能处于这样一个位置，即可以争辩说，鉴于我们确实拥有手的概念，我在前两句中提出的反事实主张实际上是错误的：如果我们有不同的心灵，我的手仍然会存在（尽管我不会去思考它），因为我们实际上所指的手的含义允许这种可能性。然而，问题仍然是，我的手是否存在的问题与这些观念是否存在的问题的回答非常不同。无论在任何假设情况下，这些观念是否存在都与我们拥有何种概念系统无关，无论是在现实情况下还是反事实情况下。毫无疑问：贝克莱对手、树、桌子和所有物理对象的现实主义程度比他对观念的现实主义程度要低，这很可能足以按照他自己的标准将他称为怀疑论者。

在他对非物质论的微妙而机智的辩护中，贝克莱赢得了许多令人印象深刻的胜利，但他仍然输掉了他满怀信心开始的那场战役。他必须用来赢得战斗的策略最终使他输掉了战争。非物质论的主要问题不在于SMP，不在于对物质的否认，这两者都是可辩护的立场，也不在于某种内部不一致。非物质论的主要问题在于，它对桌子和树木的经验世界的现实主义程度不如贝克莱所希望的那样坚定。

参考文献

Arnauld, A., On True and False Ideas, ed. S. Gaukroger (Manchester: Manchester University Press, 1990).

Atherton, M., 'Berkeley without God', in Muehlmann (ed.), Berkeley's Metaphysics.

Bennett, J., Locke, Berkeley, Hume (Oxford: Clarendon Press, 1971).

Berkeley, George, Philosophical Works, ed. M. Ayers (London: J. M. Dent, 1975).

Three Dialogues between Hylas and Philonous, ed. J. Dancy (Oxford: Oxford University Press, 1998).

A Treatise concerning the Principles of Human Knowledge, ed. J. Dancy (Oxford: Oxford University Press, 1998).

The Works of George Berkeley Bishop of Cloyne, ed. A. A. Luce and T. E. Jessop (London: Thomas Nelson, 1948-57).

— The Works of George Berkeley, D.D., Late Bishop of Cloyne in Ireland. To Which is Added, an Account of his Life, and Several of his Letters to Thomas Prior, Dean Gervais, and Mr. Pope, &c., ed. J. Stock (Dublin: John Exshaw, 1784).

Boswell, J., The Life of Samuel Johnson, ed. J. Canning (London: Methuen, 1991).

Burnyeat, M., 'Conflicting Appearances', Proceedings of the British Academy, 65 (,979), 69-III.Dancy, J., Berkeley: An Introduction (Oxford: Blackwell, 1987).

Descartes, R., Meditations on First Philosophy, in The Philosophical

Writings of Descartes, ii, trans. J. Cottingham, R. Stoothof, and D. Murdoch (Cambridge: Cambridge University Press, 1984).

— Principles of Philosophy, in The Philosophical Writings of Descartes, i, trans. J. Cottingham, R. Stoothof, and D. Murdoch (Cambridge: Cambridge University Press, 1985). Dummett, M., 'Common Sense and Physics', in G. F. Macdonald (ed.), Perception and Identity (London: Macmillan, 1979).

Flage, D., 'Berkeley, Individuation, and Physical Objects', in K. Barber (ed.), Individuation and Identity in Early Modern Philosophy (Albany: SUNY Press, 1994).

Foster, J., and Robinson, H. (eds.), Essays on Berkeley (Oxford: Clarendon Press, 1985).

Gallois, A., 'Berkeley's Master Argument', Philosophical Review, 83 (1974), 55-69.

Garber, D., 'Locke, Berkeley, and Corpuscular Scepticism', in Turbayne (ed.), Berkeley.

Geach, P., Mental Acts: Their Content and their Objects, 2nd edn. (London: Routledge and Kegan Paul, 1971).

Grayling, A., Berkeley: The Central Arguments (London: Duckworth, 1986).

Hornsby, J., Actions (London: Routledge and Kegan Paul, 1980). Hume, D., A Treatise of Human Nature, ed. L. A. Selby-Bigge, rev. P. H. Nidditch (Oxford: Clarendon Press, 1978).

Jessop, T. E., George Berkeley (London: British Council, 1959).

Kant, I., Critique of Pure Reason, trans. N. Kemp Smith (London: Macmillan, 1929).

Lewis, D., On the Plurality of Worlds (Oxford: Blackwell, 1986).

Lipton, P, Inference to the Best Explanation (London: Routledge,

1991).

Locke, J., Essay concerning Human Understanding, ed. P. H. Nidditch (Oxford: Clarendon Press, 1975).

Luce, A. A., Life of George Berkeley (London: Thomas Nelson, 1949).

Mackie, J. L., Problems from Locke (Oxford: Oxford University Press, 1976).

Malebranche, N., Dialogues on Metaphysics and Religion, ed. N. Jolley, trans. D. Scott (Cambridge: Cambridge University Press, 1997).

Mill, J. S., 'Berkeley's Life and Writings', in Collected Works of John Stuart Mill, xi. Essays on Philosophy and the Classics, ed. J. M. Robson (London: Routledge, 1996).

Muehlmann, R. (ed), Berkeley's Metaphysics: Structural, Interpretative and Critical Essays (University Park: Pennsylvania State University Press, 1995).Pappas, G., Berkeley's Thought (Ithaca, NY: Cornell University Press, 2000).

Pitcher, G., Berkeley (London: Routledge, 1977).

Plato, Phaedrus, in The Dialogues of Plato, trans. B.Jowett (Oxford: Clarendon Press, 1870.

Putnam, H., Reason, Truth and History (Cambridge: Cambridge University Press, 1981).

Quine, W. V. O., 'Natural Kinds', in his Ontological Relativity and Other Essays (New York: Columbia University Press, 1969).

'Ontology and Ideology', Philosophical Studies, 2 (1951), 11–15.

Russell, B., History of Western Philosophy, 2nd edn. (London: Allen and Unwin, 1961).

'Knowledge by Acquaintance and Knowledge by Description', Proceedings of the Aristotelian Society, i i (1910–a), 108–28.

The Problems of Philosophy (Oxford: Oxford University Press, 1967).

Stock, J., An Account of the Life of George Berkeley, D. D., Late Bishop of Cloyne in Ireland. With Notes, Containing Strictures upon the Works (London: printed for J. Murray, 1776); repr. in Stock's 1784 edn. of Berkeley's works (above, s.n. Berkeley).

Strawson, P. F., Individuals: An Essay in Descriptive Metaphysics (London: Methuen, 1959).Swift, J., journal to Stella, ed. H. Williams (Oxford: Blackwell, 1974).

Taylor, C. C. W, Action and Inaction in Berkeley', in Foster and Robinson (eds.), Essays on Berkeley.

Tipton, I. C., and Furlong, E. J., 'Mrs George Berkeley and her Washing Machine', Hermathena, 101 (1965), 38–47.

Turbayne, C. (ed.), Berkeley: Critical and Interpretative Essays (Minnesota: Minnesota University Press, 1982).

Urmson, J. O., Berkeley (Oxford: Oxford University Press, 1982).

Warnock, G., Berkeley (Oxford: Blackwell, 1953).

Williams, B., 'Imagination and the Self', in his Problems of the Self (Cambridge: Cambridge University Press, 1973).

Wilson, M., Ideas and Mechanism (Princeton: Princeton University Press, 1999).

Winkler, K., Berkeley: An Interpretation (Oxford: Clarendon Press, 1989).

Wittgenstein, L., Philosophical Investigations (Oxford: Blackwell, 1958).

– Tractatus Logico-Philosophicus, trans. D. Pears and B. McGuiness (London: Routledge, 1961).

Yeats, W. B., The Collected Poems (London: Macmillan, 1950).

图书在版编目（CIP）数据

贝克莱的世界：关于三次对话的考察／（英）汤姆·斯通汉姆著；滕光伟译. ——福州：福建教育出版社，2024.10. ——（西方思想文化译丛／刘铭主编）
ISBN 978-7-5758-0162-1

Ⅰ.B561.27

中国国家版本馆CIP数据核字第2024AM9824号

西方思想文化译丛
刘铭　主编

Berkeley's World: An Examination of the Three Dialogues
贝克莱的世界：关于三次对话的考察
（英）汤姆·斯通汉姆　著　　滕光伟　译

出版发行	福建教育出版社
	（福州市梦山路27号　邮编：350025　网址：www.fep.com.cn）
	编辑部电话：010-62027445
	发行部电话：010-62024258　0591-87115073）
出 版 人	江金辉
印　　刷	福州万达印刷有限公司
	（福州市闽侯县荆溪镇徐家村166-1号厂房第三层　邮编：350101）
开　　本	890 毫米×1240 毫米　1/32
印　　张	9
字　　数	234 千字
插　　页	1
版　　次	2024 年 10 月第 1 版　2024 年 10 月第 1 次印刷
书　　号	ISBN 978-7-5758-0162-1
定　　价	58.50元

如发现本书印装质量问题，请向本社出版科（电话：0591-83726019）调换。